达州市应用技术研究与开发项目
四川文理学院川渝鄂陕结合部经济社会发展研究
四川革命老区发展研究中心（2015）重点项目

区域特色农产品加工产业集群的培育与提升

——产业链视域下对达州的审视

傅忠贤 等◎著

西南交通大学出版社
·成都·

图书在版编目（ＣＩＰ）数据

区域特色农产品加工产业集群的培育与提升：产业链视域下对达州的审视／傅忠贤等著. —成都：西南交通大学出版社，2015.12
ISBN 978-7-5643-4472-6

Ⅰ.①区… Ⅱ.①傅… Ⅲ.①农产品加工－产业发展－研究－中国 Ⅳ.①F326.5

中国版本图书馆 CIP 数据核字（2015）第 318084 号

区域特色农产品加工产业集群的培育与提升
——产业链视域下对达州的审视

傅忠贤 等 著

责任编辑　郭发仔
装帧设计　严春艳

印张	17.5　**字数** 324千	出版发行	西南交通大学出版社
成品尺寸	165 mm×230 mm	网址	http://www.xnjdcbs.com
版本	2015年12月第1版	地址	四川省成都市二环路北一段111号 西南交通大学创新大厦21楼
印次	2015年12月第1次	邮政编码	610031
印刷	四川煤田地质制图印刷厂	发行部电话	028-87600564　028-87600533

书号：ISBN 978-7-5643-4472-6　　　　定价：68.00元

欠发达地区更应高度关注从"产业链"角度培育和提升特色农产品加工产业集群
（代序）

党的十八大报告提出"新四化"——促进工业化、信息化、城镇化、农业现代化同步发展作为我国未来经济社会发展目标。推进"四化同步"，先导是信息化和工业化的深度融合，核心是工业化和城镇化的良性互动，基础、关键和难点是城镇化和农业现代化的相互协调。2015 年中央一号文件再次聚焦"加大改革创新力度，加快农业现代化建设"。在"十二五"规划即将收官和"十三五"规划即将开局之际，思考谋划"如何深入推进四化同步发展""如何深入推进农业现代化进程"，一个最基本的认识就是要从战略高度关注培育和提升特色农产品加工产业集群。

一、推进农业现代化必须树立"产业链思维"，把"产业链"引入农业产业

产业链的形成是生产力和社会分工发展到一定阶段的产物。发达国家农业产业链研究起步早、成果丰硕，农业产业链管理成效也很显著。在我国农业产业链研究起步晚，实践操作层面严重滞后。一个完整的产业链包括多个产业环节，构成产业链的各个产业环节之间相互联系、相互制约、相互依存，共同构成一个系统和整体。农业产业链是一个庞大的网络群体：从产品形成视角，它包括从生产者经流通者最后到消费者的所有物质流动；从价值关系角度，它包括原材料采购经中间产品和产成品制造最终到产品销售以实现价值增值的完整过程；从产业层面着眼，它既涉及种植业、养殖业等第一产业，也涉及农产品加工等第二产业，还涉及农业科研、农业技术推广、农业金融服务等第三产业，"接二连三"是农业产业链最显著的特征之一；从内容构成着眼，它涵盖了农业产品链、农业价值链、农业信息链、农业物流链、农业技术链、农业契约链和农业组织链等方面的网络链条结构，是一个包括所

有农业生产前期产业部门、农业生产中间产业部门和农业生产后期产业部门在内的庞大产业群体。

我国农业为什么长期处在"大而不强"的地位，农业生产为什么长期陷于"增产不增收"的尴尬处境，农业生产经营为什么总是"弱质低效"，这些问题都需要从产业链的角度进行反思。从产业链的角度思考农业产业链的组织模式、结构类型、形成机理、特征属性、运行机制、竞争定价、利益调节、信息沟通、知识转移、技术扩散、产业延伸，思考农业细分产业如水稻、棉花、猪肉、烟叶、种子等的发展现状，思考农业产业化龙头企业的运行状态，有助于发现我国农业产业发展的深层次问题，通过"对症下药"，提升我国农业生产的现代化水平。我国农业产业链存在的突出问题在于农业产业链条短且窄、产业链组织化程度低、产业链各环节缺乏整合联动、产业链利益协调机制不完善、产业链地域发展不平衡，只有在这些方面采取有效措施，才能切实推进我国农业现代化进程。2014 年年底，中央农村工作会议明确指出要"延长农业产业链、提高农业附加值""大力发展农业产业化，促进一二三产业融合互动"。2015 年中央一号文件明确提出："把产业链、价值链等现代产业组织方式引入农业，促进一二三产业融合互动。"

二、推进农业现代化必须大力发展农产品加工产业

由原始农业到传统农业再到现代农业是农业演进的必然走向，也是农业发展的基本规律。对于农业现代化的内涵，目前学术界尚没有一个统一、公认的说法，有学者总结出五种具有代表性的观点，即动态论、系统论、过程轮、多维论和可持续发展论。

"农业现代化"就是将传统农业转变为现代农业的过程。农业现代化的基本内容，包括农业生产手段（条件）现代化、农业生产技术现代化和农业生产管理现代化。农业生产手段现代化，包括农业机械化、电气化、化学化和电子化；农业生产技术现代化的内容，包括培育优良品种和为动物、植物、微生物的生长发育创造良好条件两个方面；农业生产管理现代化，主要指在农业生产全过程中，其生产、交换、分配、消费和产前、产中、产后等方面以及各环节上的全部经营管理活动，均采用现代化的管理手段和管理方法。

农产品加工业是现代农业的重要组成部分和重要标志，是现代农业建设的关键环节。推进农业现代化必须用现代物质条件装备农业，用现代科学技术改造农业，用现代产业体系提升农业，用现代经营方式推进农业，用现代发展理念引领农业，用培养新型农民发展农业。用现代农业产业体系提升农

业是农业现代化的重要内容和组成部分。用现代农业产业体系提升农业，必然要求农业在横向上向现代种养业和观光农业发展，在纵向上向现代农产品加工业、农产品物流业和营销服务业延伸。其中，现代农产品加工业发挥着上游联生产、下游联市场、沟通城乡、联结工农、双向促动的重要作用，是农业现代化的动力装置与核心环节。

农产品加工业是我国经济的基础性、战略性、支柱性产业。现代农业是一、二、三产业高度融合的产业，没有农产品加工业就没有现代农业。发展农产品加工业，能使农业生产经营主体按照加工需要组织生产，集成利用现代要素，促进农业的专业化、标准化、规模化、集约化生产；能使农业注入资金、技术、管理、人才、设施等生产要素，增强农业的综合生产能力，促进农业发展方式的转变；能使农业上下游相关产业、相关环节有机融合，带动相关配套产业联动发展，促进种养加、贸工农一体化；能使农产品加工层次、科技含量、质量等级和品牌优势得到发挥，实现农业增值增效，促进农产品市场竞争力的提升。据国家统计局统计，2003—2013 年，我国农产品加工业规模以上企业主营业务收入从 2.63 万亿元增加到 17 万亿元，年均增长 20% 以上，成为国民经济中最具成长活力的产业之一。

农产品加工业的发展程度，是衡量一个地区农业现代化水平的重要标志，是提升农业整体素质和效益的关键环节。农产品加工业以粮棉油、肉蛋奶、果蔬茶、水产品等优势、特色农产品的资源转化、加工增值、纵深开发为主，涵盖农副食品加工业、食品制造业、饮料制造业、烟草制品业、纺织业等 12 个子行业。产业关联度高、涉及面广、吸纳就业能力强、劳动技术密集，其发展状况和发展程度成为农业结构战略性调整的风向标和衡量农业现代化水平的重要标志。许多发达国家的农产品加工产值超出了电子、汽车及化学工业，成为发展最快的产业之一。农业部发布的《农产品加工业"十二五"发展规划》披露，发达国家农产品加工业产值与农产品产值之比一般达到了 2：1 到 4：1，农产品加工率均在 90% 以上，深加工率（二次加工以上）在 80% 以上，农产品产后损失率在 1% 左右，而 2003 年我国农产品加工业产值与农产品产值之比为 1.04：1，2015 年将达到 2.2：1，主要农产品加工率为 65%，深加工率为 45%（远低于发达国家 10 年前的平均水平），农户粮食、果蔬产后损失率分别高达 7% 和 10% ~ 20%。由此可见，只有大力发展农产品加工产业，才能有效撬动我国农业的现代化进程。

农产品加工业是农村经济的重要支柱和农民就业增收的重要渠道。发展农产品加工业，可以有效增加农产品市场需求，缓解农产品卖难问题，减缓价格波动，实现农民充分就业；可以延长农业的产业链、就业链、效益链，实现农民多层次多渠道增收。我国农产品加工业从业人员中有70%以上是农民，为农民人均纯收入贡献了9%，为农民在其他一些增收渠道边际效益递减的情况下开辟了新的增收空间。研究文献显示，我国农产品加工业和农业的产值之比每增加0.1个百分点，就可带动230万人就业，带动农民增收人均196元。[①] 通过发展农产品加工业，促进农产品和劳动力两大优势资源的快速整合，有利于形成农村资源高值化利用和内生发展的优势；促进农业分工分业，利于带动农业相关产业的发展；促进人口聚集和公共设施建设，有利于改善农村生产、生活、生态条件。

三、推进"四化同步发展"必须大力发展农产品加工产业集群

党的十八大作出了"四化同步发展"的重大战略决策。"四化同步发展"符合现代化建设的客观规律，是我国现代化建设的根本方向和根本路径，是当今中国发展的根本任务。工业化、信息化、城镇化和农业现代化相互影响，相互作用，相互关联，是一个有机联系的整体。工业化是龙头，信息化是灵魂，城镇化是平台，农业现代化是基础。工业化为城镇化提供动力和容纳力，为农业现代化提供物质装备条件支撑。信息化贯穿、渗透于工业化、城镇化、农业现代化的全过程。城镇化是工业化的空间载体和农业现代化的目标依托。农业现代化为工业化、城镇化提供基础和源泉。当前，我国"四化"存在融合不够、互动不足、协调不力的问题。因此，推动信息化与工业化的深度融合、推动工业化与城镇化的良性互动、推动城镇化与农业现代化的相互协调自然成为"四化同步发展"的战略重点和内在逻辑。

农业现代化是"四化同步发展"的突出"短板"，也是"四化同步发展"的最大难点。 目前，我国工业化已经迈进成熟阶段的门槛，2014年中国城镇化率达到54.77%，[②] 信息化和工业化融合发展总指数为66.14，比2013年增加4.19；[③] 2010年我国小康社会实现程度达到80.1%；[④] 2014年我国人均GDP约为7 485美元，人均GDP超过6 000美元，进入中等偏上收入国家行列，逐步向高收入国家行列下限（人均GDP 10 000美元）靠近。但是，中国

---

① 赵俊辉：《农产品加工业促进农民增收的机理分析》，《现代食品科技》，2007（4）：64－67。

② http://finance.ifeng.com/a/20150120/13444502_0.shtml，2015年01月20日。

③ 中国电子信息产业发展研究院：《2014年中国信息化与工业化融合发展水平评估报告》，2015年1月15日。

④ 国家统计局：《中国全面建设小康社会进程统计监测报告（2011）》，2011年12月21日，http://news.xinhuanet.com/politics/2011－12/21/c_111267304_2.htm?prolongation=1。

农业现代化水平却大大低于中国整体现代化水平。截至 2008 年，我国农业劳动生产率约为世界平均值的 47%，约为高收入国家平均值的 2%，仅约为美国和日本的 1%。我国农业现代化比整体现代化约低 10%。我国农业水平比英国、美国和荷兰落后 100 年。① 如果按照知识化、信息化、生态化为核心的新型现代农业观的要求，我国农业现代化大约只走完了 1/3 的路程；农业综合生产能力（农业劳动力人均农林牧渔总产值）实现程度为 31.1%；农民生活质量（农民人均纯收入）实现程度只有 39.7%。② 2014 年全国农作物耕种收综合机械化水平预计将达到 61%。③ 农业现代化如果跟不上工业化、城镇化发展步伐，就会导致工业化、城镇化发展受阻，进而影响整个现代化建设进程。

当前农业现代化进程存在种种难题，亟须把农产品加工业打造成推进农业现代化进程的新引擎。一是"传统科技、扶持政策、资源投入三重边际效应递减现象日渐突出"；④ 二是"天花板"限制更加明显，国内主要农产品价格已经全面超过国际价格；三是"地板"上升速度很快，农产品成本价格不断上涨；四是补贴"黄线"全面压线，加入世界贸易组织（WTO）的承诺使得"黄箱政策"的补贴不能再继续增加；五是"红灯"频繁闪亮，环境污染、生态破坏日益严重，对农业的抑制作用更加严重。在这样的背景下，推进农业现代化进程，必须破除传统思维定式，把农产品加工业打造成推动农业现代化进程的新引擎。农产品加工业处在农业全产业链枢纽位置。大力发展农产品加工业，可以有效延长农业产业链、价值链、效益链和就业链，促进农业专业化、规模化、标准化和市场化；还可以效打通一、二、三产业的联系，推动一、二、三产业融合发展，带动一系列相关产业的发展。

培育和提升农产品加工产业集群是促进农产品加工业发展有效载体和重要抓手。农产品加工产业集群是指由一批既自主独立又相互关联的农产品加工企业，及相关支撑机构在一定区域范围内结成的有机整体。产业集群作为现代经济布局的一种组织形式，不仅支撑了世界许多发达国家和地区经济的高速发展，也正在成为发展中国家和地区实现经济起飞的重要途径。农产品加工产业集群具有强大的竞争优势，是农业产业发展的一种新趋势，是促进

① 中国科学院中国现代化研究中心何传启：《中国现代化报告 2012—农业现代化研究》，《光明日报》，2012 - 05 - 17。

② 王景新：《农村改革与长江三角洲村域经济转型》，北京：中国社会科学出版社，2009：12。

③ 晓峰：《2014 农业现代化行业浅析》［2014 - 12 - 27］，http://bg. qianzhan. com/report/detail/361/141226 - 231c2732. html。

④ 刘明国：《做强现代农业建设新引擎——对大力发展农产品加工业的思考与建议》，《农民报》，2014 - 05 - 07（03）。

"四化同步发展"的有效途径和重要载体。实践证明，培育和提升农产品加工产业集群能有效实现从资源优势再到产业优势到竞争优势到经济优势的转化，是具有优势农业资源的区域实现经济腾飞的一条新捷径。

在《区域特色农产品加工产业集群的培育与提升——产业链视域下对达州的审视》即将付梓之际，写上前面这些话，是为序。愿本书的出版能为达州促进特色农产品加工产业集群培育提供参考和借鉴。

傅忠贤

2015 年 11 月 15 日于莲湖校区

前　言

中国农业科学院农产品加工业研究所所长戴小枫说："农产品加工业与老百姓的衣食住行息息相关，可谓是一个'万岁产业'。"农产品加工业发展潜力巨大。它覆盖食品、纺织、皮革、木材等12个行业，产业覆盖面极广、可容纳中小微企业极多，是一、二、三产业融合发展的关键环节。农业部农产品加工局局长宗锦耀说："农产品加工业已成为我国国民经济中最具活力的产业之一""已经成为农村经济新的增长点"。实践必将证明，农产品加工业是我国在经济新常态下带动现代农业发展的关键。大力发展特色农产品加工产业集群是落后地区加快经济发展步伐的战略选择。

大力发展农产品加工产业，着力培育和提升农产品加工产业集群，必然要求政府对农业的产业机构、优先发展领域、重点发展项目进行战略性的规划与布局，特别是对农业科技的内部结构、学科设置、设施与平台建设、人才培养和团队建设等进行战略性、结构性调整与安排。这涉及系统性的科学决策。决策需要智慧，决策需要论证，决策需要把握市情。《区域特色农产品加工产业集群的培育与提升——产业链视域下对达州的审视》作为2012年达州市科技局获准立项的"应用技术研究与开发项目"——"产业链视域下达州农产品加工产业集群培育研究"的最终研究成果就是在这样的背景下完成的。该项目也是四川文理学院川渝鄂陕结合部经济社会发展研究创新团队支持项目和四川革命老区发展研究中心重点项目。该课题研究历时四年，可谓一路艰辛、一路探索。在即将完成研究任务之际，课题组成员仍没有"如释重负"之感：一是达州培育农产品加工产业集群刚刚起步，未来的路还很漫长，实践中存在的各种情况和未来将要出现的种种问题，课题组未必能全面把握，更难以准确预测。因此，研究中提出的观点和看法是否能经得起实践和时间的检验，我们没有绝对的把握，这是最令我们担心的问题。二是受研究者学识、经验、水平和能力的限制，分析中未必能把问题弄清、把原因找准、把对策说透。因此，我们还担心"以其昏昏，使人昭昭"。本着实事求是的治学态度、遵循"抛砖引玉"的行为准则，是我们唯一感到欣慰的现实心境。培育农产品加工产业集群，真正把农产品加工业培育成支撑达州经济发展的区域主导产业和支柱产业是一项长期性、系统性工程，但愿我们的些许努力，能够起到一定程度的推动作用。

特色农产品加工产业集群发展潜力巨大、市场空间广阔，政府大有作为。达州特色农产品资源丰富、交通运输便捷、农产品加工产业基础良好，具有培育农产品加工产业集群的有利条件。只要高度重视农产品加工产业的战略地位、切实搞好规划布局、及时调整产业政策、积极培育人才支撑体系、着力强化农业科技进步、加快推进以农产品加工集中区和各类工业园区为载体的产业集聚，达州特色农产品加工产业集群就会快步进入良性发展轨道。

祝愿达州特色农产品加工产业集群的明天更加美好！

著者

2015 年 10 月 20 日

目　录

第一章 导 论

产业链的形成是生产力和社会分工发展到一定阶段的产物。产业集群不仅构成了当今世界经济的基本空间构架，还常常是一个国家或地区竞争力之所在。基于产业链视角对达州特色农产品加工产业集群培育与提升进行研究，具有理论价值和实践意义。本章扼要地对项目的研究背景、现状、对象、方法、意义等进行梳理和介绍。

第一节 研究背景和研究现状

把握研究背景和研究现状是项目研究立论的基本依据。本节着重分析特色农产品加工产业集群的研究背景和研究现状，阐述培育和提升特色农产品加工产业集群的重要性和紧迫性。

一、达州培育和提升特色农产品加工产业集群研究的现实背景

1. 党和国家高度重视发展农产品加工产业，培育和提升特色农产品加工产业集群研究符合国家重大产业政策导向

近年来，党中央、国务院和国家有关部门连续出台了一系列扶持农产品加工产业发展的方针政策，为农产品加工产业的发展提供了政策保障。2002 年党的十六大报告提出"发展农产品加工业，壮大县域经济"，同年国务院办公厅就发出了《关于促进农产品加工业发展的意见》（国办发〔2002〕62 号）。2008 年党的十七届三中全会要求"促进农产品加工业结构升级，完善农产品加工业发展税收支持政策"。2009 年中央一号文件提出："要扶持农业产业化经

营，鼓励发展农产品加工，让农民更多分享加工流通增值收益。"2010年中央一号文件强调，要"扶持发展农产品加工业，扶持农民专业合作社自办农产品加工企业"。2012年中央一号文件提出："要研究制定支持农产品加工流通设施建设的用地政策，扶持产地农产品加工等配套设施建设，重点对农民专业合作社建设初加工和储藏设施予以补助。"2013年中央一号文件提出："要对示范社兴办农产品加工业给予补助，逐步扩大农产品加工增值税进项税额核定扣除试点行业范围；适当扩大农产品产地初加工补助项目试点范围。"2014年中央一号文件提出："支持粮食主产区发展粮食加工业和推进农产品精深加工为重点的新兴产业技术研发，支持农民合作社兴办农产品加工流通。"2014年年底，中央农村工作会议明确指出要"延长农业产业链、提高农业附加值""大力发展农业产业化，促进一二三产业融合互动"。2015年中央一号文件明确提出："把产业链、价值链等现代产业组织方式引入农业，促进一二三产业融合互动""继续实施农产品产地初加工补助政策，发展农产品精深加工"，要求"立足资源优势，以市场需求为导向，大力发展特色种养业、农产品加工业、农村服务业"。为了贯彻落实中央一号文件精神，2015年1月20日农业部发出《关于做好2015年农产品加工业重点工作的通知》，进一步充实和完善了促进农产品加工业发展的有关政策规定、提出了加快农产品加工业发展的具体要求。《通知》明确指出："推动强农惠农富农政策……向农产品加工业倾斜""积极培育农产品加工产业集群"。由此可见，对农产品加工产业集群进行深入研究，推动农产品加工产业发展，是贯彻落实国家产业政策的表现，符合国家产业政策导向。

2. 我国正处在农产品加工产业大发展的重要战略机遇期，培育和提升特色农产品加工产业集群研究是顺应国际经济发展趋势和产业发展规律的体现

党的十八大报告，站在新的历史起点，准确把握国际国内发展大势，以战略思维和世界眼光，做出了"我国发展仍处于可以大有作为的重要战略机遇期"这一重要判断，并对把握机遇提出了明确要求。我国农产品加工产业同样处在"可以大有作为的重要战略机遇期"。

从国际经验和产业发展规律看，工业化、城镇化快速发展的阶段，往往也是农产品加工业高速成长的时期。中国农业科学院农产品加工研究所所长戴小枫研究证实："当一个国家或地区的人均GDP超过3 000美元时，农产品加工业开始进入快速发展期；当人均GDP超过5 000美元以后，农业产前、产中和产后的结构会发生革命性的变革，产后的农产品加工业（包括保鲜、物流等）则进入近似指数增长的井喷式高速发展时期，进而取代传统的种养殖业成为农业

产业的主体和支柱。"① 2014 年 12 月 15 日，中国社会科学院工业经济研究所发布的《中国工业发展报告 2014》显示，中国已经正式步入"工业化后期"。据国家统计局资料显示，2014 年中国城镇化率达 54.77%，比 2005 年增加了 11.78 个百分点。2014 年我国人均 GDP（国内生产总值）约为 7 485 美元，处于中等偏上收入国家行列。农产品加工业产值占农业总产值的比例不仅能反映农产品开发的深度，也能体现农业现代化的发展水平。据统计，2005 年我国这一比例为 1.2：1，2011 年为 1.7：1，2012 年为 1.9：1。按照农业部发布的《农产品加工业发展"十二五"规划》，2015 年年底这一比例会增加到 2.2：1。2003 年到 2013 年我国农产品加工产业增长率年均超过 20%，远远超过同期 GDP 增长率，我国农产品加工业已经成为国民经济基础性、战略性的支柱产业，② 见表 1-1、表 1-2。我国农产品加工业高速成长的阶段已经到来，此时深入研究农产品加工产业集群的培育和发展，对于推动农业现代化进程具有重要意义。

表 1-1 中国近 10 年城镇化率变动表

年份	2005	2006	2007	2008	2009	2010	2011	2012	2013	2014
城镇化率（%）	42.99	43.90	44.94	45.68	46.59	49.68	51.27	52.57	53.73	54.77
比上年增幅（%）	1.23	0.91	1.04	0.74	0.91	3.09	1.59	1.30	1.16	1.04

表 1-2 我国近 10 年 GDP 增长率

年份	2005	2006	2007	2008	2009	2010	2011	2012	2013	2014	2015
GDP 增长率（%）	9.9	10.7	11.4	9	8.7	10.3	9.2	7.8	7.7	7.4	6.9

3. 农产品加工业具有广阔的市场前景，具有沟通城乡、联通工农，打通一、二、三产业的产业联系，促进一、二、三产业协同发展，推进"四化同步发展"的强大功能，培育和提升特色农产品加工产业集群研究具有引领经济发展全局的重大实践价值

农产品加工业具有极强的产业关联性和产业带动能力。农产品加工是以农产品为原料进行加工或再加工的生产过程，我国把农产品加工业细分为食品加工业、食品制造业、饮料制造业、烟草加工业、纺织业、服装及其他纤

---

① 段海望、牟文：《戴小枫：农产品加工点亮"中国现代农业梦"》，中国网 [2014-4-29]，http://jjzg.china.com.cn/97/1.html.

② 宗锦耀.《关于我国农产品加工业发展问题的思考》,《农村工作通讯》, 2014（8）: 54-57.

维制品制造业、皮革皮毛羽绒及其制品业、木材加工及竹藤棕草制品业、家具制造业、造纸及纸制品业、印刷业记录媒介的复制和橡胶制品业等12项。发展农产品加工业前向可以促进食品加工业、生物制药业、现代物流业等行业的发展，侧向可以促进装备制造业、印刷包装业、中介服务业等行业的发展，后向可以促进种养业及其相关产业、农业科研及其推广、高新技术研发、水利交通等行业的发展。农产品加工业是延伸农业产业链、促进农业产业化发展的桥梁；是沟通一、二、三产业，促进一、二、三产业融合互动发展的关键和枢纽。

农产品加工业是农村经济结构战略性调整的推动力，是实现农产品增值的有效手段，是增加农民收入的主要渠道，是农村经济发展的重要支柱。发展农产品加工业是改变"以产定销"的传统农业发展路径，确立"以销定产"的现代农业发展方向的根本动力，是打破农村经济发展中长期存在的因缺乏产业支撑导致农业产业化程度低、导致农民收入低、造成农村经济萧条，结果更缺乏产业支撑的恶性循环的突破口。发展农产品加工业，构建以特色农产品加工为核心的产业链，引导城乡生产要素在城乡双向流动，是实现城乡统筹和城乡一体化发展的重要切入点，是促进工业化、信息化、城镇化、农业现代化"四化同步发展"的有效途径和重要手段。

农产品加工业具有广阔的市场潜力，是国民经济重要的战略性接替产业和支柱产业。以农产品加工业为核心发展现代农业，推进农业现代化进程，实现从农业大国到农业强国的历史性跨越是我国现代化建设的重要内容，也是我国农业现代化的根本方向。中国农业科学院农产品加工研究所所长戴小枫认为，现代农业具有产品生产与经营商品化、生产装备与管理工业化、生产要素投入集约化、生产动力科学技术化、生产组织与服务社会化、生产发展可持续化、投入与补贴福利化特征，因而衡量农业现代化的发展水平应该从农业从业劳动力在全国总劳动力中所占比重、用于农业的年总投资达到农业年产值的比重、农业劳动生产率、农业产值与农产品加工业的产值比例、农业的经济收入主要来源、农民收入、农村产业结构、农民综合素质、农村生态环境、农民生活居住条件、社会保障与服务体系，体现经济与社会发展本质方面的各项衡量指标与指标体系等方面来综合反映。其中有四个硬性指标：一是农业从业劳动力在全国总劳动力中所占比重低于20%；二是用于农业的年总投资达到农业年产值的至少40%以上；三是农业劳动生产率大幅提升，一个农民能养活10人/年以上；四是在农业产业内部，农业经济总量的80%至90%转由产后创造，农产品加工业取代传统的种植业、养殖业，成为农业产业的主体，种植业、养殖业的农业产值与农产品加工业的产值比至少达到 1∶4 以上。① 仅以农业产值与农产品加工业的产值比为例，我国这一比例于 2015 年可能达到1∶2.2，但与 1∶4 的目标相去甚远，与 1∶8 的理论极值相比更是有巨大的发展空间。专家研究成果显示：发达国家粮食加工可增值 14 倍，棉花加工可增值 2.4 倍，② 专家测算，生猪初加工可增值 0.3 ~ 0.5 倍，深加工可增值 1 倍以上，蔬菜加工可增值 2 ~ 4 倍，水产品加工可增值 1 倍以上，茶叶初加工可增值 1 ~ 5 倍，深加工可增值 50 ~ 100 倍。③ 近年来，我国科技进步日新月异，电子计算机技术、生物技术、新包装材料等工业技术、信息化技术在农产品加工领域中得到有效运用，推进了加工设备的集成化、智能化、信息化，为农产品加工业快速发展提供了重要的技术支撑。加之我国正处在消费结构变化最为明显、需求拉动最为强劲、食品安全最受关注的发展阶段，为农产品加工业扩大规模、提高质量和优化结构提供了巨大的内生动力。随着农业产业链从生产向加工、储运、包装等环节延伸，农产品在横向和纵向上都在增值，比单纯从生产结束就进入终端销售有更大的增值空间。

4. 达州是农业大市，农产品资源丰富，最有条件把特色农产品加工产业培育成支撑达州长远发展的战略性支柱产业

达州特色农产品资源富集，加工转化增值潜力巨大。达州特色农产品资源十分丰富，如富硒茶、银杏、香椿、柑橘、食用菌、黑鸡、白鹅、黄牛，等等。如何实现从潜在的资源优势向现实的资源优势转化，进而实现从资源优势向产业优势转化，最终实现从产业优势向经济竞争优势转化（三个转化），是达州经济发展中迫切需要解决的重大现实课题。农产品精深加工就是实现"三个转化"的有效载体。培育特色农产品加工产业集群，有利于延伸农业产业链、增加农产品附加值、增加农民收入、推动农业经济结构调整、提高农业综合效益。

培育特色农产品加工产业集群是达州发展现代农业进程中的薄弱环节和重要突破口。发展现代农业关键在于用现代发展理念引领农业、用现代经营形式推进农业、用现代产业体系提升农业。现代农业产业体系必然会朝着种养加、产供销、贸工农一体化方向发展。农产品加工是现代农业产业体系中不可缺少的重要一环，是引领现代农业发展的重要突破口。从产业链视角审视达州农产品加工，可见产业链断层、产业链价值错位、产业链风险失控、产业链链接松

---

① 段海望、牟文:《戴小枫:农产品加工点亮"中国现代农业梦"》,《中国科学报》, 2012 - 12 - 14。

② 聂亚珍:《论农产品加工业的关联和带动作用》,《商业研究》, 2008 (11): 148 - 150。

③ 汤卫:《较快农产品加工业发展的思路与对策》,《中国乡镇企业会计》, 2013 (3): 13 - 14。

散、产业链价值取向低端化等问题突出。培育特色农产品精深加工产业集群是治理这些突出问题的有效办法。

农业品加工具有极强的产业关联性和辐射带动能力，必将与天然气能源化工和现代商贸物流一道成为达州的三大支柱产业。一是达州初步构建了特色农产品的区域化格局，能够为培育特色农产品加工产业集群提供充足的专用原料。全市初步形成了以万源的马铃薯、富硒茶、黑鸡、中药材，宣汉的烟草业、肉奶牛产业，渠县的黄花、花椒，大竹的苎麻、香椿，开江的白鹅、油橄榄，通川区的蔬菜、食用菌，达川区的青脆李、生猪等区域性优势产业和产品，形成了比较优势明显的专业化、特色化、规模化格局。现有各类生产基地近 700 万亩。① 其中粮油基地 230 万亩，商品蔬菜 25 万亩，水果基地 52 万亩，中药材基地 29.8 万亩，富硒茶基地 25 万亩，渠县黄花 7.5 万亩，苎麻基地 49 万亩，烟草业 5.7 万亩，食用菌 3.2 万亩。② 至 2014 年年底，全市已创建国家地理标志保护产品 7 个、地理标志证明商标 11 个、中国驰名商标 2 个、四川省名牌产品 68 个、四川省名牌企业 56 家、四川省著名商标 30 个、有机食品 6 个、绿色食品 23 个和无公害农产品认证 97 个。二是达州特色农业产业化龙头企业粗具规模，具有发展特色农产品加工产业集群的产业基础。2014 年全市有农业产业化企业 201 家，其中国家龙头企业 2 家，省级龙头企业 19 家，市级龙头企业 83 家。全市农民专业合作组织发展到 1 844 个（其中工商登记注册的农民专业合作社 550 个，省级示范专合组织 28 个），有组织成员 16.42 万个，固定资产 26.16 亿元，年销售收入 23.2 亿元，带动农户 57.8 万户，户均增收 5500 元。③ 三是通畅的交通优势能有效降低特色农产品加工产业集群的交易成本。达州是国家 179 个公路主枢纽城市之一，也是四川省 12 个次级综合交通枢纽之一。达州地处成渝经济区东北部，是连接西部两大新区：重庆两江新区和陕西西咸新区，两大经济区：成渝经济区和天水—关中经济区的交通、生态和经济走廊，同时还是成渝经济区内各城市北上西北、华北，东进华东、华南的重要通道。通畅的交通优势为特色农业产业化发展提供了强有力的基础保障。四是活跃的商贸优势、较强的经济优势，能为特色农产品加工产业集群提供巨大的潜在市场。达州是四川省重要的"千亿元俱乐部"成员，一直是秦巴地区重要的物质集散地和商品交易中心。达州人力资源丰富，人口总量大、密度高，常住人口 680 万人，国内外不少知名商家纷纷进驻。达州具备培育特色农产品加工产业集群的良好条件。

---

① 1 亩等于 0.066 666 666 666 67 公顷，全书同。
② 中共达州市委政策研究室：《达州市情与政策》〔2012〕达市新出字第 23 号，68－83。
③ 中共达州市委政策研究室：《达州市情与政策》〔2012〕达市新出字第 23 号，77－79。

二、产业链和特色农产品加工产业集群国内外研究现状

农产品加工产业集群研究源于一般产业集群的研究。目前，我国关于农产品加工产业集群的理论研究尚处于起步阶段，学者们研究的重点主要集中在对农产品加工产业集群的概念、特征、分类、农产品加工产业集群发展过程中存在的问题及相应的解决对策等方面。如程新章（2003）研究了制约我国农业产业族群发展的因素，并提出了相应的对策建议。杨丽（2005）等对我国农业产业集群的概念进行了界定，并探讨了农业产业集聚实现规模经济的途径。尹成杰（2006）分析了我国农业产业集群的发展模式和特点，总结了其发展途径及条件等。张霞等（2007）、周涛等（2008）、程玉桂（2009）等都从不同角度对农产品加工产业集群的概念进行过阐述。

产业链最早由哈佛大学迈克尔·波特研究企业竞争优势首次提出。产业链思想源于亚当·斯密（Adam Smith）的分工理论。1958年，赫希曼应用"关联效应"论述了产业的链条关系及相关概念，强调了企业之间的前后向联系对于经济发展的意义。此后，产业链的概念在西方逐渐为"生产系统"（Product in System）、"商品链"（Commodity Chain）"生产链"（Product Chain）、"价值链"（Value Chain）、"增值链"（Value adding Chain）、"全球商品链"（Global Commodity Chain）等概念所取代。当前学术界普遍认为，产业链由供应链、信息链、价值链共同构成，此三种链可以互相贯通。

产业链与产业集群存在着密切的联系。产业链的完善有利于产业集群的发展，并有利于产业集群竞争力的提高，产业集群竞争力的提高会吸引更多的企业进行配套，加快产业集群的发展，并促进产业链的形成、延伸以及进一步完善（见图1-1）。它们是相互促进、相互吸引的关系。

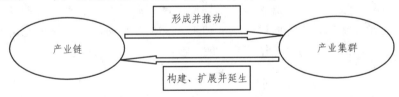

图1-1 产业链与产业集群的关系

首先，产业集群包含的机构更多，除了主要从事生产加工的企业之外，还有服务性企业和机构，包括物流运输企业、高校、科研机构、政府、银行等，还有行业协会等中介组织，以及会展等营销活动和促进企业之间联系的非正式交流等，并且区域产业集群包含一定的根植性和集群文化，其内涵更为广泛。

其次，产业链强调的是产业内企业间的产业关联和配套关系。产业链上的企业，可以是地理靠近的，也可以是空间离散的。产业链上若干相关环节的企

业集聚在一起，就形成了产业集群的雏形。因此，产业集群要求产业关联的企业尽可能在空间地理上靠近，除了企业的配套合作外，也有同类企业之间的竞争。产业集群内的产业链条有的较为完整，有较高的分工专业化水平；也有的产业链条短，企业之间竞争关系多，生产合作关系少。如果产业集群内的企业在产业联系上构成了一条或若干条完整的产业链，则通常会形成规模较大、竞争力较强的产业集群。因此，从某种程度上说，产业链的管理和优化可以促进产业集群的成长，而产业集群也可以为产业链的良性发展提供优质的环境和氛围，因此两者是相互依存、共同发展的。

纵观国内外已有的研究文献，研究特色农产品加工产业集群主要围绕产业链优化、升级、创新、风险防范等方面进行，对农产品加工业进行纵向关联机制研究和横向结构、行为、绩效分析并提出对策。产业链理论研究对于一个国家或地区的产业经济的发展起着重要的作用，其中涉及相关要素资源的合理配置、产业空间的优化布局、产业结构的合理调整、自身薄弱环节的发现以及对产业链中关键环节的控制等。虽然已有的研究成果对达州培育和提升特色农产品加工产业集群具有重要指导意义，但目前还鲜见运用产业链和产业集群理论研究地处西部欠发达地区的达州培育特色农产品加工产业集群的研究成果，达州培育特色农产品加工产业集群是一个亟待研究的重大实践课题。

第二节　基本概念和结构设计

梳理研究涉及的基本概念是应用性研究的基础性工作，对研究对象进行合理的结构设计是细化研究内容、达成研究目标的关键环节之一。本节介绍几个基本概念，对研究结构设计作简要说明。

一、研究产业链视角培育特色农产品加工产业集群的几个基本概念

1. 产业链和全产业链

产业链是产业经济学中的一个概念，是各个产业部门之间基于一定的技术经济关联构成的企业群。产业链是产业价值实现和增值的根本途径。产业链也体现了产业价值的分割，随着产业链的发展，产业价值由在不同部门间的分割

转变为在不同产业链节点上的分割。产业链的价值增值效应来自产业链的乘数效应，即产业链中的某一个节点的效益发生变化时，会导致产业链中的其他关联产业相应地发生倍增效应。产业链不仅能够体现所属企业群所处的产业层次、反映产业关联程度、体现资源加工深度，而且能够反映满足需求的程度。产业链的上游环节，资源加工性、劳动密集性特征明显，其附加价值率也相对较低；而产业链的下游环节，资金密集性、技术密集性特征明显，其附加价值率也相对较高。通常将产业链分为接通产业链和延伸产业链两大类。接通产业链是指将一定地域空间范围内的断续的产业部门借助某种产业合作形式串联起来；延伸产业链则是将一条既已存在的产业链尽可能地向上下游拓展延伸。产业链向上游延伸一般使得产业链进入基础产业环节和技术研发环节，向下游拓展则进入市场拓展环节。

全产业链是指通过涉足产业链上下游各个环节，将原料供应、生产和产品销售等各环节纳入同一企业组织内部，从而扩大企业规模，增强自身对产业链的控制力和影响力的经济行为，实质上就是企业纵向一体化。我国农产品加工企业推行"全产业链模式"的典型代表是中粮集团。全产业链模式使得上下游形成一个利益共同体，从而把最末端的消费者的需求，通过市场机制和企业计划反馈到处于最前端的种植与养殖环节，以有效解决"千变万化的大市场"与"千家万户的小农户"的连接难题。近年来"全产业链"模式备受我国企业的青睐，成为现阶段我国企业做大做强的主流发展模式。这其中既有我国企业应对加入WTO后前所未有的挑战和冲击的现实考虑——既然短期内提升企业的竞争能力非常困难，通过兼并、战略重组却能迅速扩大规模，那就采取"先做大再做强"的发展思路——也是我国企业在国际产业分工体系中所处地位背景下不得不采用的防守策略。我国企业因产业链高端被人控制而普遍处于产业链的中低端，处于附属和配套的地位，通过选择尽可能全地覆盖与产业链高端环节相关联的外围环节，可逐步形成对产业链高端的"反包围"，从而提升企业在产业链中的话语权。但实事求是地讲，"全产业链模式"并非尽善尽美，它也有管理协调难度大、资金风险易于扩散、主营业务容易受到冲击等弊端。20世纪80年代之后，随着经济全球化和知识经济时代的到来，纵向一体化的生产组织形式受到挑战，越来越多的西方企业倾向于纵向分离，剥离产业链上竞争力不强、盈利水平不高的环节，专注于核心业务和产业链的高端环节。这一动态值得我国企业参考和借鉴。

2. 特色农产品和特色农产品加工产业集群

特色农产品是指由当地特殊的气候类型和土壤成分构成而形成的在其他地

区不宜推广种植的农业产品。根据产品的自然特性，可将特色农产品划分为植物性产品和动物性产品两大类；按照我国农业普查方案的基本精神，即按照产品知名程度和产值规模，可将特色农产品划分为主导特色农产品和名优特新农产品两大类。主导特色农产品即在本区域起主导作用的特色农产品，它需要达到一定的生产规模，在区域农业生产中所占比重较大，产品产值在区域农业总产值（农林牧渔总产值）中所占比例达到前五名。名优特新农产品即具备科技含量高、单位产品价值高、产品知名度高等特点的名、优、特、新、稀农产品。为了促进农业区域专业分工，深化农业结构战略性调整，加快形成科学合理的农业生产力布局，2014 年 2 月 26 日农业部发布了《特色农产品区域布局规划（2013—2020 年）》，按照品质特色、规模优势、市场导向等三个基本原则，对原有的特色农产品品种进行调整。品质特色即产品品质独特，功能特殊，有一定认知度；规模优势即产品具有一定的规模，产业可延伸性强，有进行市场开发的价值；市场导向即目标市场相对明确，现实市场竞争优势明显或具有潜在市场需求。根据这一标准，国家确定了特色蔬菜、特色果品、特色粮油、特色饮料、特色花卉、特色纤维、中药材、特色草食牲畜、特色猪禽、特色水珍等10 类 144 种特色农产品及其优势区域。达州在建设川渝鄂陕特色农产品优势区规划中充当重要角色，面临重大发展机遇。

特色农产品加工产业集群是农户、特色农产品加工企业及其产业链相关企业和机构，通过制度安排形成的经济技术联系紧密、专业化分工协作的利益共同体。特色农产品加工产业集群是农产品加工业的龙头，是一种创新型的产业发展模式，其形成和发展对促进农产品加工产业的合理布局、提升整个农产品加工业的竞争力具有重要作用。特色农产品加工产业集群除具有一般产业集群的共性特征如空间集聚性、社会网络化、柔性专业化、本地根植性、学习创新性等以外，因其涉及的行业众多、产品种类复杂，还具有自身的特殊性，如对农产品资源依赖性强、空间分布地域性特征明显、产业链条越长越容易形成产业集群、与其他产业关联性强等。[①] 特色农产品加工产业集群可从多角度进行分类研究，按照其形成的内在作用机制可分为龙头企业带动型、特色资源带动型、多种资源带动型；按照其形成的外在作用机制可分为政府推动型、市场拉动型、政府市场综合作用型；根据集群内企业间竞合程度和集群对知识的依存度又可分为资源型、链条型和循环型三种类型。资源型产业集群是初级形态的集群模式，链条型集群是比较成熟和完善的集群模式；循环型集群是在循环经济理论的指导下建立的，是一种良性的集群模式。

---

① 胡坤、项喜章：《农产品加工产业集群模式分析》，《农产品加工学刊》，2011（1）：100－103。

3. 产业集群培育和产业集群提升

培育产业集群是迅速增大经济总量和提升区域经济竞争力的有效途径。产业集群培育是指地方政府积极主动地围绕某一特定产业（相同产业或关联性很强的产业）开展产业集群规划，在特定区域提供有利于集群化所需的公共产品和较为完善的基础设施条件，制定有利于集群化发展的各种支持政策，引导区域内或区域外的企业向特定区域聚集，并根据纵向专业化分工以及横向竞争与合作来开展经营活动的行为。产业集群的发展路径不外乎"内生成长"和"外部嵌入"两条。"内生成长"周期比较漫长，"外部嵌入"则可大大缩短产业集群的形成时间。因此，各地尤其是欠发达地区更应重视产业集群培育。产业集群培育涉及政府、企业、专业市场、行业协会、机构、研究机构、基础设施建设部门等众多参与者，其中企业和政府扮演的角色对产业集群培育的成功与否起至关重要的作用。企业是产业集群培育的主体，其发展状况直接决定产业集群培育的成败。企业应责无旁贷地担当起产业集群培育的主角，主动按照产业集群化要求，加强区域内企业间的专业分工与协作，加快自我发展步伐，建立完善的自主创新体系。政府在产业集群培育中扮演着"推动者"的重要角色。如果没有政府积极扶持和规划，产业集群培育只能是一句空话。但政府在产业集群培育中绝不能越俎代庖，步入"政府主导"。因此，政府在促进产业集群培育时，不能违背市场经济规律，人为地"制造"产业集群，或拔苗助长。政府的主要作用是：广泛宣传产业集群的科学内涵、优势及外地典型经验，因地制宜地选准产业集群及其发展路径，做好产业规划和区域布局，引导企业开展集群化经营，打造产业集群的区域品牌，形成名牌产业集群的资源聚集效应，着力营造产业集群发展的软硬环境，加强招商引资。

产业集群提升是指产业集群为防止衰退而进行的优化重组、转型升级和组织再造。产业集群提升主要源于产业生命周期理论。特色农产品加工产业集群与其他产业集群一样存在生命周期，这个生命周期大致可分为萌芽阶段、成长阶段、稳定阶段和创新发展或衰退阶段。虽然在各个生命周期阶段特色农产品加工产业集群都存在衰退风险，但在不同阶段引致衰退风险的原因和现实表现是各不相同的，如萌芽阶段的衰退风险主要在于企业集聚速度慢、涌现企业数量少，成长阶段的衰退风险主要在于集群结构优化重组缓慢、核心企业不能脱颖而出，稳定阶段的衰退风险主要在于市场竞争加剧、产生路径依赖，创新发展阶段的衰退风险主要在于环境恶化、企业外迁、创新能力不强。产业集群如不能创新发展，则必然陷于长期衰退甚至破产倒闭。同时，产业集群在生命周期的不同阶段面临衰退风险的大小或强度也是有区别的。一般而言，萌芽阶段和创新发展阶段的衰退风险更大、更集中，就如飞机在"起飞"和"降落"阶段最危险一样。产业升级还源于产业组织发展理论。不同类型的特色农产品加工产业集群在集群驱动力、集群内部关系、价值链处境、资源利用方式、知识依存度等方面的情况是有很大差异的，因而不同类型的特色农产品加工产业集群往往会采用不同的组织结构策略。产业集群自组织因素处在不断变动之中，外部条件和市场环境也在随时发生变化，这客观上要求产业集群及时进行组织结构调适与优化，进行资产重组或产业结构升级，进行发展方式转型或主营业务流程再造，这就是产业集群提升。从政府这个"推动者"角色看，完善配套市场体系、完善配套基础设施建设、完善政策支持体系、改善人力资源条件、完善产业规划布局、完善法制环境等，对促进产业集群提升也有重要的推动作用。

二、研究达州培育特色农产品加工产业集群的结构设计

自 20 世纪 90 年代初迈克尔·波特所著《国家竞争优势》出版以来，欧美等发达国家便开始关注产业集群与其经济发展之间的关系，并将其作为国家或地方制定经济政策时的参考依据。当下，产业集群已成为世界经济最动人的风景，它不仅构成了世界经济的基本空间构架，还常常成为衡量一个国家或地区竞争力的重要标志。地处我国西部、经济欠发达的达州应该高度重视特色农产品加工产业集群的培育和提升，将它作为推动工业化、信息化、城镇化和农业现代化同步发展的根本途径和重要切入点。

本书研究内容由两部分组成，第一部分为理论研究篇，由第一章"导论"、第二章"农业产业链理论"、第三章"农产品加工产业集群"三章组成。第一章着力阐述选题的社会背景，以说明经济欠发达的达州培育和提升特色农产品加工产业集群的客观必然性和重大现实意义，介绍研究对象的国内外研究现状，介绍选题涉及的几个基本概念，阐述本书呈现研究内容的逻辑结构，并对所采用的研究方法和技术线路作简要说明。第二章介绍农业产业链的科学内涵、研究动态和重大意义，阐述农业产业链的形成动因、运行机制、基本特征，分析农业产业链的结构和功能。第三章阐述特色农产品加工产业集群的形成机理、基本要素，分析农产品加工产业集群的支撑条件和分类，阐述农产品加工产业集群的结构模式、功能效应和发展态势。第二部分为建设实践篇，由第四章"达州特色农产品资源竞争力分析"、第五章"培育达州特色农产品加工产业集群"、第六章"达州特色农产品加工产业集群发展现状评估"、第七章"提升达州特色农产品加工产业集群的策略"四章构成，其中第四章概述达州特色农产品资源的种类、构成、分布、特点，分析说明达州特色农产品资源的竞争力。

第五章阐述达州培育特色农产品加工产业集群应坚持的基本原则、应确立的培育路径和应坚持的培育策略。第六章阐述农产品加工产业集群发展评估基本原理，总结达州特色农产品加工产业集群发展现状，揭示达州特色农产品加工产业集群发展面临的重大机遇、存在的突出问题和问题的成因。第七章阐述提升达州特色农产品加工产业集群的路径调适、组织模式调适和战略思路调适。最后为"附录"，扼要介绍特色农产品加工产业集群发展的重要文献、区域规划、国外经验，以对达州的实践提供参考和借鉴。

本书研究内容属于应用性研究，应用"产业链"和"产业集群"相关理论分析研究达州培育和提升特色农产品加工产业集群的问题。2015年是国家"十二五"规划收官之年，也是国家"十三五"规划开局之年，达州培育特色农产品加工产业集群更具有紧迫性。国家《农产品加工业"十二五"发展规划》确定"十二五"期间我国农产品加工业发展的一系列硬性指标：力争规模以上农产品加工业产值实现年均11%的增长率，2015年突破18万亿元；力争加工业产值与农业产值比年均增加0.1个百分点，2015年达到2.2∶1；产业集中度有较大提高，力争2015年规模以上企业比重达到30%左右；产业集聚集群有较大突破，到2015年，优势区域的粮油加工、果蔬加工、畜禽屠宰与肉品加工、乳及乳制品加工、水产品加工业产值分别占全国的85%、70%、50%、80%和80%以上；农产品加工水平有较大提升，到2015年，我国主要农产品加工率达到65%以上，其中粮食达到80%，水果超过20%，蔬菜达到10%，肉类达到20%，水产超过40%；主要农产品精深加工比例达到45%以上；产品质量安全水平实现质的突破。到2015年，通过ISO等体系认证的规模以上农产品加工企业超过65%；节能减排取得明显成效，农产品加工业单位生产总值综合能耗比"十一五"期末下降10%左右，规模以上企业能耗、物耗低于国际平均水平，工业废水排放达标率达到100%。这些指标也是达州的奋斗目标，达州农产品加工水平较之全国平均水平存在较大差距，发展的紧迫性不言而喻。本书研究坚持理论与实践相结合的原则，立足达州实际，深入研究达州特色农产品加工产业集群培育面临的实际问题，增强研究的目标指向性和现实针对性。

第三节　研究方法和技术线路

"工欲善其事，必先利其器。""器"就是工具，就是方法。合理使用研究方法、确立可行的技术线路是项目研究的重要前提。本节介绍研究所使用的研究方法和采取的技术线路。

一、达州特色农产品加工产业集群培育的研究方法

研究方法的选用是由研究对象的特殊性和所要达成的研究目标决定的。达州特色农产品加工产业集群培育是一个综合性的研究题目，研究内容非常丰富。从空间范围看，包含达州市七个县市区；从产业链所属层次看，涉及特色农产品初加工、特色农产品精深加工、特色农产品综合利用加工三个产业领域；从产业发展方向看，需要实现从粗放发展向集约发展转变、从总量扩张向提档升级转变、从分散无序向集聚发展转变这"三个转变"；从产业关联性角度看，横跨特色农产品种养、特色农产品加工，以及运输、储藏、包装、销售、科研和中介服务等一、二、三产业三大产业层次；从涉及的学科知识看，与经济学、社会学、政治学、地理学、生态学等多学科知识有密切联系。因此，运用多学科知识、多种研究方法对它进行综合性研究是必要的和可行的。具体来说，本书采用了以下几种研究方法。

1. 文献研究法

广泛收集、整理、分析现有图书、期刊、学位论文、统计公报和档案等研究文献，形成文献综述，为研究达州特色农产品加工产业集群培育提供理论支持。重点收集了以下几类文献资料：一是研究产业链演变过程的文献资料；二是研究农业产业链问题的文献资料；三是研究我国农产品加工业发展现状的文献资料；四是研究特色农产品资源的文献资料；五是研究产业集群尤其是研究特色农产品加工产业集群的文献资料；六是反映达州农产品加工产业发展的政府规划、各县市区对农产品加工产业的调查报告、工作总结、统计年鉴等文献资料；七是体现党和国家关于特色农产品加工产业发展的方针政策和战略规划部署等文献资料。

2. 实地调查法

采取座谈、问卷、访问、现场观察等多种调查方式，到达州市各县市区农产品加工集中区（工业园区）、有关农产品加工企业、各县市区农业工作部门进行实地调查研究，掌握真实的第一手材料，为深入的理性分析提供支撑材料。重点调查了以下几方面的内容：一是农产品加工企业的发展史、主营业务现状、财务状况、生产经营环境、发展规划等；二是农产品加工基地（工业园区）发

展现状、招商引资和企业入驻情况；三是各县市区特色农产品资源变化情况；四是农业科技推广运用情况。

3．规范分析与实证分析相结合的方法

运用规范分析方法，对掌握的文献资料和调查材料进行比较、总结、归纳、概括、提炼，梳理农产品加工产业集群发展的理论依据、形成机理、内在结构、功能特征、产业链条，形成研究达州特色农产品加工产业集群培育的理论储备。通过实证研究，形成若干个案研究成果，如达州苎麻产业、达州黄花产业、达州油橄榄产业、达州香椿产业、达州生猪产业、达州蜀宣花牛产业发展分析报告，对进一步分析达州特色农产品加工产业集群发展的现状、存在的突出问题、提出主要应对措施提供支撑材料。

4．比较分析法

把掌握的有关达州特色农产品加工产业集群发展的研究材料从时间维度进行纵向比较，总结提炼达州培育特色农产品加工产业集群取得的主要成绩和基本经验，总结实践中亟待研究解决的突出问题，并努力寻找产生问题的主要原因，进而把掌握的有关达州特色农产品加工产业集群发展的研究材料放在发达地区或全国范围，从空间维度进行比较，比较准确地找出达州在培育特色农产品加工产业集群方面的水平定位和发展差距，为对策研究打好基础。

二、研究达州特色农产品加工产业集群培育的技术线路

研究达州培育特色农产品加工产业集群应该以"问题"为导向，以"产业链"和"产业集群"为中心线索，以"达州"为空间范围，以提出"对策方案"为目标指向。"问题"分为"认识问题"和"实践问题"两个层面。"认识问题"集中体现在对发展特色农产品加工产业集群的必要性、重要性、紧迫性的认识，思想支配行动，认识不到位，培育特色农产品加工产业集群就是一句空话。"实践问题"具有多样性，如产业规划和产业布局问题、产业园区和产业基地问题、产业软环境改善和硬环境培育问题、产业技术支持和人力资源开发问题、产业风险防控和质量保障问题、产业衰退防范和创新发展问题等。

研究步骤分为五个环节：第一步，收集数据、文献研究、实地调研，这是整个研究过程的前期准备；第二步，概念界定和指标选择，对"产业链和全产业链""特色农产品和特色农产品加工产业集群""产业集群培育和产业集群提

升"等基本概念进行界定，对依托的基本理论进行梳理；第三步，模式辨识和机理研究，对农业产业链的形成机理、特色农产品加工产业集群的形成机理有一个较为全面系统的认识；第四步，实证分析、效应检验，通过案例研究找到达州为了培育特色农产品加工产业集群在"产业链选择""组织模式选择""对策措施选择"等方面的实证资料。第五步，政策研究，通过归纳总结和个案介绍，提出"政策建议"。研究技术路线如图1-2所示。

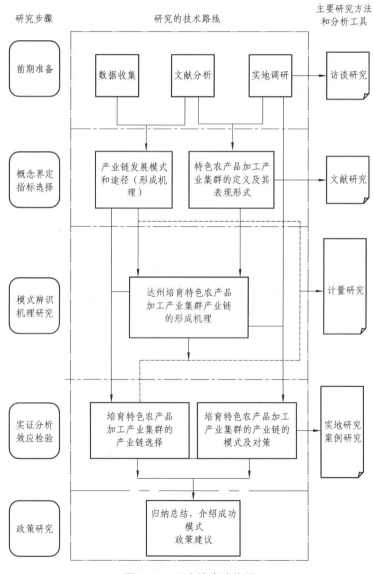

图1-2　研究技术路线图

第二章　农业产业链理论

产业链是本书研究的重要切入点。农业产业链理论具有系统性，需要全方位、多角度地把握该理论。本章重点考察农业产业链理论的科学内涵和国内外研究动态、农业产业链的形成机理和基本特征、农业产业链的自身构造和功能效应等内容。

第一节　农业产业链的科学内涵和研究动态

科学的农业产业链理论内涵丰富、外延宽广，可从狭义和广义两个角度理解。农业产业链理论研究具有一定的时空性，始于 20 世纪 50 年代，由美国学者首先概念式地提出。时至今日，国内外对该理论进行了丰富和发展。

一、农业产业链的科学内涵

农业是国民经济中一个重要的产业部门，它是依托土地资源培育动植物产品从而生产食品及工业原料的产业。农业属于第一产业。利用土地资源进行种植生产的部门是种植业；利用土地上水域空间进行水产养殖的是水产业，又叫渔业；利用土地资源培育采伐林木的部门是林业；利用土地资源培育或者直接利用草地发展畜牧的是畜牧业；对这些产品进行小规模加工或者制作的是副业。它们都是农业的有机组成部分。对这些景观或者所在地域资源进行开发并展示的是观光农业，又称休闲农业。观光农业是新时期随着人们的业余时间富余而产生的新型农业形式。

广义农业是指包括种植业、林业、畜牧业、渔业、副业五种产业形式，狭义农业是指种植业，包括生产粮食作物、经济作物、饲料作物和绿肥等农作物的生产活动。农业分布范围十分辽阔，地球表面除两极和沙漠外，几乎都可用于农业生产。在近1.31亿平方千米的实际陆地面积中，约11%是可耕地和多年生作物地，24%是草原和牧场，31%是森林和林地。海洋和内陆水域则是水产业生产的场所。当代世界农业发展的基本趋势和特征是高度的商业化、资本化、规模化、专业化、区域化、工厂化、知识化、社会化、国际化等交织在一起。现代农业的发展极大地提高了土地产出率、农业劳动生产率、农产品商品率和国际市场竞争力。

在经济活动的过程中，各产业之间存在着广泛的、复杂的和密切的技术经济联系，也即产业关联。经济活动中的各产业依据前、后向的关联关系组成了产业链。在产业系统中，每一种产业只是其中的一个环节或一个片断，由各个环节或片断联成一体就变成产业链。因此，产业链的实质就是产业关联，而产业关联的实质就是各产业相互之间的供给与需求、投入与产出的关系。

产业链是产业经济学中的一个概念，是指产业各部门之间形成的链条式关联关系及形态。1985年，美国哈佛大学商学院教授迈克尔·波特在其所著《国家竞争优势》一书中首次提出"价值链"概念，从价值转移和创造的角度，对产业链进行了更深层次的阐述。他认为，任何企业的价值链都由一系列相互联系的价值创造活动构成，这些活动分布于从供应商的原材料获取，到最终产品消费时提供的服务之间的每一个环节，其中内部价值链由企业内部相互联系的各业务单元组成，外部价值链由与企业关联的上下游企业组成。各企业的内部价值链相互链接整合，构成完整的产业价值链，简称产业链或价值链。由此，农业产业链就是农产品从研发育种、种养殖、深加工、销售等一系列增值环节组成的链条，是组织农民实现产业化经营的有效路径。

农业产业链是产业链中特殊的一类，这一类产业链将农业（或农产品）作为其中的构成环节和要素。因此，可以认为农业产业链是指与农业初级产品生产密切相关的具有关联关系的产业群所组成的网络结构。这些产业群依其关联顺序分为农业生产作准备的科研、农资等前期产业部门，农作物种植、畜禽饲养等中间产业部门，以农产品为原料的加工业、储存、运输、销售等后期产业部门，或者简单地分为农业产前、产中及产后部门。在实际应用中，农业产业链由具体的不同农产品链来体现，如棉花产业链、大豆产业链、生猪产业链，等等。

在以农业为主的传统社会里，农产品从田头到餐桌的距离很短，农民将自己生产的农产品运到集市上销售给消费者就完成了生产与消费的转化过程，有的农产品也仅仅需要简单的作坊式加工就可消费，农业产业链接环节很少。但在目前信息化、网络化、快节奏的现代社会里，人们对农产品需求变得多种多样，传统的农业已不再胜任这种供给职责，转而由第一、二、三产业联手分工协作来满足这种市场需求。农业加强与工业、商业等二、三产业的联系是社会经济发展到一定阶段的必然要求。

纵观世界农业的发展历史，农业产业链最早产生于19世纪50年代的美国，然后迅速传入西欧、日本、加拿大等发达国家和地区，充分显示了农业产业链给农业乃至整个国民经济带来的积极作用。虽然各个国家对农业产业链的称谓不尽相同，依托的载体与模式各异，但都具有大致相同的特点，即按照现代化大生产的要求，在纵向上实行产加销一体化，将农业生产资料供应，农产品生产、加工、储运、销售等环节链接成一个有机整体。并对其中人、财、物、信息、技术等要素的流动进行组织、协调和控制，以期获得农产品价值增值。目前我国农业产业链构建还处在起步阶段，需要从战略的高度来探讨农业产业链的发展问题。

农业产业链的理论基础是系统论、市场经济理论和产业划分理论，并把供应链的管理思想导入农业产业化中，以利于农业产业化绩效和竞争力的全面提升。

具体而言，农业产业链是通过农产品加工龙头企业和农户、经销商三大主体与农业生产资料生产、农业生产资料销售、农业示范园区（或农民专业合作社）、农产品生产基地、农产品收购、农产品加工、农产品储运、农产品销售等环节联结而成。整个产业链条以农产品加工龙头企业为主体，横向链接广大农户、专业合作组织、农资企业和销售企业。这样有利于降低交易成本，也更容易明确责任和利益分配。农产品加工龙头企业具有强大的资源整合能力、较高的市场营销水平、超前的经营理念和现代化的技术水平，在整个现代农业产业链中起着承上启下的作用。现代农业就是通过现代产业链条的重新构建、调整和优化整合，建立现代农业发展的现代产业体系。[①]

二、农业产业链的研究动态

农业产业链于20世纪50年代在美国产生，随后在世界范围内得到了充分的发展和完善，在世界农产品产业化和市场化过程中发挥了重要的作用。我国随着市场经济的逐步建立和农业现代化建设步伐的加快，农业产业链问题也越来越受到广泛的重视。

---

① 李麒：《现代农业产业链与农村就业研究》，http://wenku.baidu.com。

农业产业链是在产业链概念的基础上提出的。国外学者对农业产业链领域的研究起步较早，对农业产业链的内涵也给出了较为清晰的论述。如 Mighell（1963）在产业链的基础上，提出了农业"纵向协调"的产业发展路径，认为农业产业链是指包括原材料生产、加工、储存运输、销售等活动在内的一系列活动过程。在国内，农业产业链的概念最早由傅国华（1996）提出，认为农业产业链是依托市场，集中资金、土地、劳动力等生产要素对资源和农产品的合理配置，种养业、运输业、加工业、销售业围绕某"拳头产品"进行"产、加、运、销"或"产、运、销"的链状转动。王凯等（2002）进一步细化相关概念，认为农业产业链是不同农产品链的集合体，它包括农业产业的价值链、信息链、物流链和组织链等，是联结农业生产资料供应，农产品生产、加工、储运和销售等环节的一个有机整体。左两军（2003）认为，农业产业链包括农业产前环节、产中环节、产后加工环节、流通环节和消费环节，即农产品从种苗培育到大田管理、农畜产品加工、保鲜直至流通、市场销售等所有环节和整个流程。还有许多学者认为，农业产业链是指与农业初级产品密切相关的产业群构成的网络结构，其实质是产业关联，即若干个产业相互之间的供给与需求、投入与产出关系（赵绪福等，2004）；而经济活动中的各产业依据前、后向的关联关系组成了产业链（王桂霞等，2005）。总的来说，农业产业链是产业链在农业领域的具体应用，它涉及农产品生产、加工、运输、销售等诸多环节，包括农业产前、产中、产后的各部门、组织机构及关联公司以价值链、信息链、物流链、组织链缔结而成的有机整体。

1. 国外关于农业产业链方面的研究

国外发达国家和地区的现代农业产业发展较为成熟，借鉴源于制造业的供应链理论，实现了产加销一体化，农业的社会服务体系也较为完善。国外学者对农业产业链管理的研究大多基于价值链和供应链理论，并多集中于技术层面，即通过加强农业价值链中的信息管理，促进企业在产品生产中的价值链合作，并从产业链全过程对农产品质量进行监管，有效地提升农产品国际竞争力，实现企业利润最大化。下面从信息管理、农产品质量控制和价值链分析三个方面介绍国外农业产业链中的研究。

（1）信息管理

霍夫曼（Wout J. Hofman，2001）强调信息和交流技术（ICT）在农业产业链发展中的重要性，认为它们可为农业关联企业提高竞争力、增加市场份额提供机会。拉丁弗伊斯（2000）进一步指出目前的 ICT 机构中存在过于特定、刻板和适用范围狭窄三大技术障碍，对此他建议应设计一般的、柔性的、广泛的

ICT 服务结构。由于 ICT 是为整个农业产业链甚至为整个农业部门服务的，因而应由政府来合理投资建设，而不是单靠农业企业来投资。

（2）农产品质量控制

罗斯（J. E. Ross，2005）提出以满足消费者产品质量要求为目的的"全面质量管理"（TQM），它包含过程质量控制和一系列具体的行为方法。斯特让伯格（1996）等在全面质量管理（TQM）、国际标准化组织标准（ISO）、良好作业规范（GMP）和危害分析以及关键控制点（HACCP）的基础上，提出建立农产品质量预警系统，旨在维护产业链的声誉，增强消费者的信心。在农业产业链管理对食品安全的影响方面，国外学者 Boehlje（1995）等的研究表明，农业产业链管理能有效保证食品溯源体系（trackand traceability system）的构建，降低溯源成本，提高监管效率。

（3）价值链分析

价值链分析是衡量企业成本和绩效的方法，多数研究采用实证方法来证明农业产业链管理在价值链中的重要作用，分析其是否可以显著降低农业企业的生产成本。

斯迟拜（W. Schiebel，2007）从消费者需求和市场份额两个方面为农业产业链上的合作企业提供了估计有效客户反应（efficient consumer response）所普遍适用的方法，通过欧洲的一项价值链案例，验证了价值链分析在农业产业链中的重要作用。在微观层面上，许多学者从不同角度、运用不同方法对某一具体产品的产业链纵向协作程度等进行了研究，重点研究了农业产业链各环节有效连接的重要性，注重研究产业链各环节间的利益分配问题。J. E. Hobbs（1988）、R. Lamb（1998）研究了美国牛肉产业链中的纵向协作程及价格冲击传输等不同问题；M. F. Neves（1998）对水果、橙汁农业产业链进行过广泛和深入的研究；Man（2001）对由生产、加工、贸易、消费等构成的全球棉花产业链进行实证研究。巴西经济学家 Decio Zylbersztajn（1998）等针对水果、蔬菜、牛肉等农业产业链从组织结构、信息管理、企业物流管理、市场渠道、产量质量与跟踪系统等方面进行了深入研究，分析农业产业链绩效发挥的制约因素，对提升产业链竞争力提出了政策建议。

2.　国内关于农业产业链方面的研究

我国的农业与美国、荷兰等发达国家的农业相比，农业组织化程度不高，各组织机构松散，且农业基础设施严重不足，社会化服务体系不完善，因而目前我国农业产业链的建立和运作面临诸多问题。许多学者从我国现存农业产业链的组织模式、运行绩效及影响因素、延伸与构建及整合这几个方面进行了研究。

（1）农业产业链组织模式方面的研究

稳定的组织是实行农业产业链管理的保障，国内学者对农业产业链组织作为一种新兴的加强农户与企业、市场之间联系的农工商一体化组织进行了界定和研究。王凯等（2004）根据农业产业链的参与主体和运行机制不同，将农业产业链中组织模式分为公司企业模式、合作社模式、合同生产模式；按照"龙头"及其所带动的参与者的不同，将其划分为龙头企业带动模式、中介组织带动模式、专业市场带动模式和其他模式。唐步龙（2009）认为，杨树的产业链存在市场交易、合作形式和纵向一体化三种模式，从交易成本、资产专用性、不确定性和市场结构等方面分析了这三种不同模式产业链共同存在的基础。张彦等（2011）从农业产业链的内部、外部影响因素对农业产业链组织形式进行了分析，认为产品特性、资源禀赋、资产特征、交易频率等方面会直接影响农业产业链组织形式。

（2）农业产业链运行绩效及影响因素研究

国内大多数学者从某一具体农产品产业链入手，从客观绩效和主观绩效两个层面来设计评价指标体系，以综合反映农业产业链的运行绩效。而评价方法主要包括层次分析法、模糊综合评价法等，并结合结构方程进行验证。如戴化勇等（2006）以南京蔬菜产业链为例，建立了绩效层次分析模型和绩效评价矩阵，应用层次分析法对其外部绩效（包括柔性管理能力、合作能力、顾客及消费者响应能力与环境适应能力）和内部绩效（包括企业内部管理成本、资金周转与回报情况）进行了综合评价。李俊龙等（2006）以江苏省的花卉企业作为实证对象，构建农产品供应链绩效模型，利用结构方程模型来验证假设，结果显示合作能力对产业链有显著的正向影响，而市场环境的改善对产业链绩效影响不显著。卜卫兵等（2007）在构建乳品加工企业与原料奶供应商合作效率评价指标体系的基础上，运用层次分析法并结合实地调查资料，对乳品产业链中三种不同类型的原料奶供应商与加工企业之间的合作效率进行了实证考察。分析结果表明，牧场与乳品加工企业的合作效率最高，奶牛小区次之，农户最低，影响乳品加工企业与其供应商合作效率的最主要因素是双方的合作能力和条件以及合作收益。杨加猛等（2011）结合林业产业的行业特点和产业链发展规律，提出由长度、宽度、关联度和厚度构成的林业产业链四维结构模型，据此构建起衡量林业产业链绩效的测度指标体系和主客观综合测度流程；以江苏省林业产业链为例进行测度，分析江苏省林业产业链长度绩效值较高，其他值偏低。

（3）农业产业链延伸和构建方面的研究

国内学者结合实践，在农业产业链的构建与延伸方面展开了大量研究，大部分学者都主张对农业产业链进行纵向延伸和横向扩展，注重增加各环节的产品价值增值。龚勤林（2004）认为，农业产业链构建包括产业链的区域内接通和产业链的区域间延伸，延伸产业链则是将一条既已存在的产业链尽可能地向上下游拓深延展；同时，他探讨了构建产业链对于城乡统筹和区域统筹的意义。王艺等（2004）认为，应在中国现行短而窄的农业产业链进行纵向延伸和横向扩展，挖掘每个节点的潜力。李杰义（2007）认为，农业产业链的延伸应包括农产品加工价值链的延长和价值链的拓展两个维度，并且产业链链环将顺次在地域内（尤其是农村地域）和地域间（尤其是城乡间）进行延伸。陈宏伟等（2009）在分析农业产业链拓展的必要性及其制约因素的基础上，提出了重视龙头企业发展、完善农业组织形式等农业产业链的拓展对策。郭承龙（2009）从社会分工、市场和产业链组织这三个维度分析了呈现蛛网结构的林业产业链的形成机制，且提出林业产业链形成的价值模型，并举例验证了林业产业链形成机制。谷永芬等（2011）认为，农业产业链的延伸即农产品深加工的体现，应向与初级农产品生产有关的前期生产部门延伸，向与农产品加工、运输、销售有关的后期生产部门延伸，并增加中间环节。产业链拓展是指产业链整体质量的提升，使产业链的各环节向高技术、高知识、高资本密集和高附加价值演进。

（4）农业产业链整合方面的研究

农业产业链的整合是在产业链形成与发展过程中，探索链条优化升级的实施途径。有些国内学者对当前农业产业链整合存在的问题进行定性分析，提出农业产业链的整合管理措施。王凯等（2004）提出了加强价值链、组织链、信息链与物流链管理的农业产业链整合，即加强农业产业链上下游之间的组织、信息、价值和物流的沟通与协调，提出拉长和加强产业链的对策。赵绪福（2006）认为，除了要对农业产业链上物流、信息流、价值流及经营主体等产业链形态要素进行整合以外，还要从产业链的时空分布角度进行宏观视域内的产业链整合、区域内的产业链整合和跨区域的产业链整合等。在微观层面上，朱毅华等（2004）通过问卷调查，针对以南京龙头企业为主的农产品加工企业，构建了农业产业链整合绩效结构方程模型。结果表明，南京市龙头企业的产业链整合管理水平还处于比较低的层次，其中内部整合较好但还不充分，而外部整合则比较薄弱。宋建晓（2007）在比较分析闽台农业主要经济指标的基础上，认为闽台农业在生产条件与生产水平上的差异互补性是闽台农业产业链整合的现实基础，并从交易成本角度分析了影响闽台农业产业链整合的因素，进而提出以农民合作组织发展为纽带、现代农业物流体系建设为平台，推进闽台农业产业链的整合。万俊毅（2010）考察"公司＋农户"温氏模式的准纵向一体化产业链，双方依赖对方的优势资源合作经营，其稳定发展在于农户垫付保证金的资产专用性和流程价格结算的合作剩余分配，温氏通过上述方法对产业链和价值链进行双重整合。

综上所述，国外的研究学者主要从信息管理、农产品质量控制和价值链分析三个方面对农业产业链进行了研究，而国内学者主要从农业产业链的内涵、组织模式、运行绩效及其影响因素、构建延伸及整合方面进行了研究，诸多研究成果为农业产业链的管理提供了较好的理论基础和实践依据。

但是，目前的研究仍存在一些不足之处，特别是国内研究在以下方面还有待进一步深入研究：①在农业产业链的构建方面，很少有研究提及政府应在农业产业链的建设方面扮演什么样的角色，以及通过何种途径及方式实现政府在农业产业链中管理和运行中的推动作用。②在农业产业链组织形式方面，现有研究仅对农业产业组织进行了分析，针对多种组织形式并存的合理性进行了分析和讨论，但究竟采用哪种类型的产业链组织方式对中国农业发展更为有利，尚无明确的研究结论。③与国外研究相比，国内鲜有人研究将农产品的食品安全管理纳入农业产业链管理的整体研究框架之中。④农业产业链的拓展和延伸必然涉及多个地域的联系与合作，国内目前尚无人结合区域经济来研究农业产业链的空间分布与空间特征。①

三、研究农业产业链的意义

1. 有利于增强农业企业（或农户）的竞争能力

从农业产业链的运行规律来看，可将农产品从生产者到最终消费者的过程分解为一系列相对独立又相互联系的增值环节。因为一个企业（或农户）可能在某一环节具有比较优势，但不可能在每一个环节都具有比较优势。在农业产业体系高度发达的国家，很多企业生产与营销分离，通过合同关系，把流通和销售环节完全让渡给专业厂商来办理。在同一产业链的不同环节之间，具有比较优势的企业实现互补，整个产业链的综合功能增强。农业企业与产业链的结合，产生了远远大于个体之和的综合竞争力，在市场竞争中处于优势地位。

在市场中进行产业链运作，并取得巨大效益的农业产品有很多，其中，水果玉米的产业链运作就很具有代表性。

---

① 崔春晓、邹松岐、张志新：《农业产业链国内外研究综述》，《世界农业》，2013（1）：105-115。

（1）产品及背景介绍

水果玉米又称甜玉米或蔬菜玉米，是特用玉米的一种，富含蛋白质、多种维生素、膳食纤维、胡萝卜素、亚油酸等营养成分，集中了水果和谷物的优质特性。水果玉米具有独特的营养价值、良好的口感和加工性能，经济价值较高。

水果玉米自20世纪初开始商品化，30年代开始制作为罐头，40年代以来美国不断扩大种植面积，在所有蔬菜作物中水果玉米总产值排在鲜售蔬菜产品市场第六位、加工产品第二位，是最重要的蔬菜作物之一。我国水果玉米食品的生产起步较晚，20世纪80年代才开始水果玉米罐头的加工生产，但发展较快，随着国内人民生活水平向小康富裕型发展，水果玉米制品越来越受到人们的喜爱，加之玉米深加工企业的发展，对水果玉米的需求越来越大。

华中农业大学超水果玉米"金银99"是李建生教授及其课题组历经十年培育的水果型超水果玉米新品种，1998年获农业部优质农产品（特用玉米类）综合评分第一；1999年3月通过湖北省农作物品种审定委员会审定，商品名"金银99"。该产品具有丰富的营养成分，鲜穗粒含糖量7.62%、蛋白质含量4.02%、赖氨酸含量122.20mg/100g、脂肪含量3.18%。所含油酸、亚油酸有利于预防心血管病；赖氨酸（人体不易合成）有利于儿童吸收并生长发育；多种维生素有利于老人延缓衰老。同时，乳熟期鲜食具有鲜、甜、嫩、皮薄无渣、清香爽口和奶油风味，口感极佳。超水果玉米"金银99"以其甜度、风味、子粒、果皮等多方面特征，深受江城人民喜爱。然而，面对其他一些玉米品牌的抢滩江城，与部分劣质玉米的鱼目混珠，"超水果玉米"终究没能走上一个与品牌拓展相适应的品牌之路。面对众多品牌玉米的市场环境，水果玉米如何以其独特的风味强占一席之地呢？

（2）市场分析及销售策略

总市场需求潜力分析。首先，国际市场缺口巨大。直至今日，水果玉米生产并未满足市场需求。权威人士估计，国际市场上每年水果玉米鲜穗供应缺口超过200万吨，罐头缺口为70万~100万吨，速冻产品缺口超过50万吨，真空包装产品缺口超过1亿穗。对鲜玉米汁、冻干玉米粒的需求，也呈上升趋势。其次，国内市场消费潜力巨大。根据国人的消费习惯和消费水平，我国鲜穗水果玉米的潜在需求可达80万吨、速冻水果玉米30万吨、罐头40万吨，种植水果玉米可达150万亩。如从目前每公顷可创造产17 000~26 250元来算，水果玉米产业将拥有255亿元的巨大消费市场。如将保鲜和加工所产生的附加值考虑在内，市场需求更是不可限量。

目标市场分析。首先是对现有市场销售渠道进行分析。据调查，华农水果玉米的现有主要销售市场为农贸市场，约占总数的44.83%；其次是超市，占

23.65%。这种以集贸市场为主的单一销售渠道不仅限制了销售数量，而且对品牌的发展、食品安全等方面的要求也大大受到影响。其次，针对目标市场分析作出相应的对策。第一，以超市为主，推广品牌，与超市建立稳定的供销关系并改进对产品的包装，同时促进品质改良；第二，改进其他渠道市场效率；第三，加强对终端消费者的宣传，增加销售网点。

（3）产品及市场扩展

产品的扩展。从20世纪80年代我国开始研制及推广水果玉米以来，市场上的水果玉米的产品种类繁多，仅广东省每年研发并推广到市场上的品种就有十个之多。而以华中农业大学为研发支持的华农水果玉米，尽管一直在努力地改良及研发新品种，但是要在全国乃至全球众多育种研发机构中脱颖而出，依然是件艰巨的事情。而结合地方特色、加强产品的深加工、提高产品附加值是一条可取之路。主要方式有二：第一，水果玉米矿质饮料开发。有业内人士分析，继碳酸饮料、水、茶、果汁饮料之后，饮料第五代——粗粮饮料，也称为"黄金饮料"，迟早要形成喷薄而出之势。因为随着人们物质生活水平的提高，人们的饮食日益精细化、营养化，粗粮、膳食纤维、维生素及微量元素严重摄入不足，各种各样的"富贵病"在不知不觉中出现。这就是我们经历了"脉动"的火爆、接受"红牛"高价的原因。而粗粮饮料不仅具备显而易见的诸多营养功能，而且自然和谐的口感也更容易让消费者接受。所以，粗粮饮料有可能在饮料行业掀起一场新的"革命"。第二，水果玉米加工。首先有水果玉米的速冻加工，这是水果玉米初加工的主要方式之一，主要品种有速冻整穗水果玉米、速冻整粒水果玉米，通过前处理、烫漂、脱粒、速冻等工序制成，而整粒要采用单体速冻。速冻的水果玉米产品可直接小包装上市出售，亦可作为饭店、超市配菜及其他深加工的大包装原料。其次是水果玉米罐头加工，它可分为整粒水果玉米罐头、整段水果玉米罐头和糊状的水果玉米罐头等不同品种，通过前处理、脱粒、削粒刮浆、调料、装罐密封、杀菌等工序制成，水果玉米罐头产品的保质期较长。第三是水果玉米脱水加工。通过前处理、脱粒、冷冻干燥等工序制成，是近几年水果玉米的一种新的加工方式。脱水水果玉米粒附加值高，主要用作调料包、汤料包中的原料。水果玉米汁的加工，是将鲜水果玉米经过削粒、刮浆及无菌处理，直接制成玉米爽饮品，亦可作为饮料、乳品、面点等产品的原料。第四是水果玉米的初级加工。它为水果玉米的新产品开发提供了充足的原料，通过大力开发水果玉米的深加工产品，如水果玉米馅的水饺、八宝粥、冰淇淋、汤料等，提高水果玉米产品的附加值，也为水果玉米产业提供了更广阔的发展前景。

市场的扩展。国际上对水果玉米的需求存在着巨大的缺口，而且人们对水果玉米的消费也是逐渐增长的。以日本为例，近30年来，对水果玉米的进口量增长了30倍，将水果玉米打入国际市场是很有发展潜力的。从20世纪80年代中期进行水果玉米加工以来，水果玉米食品，特别是水果玉米罐头及速冻鲜果穗等产品的生产和出口成为主要的创汇渠道。如何分享这个巨大的国际市场，可以从以下几个方面发展：首先，强化以速冻水果玉米粒为主，配以鲜玉米穗的多品种经营方针；其次，注重包装，实现规格多样，展示美味餐桌形象；再次，充分利用网络，依托网络资源，进行水果玉米的大宗营销；最后，按照世界贸易组织的要求，采取国际化的产品出口策略，加强无公害水果玉米的生产加工过程。

2. 有利于增加农民收入和产业结构的调整

农业产业链的形成、层次的增加，意味着农业组织化程度的提高和农产品增值环节的增加。加入产业链的农民不仅可以得到高端环节技术、信息、资金等方面的支持和服务，降低市场交易风险，而且可显著提高农产品附加值，有利于增加农民收入和产业结构的调整。此外，产业链理念的树立，有利于在广大农民中打破狭隘的地域概念和单纯的利己观念，树立大市场和分工合作的新理念，同时也有助于农民拓展经营思路。

从中国人参初步产业链的发展过程中，可以深刻体会到产品产业链发展的益处。在此之前，中国人参由于贸易制裁、国际暗战，以及行业的放任自流，名贵药材沦为廉价原料。人参自古就被誉为进补佳品，那么，什么参是世界上最好的？很多人会不假思索地回答：高丽参。高丽参优于中国人参的观念一直占据主流。韩国的高丽参一直占据产业高端，其整体销售价格比中国人参一度高出15倍之多。高丽参与中国东北人参的价值分野，从种植和收购的环节便已经开始。其实，单从技术层面，两者差距不该这么大：高丽参与中国人参同科同属，皆生长在长白山脉。以园参（人工栽培于园地的人参）为例，中国人参和高丽参同样培育6年以上，经历相似的加工过程。韩日、欧美的国际药商，每年都会批量引进中国人参，作为转口、加工、造药之用。

人参号称"百草之王"，30年来，中国人参在中药材产业的种种风浪中一度屡受重挫，以致"百病缠身"——种植、加工到销售全链条皆是如此。当高丽参、西洋参等已成功占领行业高点，甚至席卷国内市场的时候，中国参业在国内外市场却多番颠沛流离，"人参卖出白菜价"，至今未摆脱廉价原料供应地的尴尬。

中国人参主产区在吉林省。现在，政府、企业甚至学术机构正试图从不同的途径，振兴中国人参，为其"正名"，开发新的市场空间，将其形成产业链。

这种努力起于 2009 年，近两年呈现加速状态，利益联动者包括中国的药农、地方政府和药企，已影响人参市场的交易生态，并直接作用于人参价格——每公斤鲜参的收购价从 2005 年低谷的 10～12 元飙涨到 2013 年的 180 元以上。每逢人参收获季前的八九月，相关概念股甚至成为资本市场炒作的热门题材。

3. 有助于农产品的标准化生产

农业产业链的形成与延长有利于工业产业链和城市消费的对接，不仅可以打通城乡供销通路，实现城市加工经贸企业和广大农户的合作双赢，而且有助于农产品的标准化生产和产品质量安全追溯制度的实行。

北京正大蛋业有限公司为了保证鸡蛋的安全、健康与美味，对鸡蛋生产进行了产业链发展。北京正大蛋业有限公司是正大集团下属企业。正大集团是泰国的支柱企业，由泰籍华人创办的知名跨国企业，其涉足领域包括农业、食品业、零售业以及通信业。卜蜂集团是世界上最大的饲料生产商、世界上最大的虾肉生产商，同时还是世界最大的肉鸡以及鸡蛋生产商之一。正大集团的业务遍及 20 多个国家和地区，下属 400 多家公司，员工近 20 万人。在中国投资额近 60 亿美元，设立企业 200 多家，遍及除青海、西藏以外的所有省、市、自治区，员工超过 80 000 人，年销售额超过 500 亿元。经过 90 多年的发展，正大集团形成了以农牧业、食品业、商业零售业为核心，制药、机车、房地产、国际贸易、金融、传媒等领域共同发展的业务格局。

北京正大蛋业有限公司是由泰国正大集团投资的，目前是亚洲最大的鸡蛋"一条龙"生产企业。总投资额 7.2 亿元，占地 779 亩，产蛋鸡存栏 300 万只，青年鸡存栏量 100 万只，日产 240 万枚鸡蛋，年产鲜蛋 5.4 万吨，其中品牌壳蛋 3.2 万吨，液蛋加工产能 1.9 万吨。正大蛋业工厂采用"政府＋银行＋合作社＋企业"四位一体模式，是新农村建设中现代农牧食品项目的典范。

一颗鸡蛋"从农场到餐桌"要经历多少道工序来保证安全、健康与美味？正大集团在北京平谷建设了亚洲最大、最先进的集鸡蛋生产、加工一条龙企业——北京正大蛋业有限公司。位于北京平谷的北京正大蛋业有限公司由饲料厂、祖代及父母代种鸡场、孵化场、青年鸡场、产蛋鸡场、蛋品加工厂、液蛋加工厂等组成，形成了完整的生态循环经济系统；于 2013 年 5 月正式投产，目前为亚洲最大最先进的鸡蛋生产企业。正大集团农牧食品企业中国区资深副董事长于建平表示："为保证正大鸡蛋产品的安全与高品质，正大集团引进世界最先进的技术和管理经验，对饲料原料、到蛋鸡养殖、鸡蛋生产加工、物流运输各个环节进行全程质量监控，实现食品双向安全全程可追溯。我们始终将产品质量和食品安全放在高于一切的位置。"

食品安全理念贯穿于细节之中。在饲料环节上，选用正大饲料，采用科学配方、高温杀菌，保证饲料无药残、无激素、无有害致病菌；在养殖环节上，鸡舍采取电脑系统监控、封闭式喂养方式，整个饲养环境达到国际先进标准；在加工环节上，正大鸡蛋经过清洗、紫外线杀菌、喷码、包装等工序，确保每一枚鸡蛋的安全、美味、健康；在物流运输上也采取专业化的管理，保证将最新鲜的鸡蛋送往各销售网点。高科技的手段不仅成为食品安全的保障，也为传统养殖业注入活力。企业引入来自德国、荷兰、丹麦以及美国的先进蛋鸡养殖设备。通过无线互联网进行网上控制，使员工可以在世界上任何地方通过他们的手机、平板电脑或者笔记本电脑随时监控并调整饲料配方、鸡舍温度以及通风情况。无线射频识别（RFID）技术的应用保证了从饲料生产到鸡蛋生产、包装以及销售每一步的可追溯性。正大集团的目的不仅是为百姓的餐桌带来安全、美味、健康的食品，更希望以此示范项目推动我国农牧业现代化与食品安全的发展。

正大集团在立足农牧食品事业的基础上，一直积极参与中国新农村建设，响应"十二五"规划，推动农牧业产业化、农村城镇化建设。北京正大蛋业有限公司建设的"北京平谷正大绿色方圆300万只蛋鸡现代化产业项目"，是正大集团与平谷区人民政府为解决"三农"问题而进行的"产权服务外包式"农村经济模式的有益探索。项目采用了"政府、银行、合作社、企业"四位一体模式，有效地组织农民成立合作社，在兼顾正大集团发展的同时，为入社农户带来持续稳定的长期收益。项目自成立以来受到社会各界的广泛认可，并被中国国际城市化发展战略研究委员会评为"2011年中国城市化农业产业化典范案例"。平谷正大蛋鸡项目还成为国家体育总局训练局指定食品供应基地，正大鸡蛋也被指定为国家体育总局训练局国家运动员备战保障食品。目前正大鸡蛋已经上市销售，正大蛋业根据中国消费者的多样化需求开发了针对不同人群的营养需求的鸡蛋产品，合理科学地添加了人体健康所需的不饱和脂肪酸、维生素及其他微量元素，为百姓带来了多种选择。市民们可从卜蜂莲花、物美、家乐福、乐天玛特等各大超市及其他零售渠道方便地选购正大鸡蛋，享受安全的营养美味。

第二节　农业产业链的形成动因和基本特征

农业产业链的形成动因、运行机理和结构特性，对培育和提升农产品加工产业集群具有重要的理论指导价值。本节重点分析农业产业链的形成动因、农业产业链的运行机制和农业产业链的基本特征。

一、农业产业链的形成动因

在经济学家看来，任何一种经济现象的背后都有其理论支撑，"农业产业链"这一经济现象也不例外。辩证唯物主义认为内因和外因共同推动事物的发展，内因是根据，外因是条件。产业链的形成也是如此。

1. 农业产业链形成的内部动力

内部动力，即决定农业产业链形成的内在驱动因素。企业作为理性经济人，其经营行为就是追求自身利益的最大化，因此追求低交易费用、低风险理应成为企业经营行为的主要考量。同时，随着企业自身的不断发展，企业与其他企业的交易和合作变得频繁、紧密，以便从中获得几倍于自有资本的社会资本。因此，笔者认为"降低交易费用""风险规避"和"创造和利用社会资本"是产业链形成的内部动力因素。

（1）降低交易费用

交易费用理论的提出大大丰富了经济学研究的视角，并直接导致制度经济学的形成。科斯（Coase，H. R）在其1937年发表的《企业的性质》一文中研究了企业存在的根本原因并讨论了企业的边界，提出了交易费用这一概念。"交易费用"就是利用价格机制的费用，是获取准确市场信息以及谈判和经常性契约的费用。其后威廉姆森（Williamson）在科斯的基础上进一步发展了交易费用理论，指出"交易费用"包括事情订立契约的费用以及事情解决问题和改变契约或退出契约的费用。

科斯指出企业和市场是两种不同配置资源的机制，企业以行政手段配置资源，而市场则以交易方式配置资源。当两种机制配置资源的费用相等时，企业与市场达到动态平衡。任何时候，只要两种机制配置资源的费用不等，就会导致企业边界的扩张或者收缩。威廉姆森（Williamson）更进一步指出，由于人的理性以及其机会主义行为导致市场交易的过程比较困难并由此带来了交易成本的增长，以至于在这一条件下采取企业这一资源配置方式会比市场机制有效率得多，这样就促使企业向横向和纵向延伸。

本书所定义的农业产业链是指与农产品相关的不同企业或产业部门为了追求自身长远利益的最大化而与其他企业或者产业部门进行中间产品交换的动态网络组织。组织之间的中间产品的交换既非纯市场交换也非企业内部交换，但产业链这种组织却同时具有企业和市场的特性，这使得交易费用理论对解释农业产业链的形成有一定的说服力。如果说市场和企业处于组织模式的两个极端，那么产业链这种组织就是位于两个极端之间的无数种混合的网络组织。组织中的成员因为中间产品的生产和交换有着稳定的合作关系，组织中所有成员可以共享成本降低和效率提高的好处。在这一利益诱导机制下，企业作为一个理性经济主体就会自动加入到与之相关的农业产业链组织中。

（2）规避经营风险

企业作为一个经济实体处于一个开放的系统之中，由于外界的环境在持续不断地变化，变化则意味着"风险"，企业未来不确定性的发展状态是企业行为的基本特征。在一个以完全市场交换为主的市场里，企业会面临着如下风险：第一，生存风险。企业自身资源的有限以及认识能力的不足决定了企业对市场上产品需求的变化、技术更新缺乏足够了解，这将使企业面临退出市场或难以生存的风险。第二，交易的不确定性。企业进行市场交易是随机的，不知道下一个交易对象是谁以及是否还会发生交易，这样企业就会面临产品销售不出去的风险。第三，交易对象机会主义风险。机会主义是指经济主体为追求自身短期利益最大化而具有随机应变、投机取巧的倾向。在以完全市场交换为主的市场里，机会主义难以避免，因为交易对象的不确定使得行使机会主义可以迅速获利，但不会受到交易对象的惩罚。

农业产业链这种网络组织中也存在着风险。Das 和 Teng（1999）等人提出在企业联盟的管理中存在两种风险：一是绩效风险，二是关系风险或者称道德风险。绩效风险是指在充分合作的情况下，农业产业链不能达到预期的目标。这种风险来自于合作之外的因素，比如外界环境的剧烈变化、合作者能力的缺乏。随着经济全球化程度的加深、企业经营环境日趋复杂，产业链内部和外部随时都面临新的和意想不到的情况。面对这些情况，产业链中每一个成员的反应很可能不一致，这就导致产业链本身具有内在不稳定性。关系风险主要源于产业链中存在的"机会主义"行为，具体表现为成员合作被动、对产品关键技术有所保留以及产品质量达不到规定要求，由此影响整个产业链的运行效率。此外，在利益分配方面，可能会因为利益暂时分配不均而引起其成员为获得更多利益不惜损害其他成员的利益。产业链利益分配问题是产业链能否正常高效运行的核心，没有一个公平、合理的利益分配机制，产业链是不可能持久运转的。

虽然绩效风险是导致产业链不稳定的内在风险，但是相对单个企业面对的市场风险而言，绩效风险要小得多。面对外在环境变化，单个企业抗风险能力要比产业组织网络小得多。对于道德风险，完全可以对产业链成员采取一些必要的措施加以防范。比如在产业链运转的过程中建立一种沟通互信的机制，该机制至少要做到使成员之间相互尊重、相互深入了解，特别需要涵盖"一切为了终端顾客、整体利益大于局部利益"的理念。实际上，随着契约制度和惩罚机制的不断完善，对产业链成员道德风险的控制甚至规避将成为可能。因此，企业基于规避风险的考量将会以某种形式联合在一起组成产业链。

（3）创造和利用社会资本

自 Burt 于 1992 年首次研究企业社会资本以来，学者们从不同角度对其内涵进行了解读。比较一致的观点是，企业社会资本是镶嵌在企业内外部网络中，对其经营业绩有影响的潜在的和实际的资源集合。社会资本镶嵌于社会关系网络之中，通过交换可以形成各种各样的关系。实际上，社会资本的形成是一个复杂的辩证过程，产业链中成员与其他成员进行交换中间产品时就形成了社会关系网络；同时，这种社会关系网络的形成又反过来会加速交换的发生，也会加强产业链成员之间的合作，提高他们之间的信任度。在社会体系中，交换是资源组合的前提，因此，产业链成员间通过中间产品的交换，资源得到了重新的组合。企业加入产业链能给自己提供更多的资源选择和利用机会。尤为突出的就是智力资本的利用，智力资本是镶嵌于产业链网络组织中最为活跃的隐性社会资本。

毫无疑问，随着知识经济的到来，由于其边际报酬递增的特性，智力资源将会成为企业发展的重要资源。在激烈的竞争环境下，获取新的知识是企业保持创新力的一种有目的的追求，加入产业链中可以使企业短时间内获取足够多的智力资源。产业链这种动态网络组织给其成员提供了一个动态的网络智力资源库，让其成员共享知识资源、分享经验，从而加速成员自身的发展。产业链这种特性不断吸引新的企业加入，同时新企业的加入又不断扩大和发展原来的产业链。因此，产业链是一个开放的，动态的网络组织。

2. 农业产业链形成的外部动力因素

外部动力因素是指在农业产业链形成过程中起推动作用的因素。"区位优势""产业技术进步"以及"政府产业政策"是农业产业链形成的外部动力因素。例如，区位优势是由企业所处的外在环境相比较而形成的。技术进步特别是产业技术的进步是推动产业发展的一个重要的外在因素。虽然产业内也可以产生技术革新，但是对于单个企业而言，其往往是新技术的接受者，因此把产业技术看作产业链形成的外部因素。在现代社会经济体系中，政府产业政策会直接影响并在一定程度上主导产业的发展，而产业的发展会孕育新的产业链。

在理论上，即便不存在这些外在因素，产业链也会存在，只是形成的过程比较缓慢。这些外部因素的存在会大大加快产业链形成的速度并且在一定程度上深化产业链结果，使其形成的网络组织更为复杂。

（1）追求区位优势

经济活动都有对劳动力、自然资源、信息、技术、人才以及地理位置等经济优势区域的偏好。英国里丁大学经济学教授邓宁于 20 世纪 70 年代末将企业优势、内部优势和区位优势结合，提出了一个更一般和广泛适用的理论模式，用以解释跨国公司的存在以及国际直接投资现象，这一模式一般被称为国际生产折中理论。他指出，区位优势包括直接区位优势和间接区位优势，前者指东道国某些有利因素所形成的优势，后者指某些不利因素所形成的东道国相对区位优势。

区位优势是由投资国和东道国的多种因素决定的。这些因素主要包括：生产要素投入和市场的地理分布状况、生产要素成本、运输成本和通信成本、基础设施状况、政府干预经济的程度和范围、市场状况和金融制度、国内市场与国际市场的差异程度、文化环境的差异程度、贸易障碍等。由于各企业所处的国家和地区不同，企业之间存在着相对区域优势，也存在着一定的资源短缺现象。为了解决企业自身资源的不足问题，企业可以通过纵向兼并，即控股上游或下游企业，或者通过横向扩张来弥补资源不足。但是对于许多中小企业而言，纵向兼并或横向扩张不仅成本巨大，而且短时间内也无法完成。那么，通过与上下游企业签订合约来获取企业所需要的资源不仅成本低廉，而且可以减少不必要的投资，降低企业经营的风险。区位优势为产业链的形成提供了前提条件，在资源流动不存在障碍时才成为非必要条件，即区位优势促进了产业链的形成和发展。

（2）推动产业技术进步

作为社会经济活动的灵魂和基础，产业技术是科学技术向生产力转化的最终形态，可以广义地理解为人类变革、控制和利用自然的人工机制。产业技术通常被划分为生产流程技术形态和产品技术形态。从一定层面上看，农业产业链源于链环之间的技术关联，是一种技术链。农业产业链成员之间使用不同生产技术生产中间产品并将之相互交换，这种交换背后的实质即技术关联。

产业技术进步是推动产业升级和产业链动态调整的直接动力。任何一种新产品的开发或新生产工艺和流程的改变都会引起原有社会分工体系的改变，从而形成新的产业门类，进而刺激并带动相关产业发展，引起产业结构扩张和复杂化，导致原有产业链的收缩或扩张。

（3）实施产业政策引导

产业政策（Industrial Policy）是指国家根据国民经济发展的内在要求，调整产业结构和产业组织形式，从而提高供给总量的增长速度，并使供给结构能够有效地适应需求结构要求的政策措施。产业政策是国家对经济进行宏观调控的重要机制，包括产业结构政策和产业组织政策。

市场经济有其固有的"缺陷"，如市场失灵等。有时政府会对经济运行进行必要的干预，以提高经济运行的效率或降低"市场失灵"对经济运行的负面影响，如出台一系列的产业政策。产业政策对产业链形成的作用主要是基于以下原由：第一，宏观层面的政策若着眼于打破原有地域、人员、资金的封锁，营造好的投资环境等，将会大大促进生产要素的自由流通，降低市场交易成本，增强地区经济活力。交易成本的降低和经济活力的增强均会促使企业之间形成更为紧密的合作关系，促进产业链的形成。第二，产业政策若针对某一地区、某一产业而言，则会促进该产业的发展，同时会拉动相关产业的发展，促进该产业上下游企业的合作以及企业的横向合作，加快产业链的形成。各地的产业开发区升级、生态工业园区建设、区域经济发展创新、招商引资政策等都属于产业政策范畴。这些产业政策都促进了区域农业产业链的形成。①

二、农业产业链的运行机制

运行机制是指在人类社会有规律的运动中，影响这种运动的各因素的结构、功能及其相互关系，以及这些因素产生影响、发挥功能的作用过程、作用原理及其运行方式。其是引导和制约决策，与人、财、物相关的各项活动的基本准则及相应制度，是决定行为的内外因素及相互关系的总称。各种因素相互联系，相互作用。要保证社会各项工作的目标和任务真正实现，必须建立一套协调、灵活、高效的运行机制，如市场运行机制、竞争运行机制、企业运行机制。

农业产业链的上游是农业生产资料的生产和销售部门，包括种子、化肥、农药、农机等的生产和销售。中游是生产部门，即种植和养殖，地理分布分散，产业集中度低，土地是生产的必要条件，具有资源稀缺性，包括耕地资源、水面资源、林地资源、牧场资源等。下游是服务和加工部门，农村生产服务部门包括农村金融以及谷物的仓储、运输、粗加工、贸易等。我国农业产业链的运行机制存在以下几种形式。

---

① 游振华、李艳军：《产业链概念及其形成动力因素浅析》，《华东经济管理》，2011（1）：100-103。

1. "龙头"企业带动型

"龙头"企业带动型以"公司＋基地＋农户"为典型形态。"龙头"企业带动型即以公司或集团企业为龙头，重点围绕一种或几种产品的生产、加工、销售，与生产基地和农户实现有机的联合，形成"风险共担，利益共享"的产业链组织。在实际运行中，"龙头"企业联基地，基地联农户，进行专业协作。这种类型的农业产业链组织主要分布于需要加工的农产品经营领域，主要是畜牧、水产业、粮油食品加工、饲料加工领域，以及蔬菜、水果业中需要加工的一部分。在"公司＋基地＋农户"的发展形式中，一般公司与农户是相互独立的经济主体，农户为公司提供符合要求的稳定的商品，公司为农户解决经营取向、生产技术、产品销售问题，形成在各自经营基础上的联合。这种组织链的优点是，双方市场化联系，企业人经营，追求利益最大化，有较强的市场竞争力；在产业结合中，市场价格机制和非市场的组织机制相结合，比较灵活，组织成本低；在产业发展不稳定、市场风险高的阶段，有较大的适应性；容易通过公司向农业引入资金和现代技术要素。公司强化农业资源开发，增加产出并使其增值，统一组织运销，可以起到连接市场的桥梁作用。所以，这种机制尤其适用于市场风险大、技术水平高、分工细、专业化程度高以及资金密集型生产领域中。

"公司＋基地＋农户"发展形式的主要特点是，"龙头"企业与农产品生产基地和农户结成紧密的贸工农一体化生产体系，其最主要和最普遍的联结方式是合同（契约）。"龙头"企业与生产基地、村或农户签订产销合同，规定签约双方的责任利，企业对基地和农户具有明确的扶持政策，提供全部过程服务，设立产品最低保护价并保证优先收购；农户按合同规定定时定量向企业交售优质产品，由"龙头"企业加工销售。

"公司＋基地＋农户"这种组织形式在一定程度上缓解了"小农户"与"大市场"间的矛盾。它在维持农户作为农业生产基本组织单元的同时，发挥龙头企业的加工、销售优势；既保证农户的利益和生产的独立性与自主性，又适应市场网络和农副产品加工销售的规模性，给双方带来利益。

正大集团的养鸡产品深加工与销售，就是"公司＋基地＋农户"这种组织形式成功运作的真实案例。北京家禽育种有限公司属于正大集团，创建于1986年，是由北京市大发畜产公司、泰国正大集团共同出资在我国建立的白羽肉鸡育种公司。公司总投资2 603.73万美元，注册资本1 535.56万美元，固定资产4 344万元人民币（净值），银行信用等级为6级，也是目前亚洲唯一的、规模最大的肉鸡育种公司。作为中国肉鸡行业的开拓者和领航者，北京家禽育种有限公司拥有具有自主知识产权的"艾维茵"肉鸡和"正大褐"

蛋鸡两个优秀品牌。作为育种行业的源头，北京家禽育种有限公司采用"公司＋基地＋农户"的组织形式，为发展我国现代农业、繁荣农村经济作出了巨大的贡献。

公司旗下有自己的现代生物工程研发机构——研究发展部及研发试验场，且设有原种鸡场一个、祖代肉种鸡场七个、祖代蛋种鸡场一个、祖代肉种鸡孵化场一个、父母代肉种鸡孵化场两个、父母代蛋种鸡孵化场一个、商品代蛋种鸡孵化场一个。公司内部的动物保健中心，全程负责本公司种鸡疫病的综合防疫、鸡群监测、环境监测、疾病诊治，确保鸡群的健康，并为客户提供优质的售后服务。

目前公司年饲养祖代肉种鸡规模可达 30 万套，生产父母代种雏 1000 多万套、商品雏 1 500 万只、商品代蛋鸡 1 000 万只，其产品、产量、销量及市场占有率在国内同行业中位列前茅。公司现有兽医、畜牧、遗传育种等各类专业技术人才 100 余名，占公司全体员工的 17.6%。其中博士 3 名、硕士 25 名、高级职称 16 名、中级职称 65 名。同时，公司多年来还聘任了许多著名的农业专家，建立了一支以中国科学院院士、育种学家、中国农业大学吴常信教授，著名育种学家、养禽专家、中国农业大学杨宁教授，著名兽医专家、中国农业大学郭玉璞教授为顾问的专家队伍。此外，公司还拥有多名具有 20 多年丰富饲养管理经验的正大集团养禽专家以及公司多年培养的优秀兽医和饲养人才，保证种鸡的高水平饲养和疫病的防治及监测。

根据我国肉鸡市场的现状及发展趋势，北京家禽育种有限公司经过 3 年左右时间已完成产品更新换代，适时与世界著名的家禽育种公司——美国科宝公司合作，直接从科宝公司引进 AV500、AV48 祖代，其父母代除满足客户对肉鸡胸肉需求外，商品肉鸡以其卓越的增重优势、优异的饲料转化率、出色的产肉率，以及抗病力强、成活率高、均匀度好等特点一定会被广大中国饲养户所接受。可以预见，正大养鸡的产品 AV500、AV48 在中国有广阔的市场前景，为饲养种鸡及其后代的广大用户提供更多的选择，同时也增加了获得更大利益的机会。

北京家禽育种公司从美国引进了 AV500 和 AV48 肉种鸡，经过几年来的饲养实践表明：AV500 和 AV48 特别适应我国低能量水平的饲养环境，与其他同类产品相比，AV 商品肉鸡具有抗病力强、成活率高、饲料转化率高、增重快、产肉量多等特点，深受广大商品肉鸡饲养户和屠宰加工者的欢迎。在我国有超过一半的饲料粮食资源消耗在家禽养殖业上，从 2007 年下半年开始，豆粕、玉米等原料的价格不断攀升，这就意味着粮食产量会给我国未来养鸡业带来很大程度的影响。所以，发展节粮型畜牧业势在必行，而 AV500 肉鸡是目前世界上所有肉鸡品种中饲料转化率最高、增重速度最快、产肉量最多、利润丰厚的品种，当然也就成为加盟正大养鸡的最佳选择。

正大养鸡加盟优势显而易见。首先，正大养鸡拥有完备的生物安全体系。为了充分发挥种鸡的遗传潜力，保持鸡群的健康，在疾病控制方面，公司既重视实验室对疾病的快速准确检测和对垂直传播疾病的净化，又不断改造、完善种鸡场、孵化场的防疫设施，有效落实、加强防疫制度和防疫程序。在卫生防疫方面，公司建立了以保健中心为核心的卫生防疫体系，并配置了 PCR 诊断仪、酶标仪、二氧化碳培养箱与倒置显微镜等高精尖检验化验设备，并对鸡群和环境卫生进行实时监测，系统做好鸡群的保健、疫病预防、诊疗工作，有效地控制了疫病的发生。公司在国内首次成功采用 C/O 病毒分离法净化 J 型淋巴白血病和高温处理种蛋来净化 MG，国家农业部验收原种鸡场的专家组对公司高度赞扬，评价"公司在经营管理和卫生防疫方面，目前在国内原种鸡场中居领先水平"。其次，正大养鸡拥有世界先进水平的种鸡生产技术。北京家禽育种有限公司从以色列进口 AC2000 鸡舍环境自动控制系统；从比利时进口 Roxel 自动产单线、自动化料线水线、自动喷雾系统；2009 年从荷兰引进世界上最先进的 Fancom 鸡舍环境自动控制系统，购买了先进的红外热成像仪，使所有种鸡舍实现全自动饲喂，全自动供暖、降温、加湿、除尘以及自动集蛋等，大大提高了中级生产性能，降低了劳动强度，提高了劳动生产效率，保证了生产安全和产品质量。公司于 2009 年新建了一个具有世界先进水平的全自动化的笼养祖代肉种鸡场，鸡舍建筑设计采用欧洲标准，具有节能和环保特点；鸡舍内采用三层叠式笼养设备和中央料塔自动输料系统，实现鸡舍环境全自动控制、中央自动集蛋、自动鸡粪等全自动化管理。最后，高度信息化管理是北京家禽育种有限公司走在世界同行业前列的坚实保障。公司配备了 AC2000 鸡舍环境自动控制系统，通过 Internet 平台，使管理者随时随地都可掌握和调整鸡舍内的环境参数，包括鸡舍温度、湿度、风速和通风量等，为种鸡生产性能的发挥提供有力的保障。鸡舍内装有报警系统，具备高温、低温、停电报警功能，大大增加了生产过程中的安全性。公司监控中心通过 GPS，24 小时对公司的运雏车、运蛋车及饲料车进行跟踪报告，监控车辆在整个运输过程中车内的温度、湿度等环境参数，控制车内温度在 20℃左右，减少冷热应激对鸡雏的影响，从而保证了送到客户手中的种鸡质量。公司安装的 Poultry Soft 系统，运用现代信息技术进行数据管理，可将分布在北京、陕西各生产场的生产、物料消耗等原始数据，通过 Internet 平台在当天及时传送到总部，所以收集到的数据具有绝对的时效性。公司在种鸡生产中全部采用自动化供料、供水、供暖、湿帘降温、纵向通风环境控制。在种鸡产蛋期，公司采用自动集蛋系统，这不仅节省了劳力，提高了劳动生产率，还降低了种鸡的应激反应，大大提高了种鸡的生产水平和种蛋合格率。另外，公司开创"一对一"技术服务模式，组建高级技术专家团队，成立了客户服务中心，对客户进行长期驻场服务，为客户提供专门化的技术支持。公司在 2006 年开始推出高度净化的正大褐蛋鸡，开启了中国绿色蛋鸡的新时代。依照正大集团谢国民董事长的指示，正大蛋鸡事业将占中国市场 20% 的份额。公司正在制定蛋鸡发展五年规划，蛋鸡生产规模将迅速扩大，拉开国内蛋鸡生产的新一幕。20 年来，该公司始终本着"质量第一"的原则，坚持走高产、优质、高效的发展之路，企业的规模和效益稳步推进。

虽然此种形式有其明显的优势，但同时我们也应该看到它存在的不足。这种组织形式的稳定性不强，契约约束的脆弱性和协调上的困难是这种组织的内在缺陷，而农副产品市场的多变性则是组织演进和变革的外在压力。

契约约束和协调的有效性需要依靠仲裁机构（如法院）作为利益中立的第三方进行协调，而这种协调同样是存在交易成本的。自利性和外部交易关系的多变性会引发甚至加剧利益主体机会主义行为。具体而言，当市场价格高于双方的契约中事先规定的价格时，农户存在着把农副产品转售给市场的强烈动机；反之，在市场价格低于契约价格时，龙头企业则更倾向于违约而从市场上进行收购。同时，由于农副产品价格波动较为明显，在农业生产过程中存在着许多不能人为控制的自然变数（如天气）和经济变数。所以，要在订立契约之初就准确地预见未来的农副产品价格基本上是不可能的。换言之，在履行契约时，总会有一方采取机会主义的行为。

真正的困难还在于，在这一组织框架下没有办法制约这类机会主义行为。如果农户违约，龙头企业在决定是否对簿公堂、请求第三方规制对方行为时，它面临着成本与收益的权衡。龙头企业的收益是单个农户的赔偿，成本是诉之法院的费用。对单个农户来说，与龙头企业的交易比较小，故而胜诉的收益相对较小。但是，每次诉讼都有一些固定开支，成本反而比较大。所以，在农户违约后，龙头企业的理性选择往往是"沉默"。如果龙头企业违约，此时农户同样面临成本与收益的比较与决策。契约对双方的约束力弱使得"公司＋基地＋农户"这种组织形式不稳定。

同时，这种组织方式虽然在某种程度上解决了农产品的卖难问题，但农民仍处在弱势群体地位。农民所生产的农产品处于完全竞争的市场地位，而龙头企业却处于买方垄断的市场地位，农产品是否能实现价值仍取决于龙头企业的行为，龙头企业和农户没有结成真正的利益共同体，农民的利益也得不到根本保障。

2．中介组织带动型

中介组织带动型以"合作经济组织＋农户"为典型形态，即"合作组织＋农户"型，主要以社会合作经济组织、专业全作经济组织、供销合作社等为中介，带动农户从事专业生产，将生产、加工、销售有机结合，实施一体化经营。其特点在于，各种合作经济组织充当中介，对农户提供产前、产中、产后服务，为龙头企业提供收购、粗加工等服务，降低了农户、企业之间的交易费用，使双方之间的结合程度更为紧密，利益分配更趋合理。

在这种组织形式下，形成了两对经济利益主体：一是龙头企业与中介组织；二是中介组织与农户。

（1）龙头企业与中介组织

他们之间的利益关系一般是通过合同等方式联结的。利益分配方式主要是：中介组织收取佣金，即龙头企业与中介组织签订合同，委托中介组织收购农产品，并支付给其一定佣金。按交易量提成，即根据合同，中介组织收购农产品，龙头企业按期收购数量，给予一定的提成。这种利益分配机制，有助于减少企业与单个农户之间进行协商、签订经济合同的交易费用，能够降低交易成本。

（2）中介组织与农户

他们之间的经济利益通过组织章程及合同联结起来，中介组织不以赢利为目的，其收入在扣除自身组织的积累以外，按下列方式进行分配：按交易量返还，即按成员的交易额返回给成员一定利润；按股金分红，按合作组织成员入社的股金，进行"分红"。这种利益分配机制有助于使广大农户组织起来，保护农户的利益。

单个农户面对较大规模的市场时天然地处于弱势地位，因此，只要农业生产中最基本的特点——生产的生物性、地域的分散性以及规模的不均匀性存在，农民的合作就有存在的必然性。成立合作社的一个直接作用就是促进农民的自由联合，提高农民的组织化程度，改变了加工企业直接面对众多农户和难以有效运作的状况；企业与合作社签订供销合同，合作社与农户签订产销合同，按合同运作，避免各企业争原料"大战"，使当地农产品市场规范有序。这样，合作将生产者、加工者和销售者联系为一体，克服了三者分离状态，引导他们走上农工商一体化经营，为加工企业解决了原料供应问题，为农民解决了农产品运销问题，使社员不仅得到满意的价格，而且还分享了加工增值和销售利润，从而提高了以前不能得到的比较利益。

农民专业协会和专业合作社在市场交易中显示了合作经济组织保护农民利益的特有优势，已经或正在成为农村的一支重要经济力量，具有非常广阔的发展前景。农业产业链组织发展的现状恰好证明了这一点。近几年以专业合作经济组织为代表的中介组织带动型产业链组织迅速发展，其比重在 2002 年年底已达到 34%。可以预料，合作经济组织很可能成长为我国农业产业链的主要组织形式，因为合作社或专业协会毕竟是分散的、弱势的农民自助性联合组织，唯有它才能更直接地保障农民社员的合法权益。

3. 专业市场带动型

专业市场带动型以专业市场与生产者、经营组织间的合同关系为典型形态。专业市场带动型是一种以专业市场或专业交易中心为依托，根据农业生产的区位优势，发展传统产业，形成区域性主导产品，建立农产品批发市场，沟通产销联系的"市场 + 基地 + 农户"型农业产业链组织形式。

在这种组织形式下，农产品加工者、营销者与农户（生产者）之间的联结关系是相当松散的，他们之间没有成文的合同约束，互相之间的交换活动完全是靠市场联结起来的，相互之间的经济利益分配也完全依赖于市场机制，从相互之间的等价交换中，得到各自的利益。目前，这种组织形式在"风险共担"和"利益共享"方面有待发育或完善。

4. 电商带动型

随着科技的发展，电脑已经进入千家万户。电脑的普及使得人们能足不出户了解世界，同时在家就能买到自己日常生活所需的一切物品。正是在这种情况下，电子商务迅速发展起来，许多商家借此平台大力发展，农业产品也可以充分利用电商模式，加快农产品的销售与发展。

电子商务通常是指在全球各地广泛的商业贸易活动中，在因特网开放的网络环境下，基于浏览器、服务器应用方式，买卖双方不谋面地进行各种商贸活动，实现消费者的网上购物、商户之间的网上交易、在线电子支付，以及各种商务活动、交易活动、金融活动，还有相关的综合服务活动的一种新型商业运营模式。电子商务是利用微电脑技术和网络通信技术进行的商务活动。

随着社会的发展和人们生活水平的提高，人们的消费观念发生了很大的变化，消费心理日趋成熟。人们趋向于能够更加方便、快捷、经济地获得自己需要的事物。针对此种情况，农业可以采用电子商务商贸服务模式，其主要包括两大方面，即 C2B 和 B2C 两种模式。首先是 C2B 模式。公司根据客户在网上提出的具体数据信息进行相应的后台统计整理和数据分析，然后将分析后的信息传达给农业生产者，并将业户需求的农产品以最快的物流方式完好送到其家。其次是 B2C 模式。公司根据顾客提供的商品需求信息，集成一个顾客需求商品信息数据库，并对相应的数据信息进行整理和分析，统计出广大顾客热衷的商品，然后进行相应的生产和销售。将C2B和B2C两种模式相结合，公司可以更加准确、快速地把握顾客的需求，获取效益。

现今几乎所有的电商网站的模式都是B2C（Business to Customer）模式，即网站上架商品，而顾客则在该网站内搜索自己需要的商品，这是电子商务最传统的模式，也是现在运用最多的模式。这个模式的缺点就是顾客只能在网站上搜索网站打包好的各种物品，无法选择和定制属于自己特需的商品。C2B（Customer to Business）模式，即相关的农商公司建立一个网站，该网站让顾客在上面留下其所需要的商品的描述，公司网站根据顾客的要求通过数字模拟出其所需商品；如果顾客满意，则为其实际发送所需要的商品；如果顾客不放心，可到实体店参看，满意后下订单，然后通过快捷的物流渠道将商品送到顾客手里。这样，顾客就不需要花大量的时间在网站上搜索自己需要的农产品，而且顾客也可以放心到实体店挑选满意的农产品。对于农业产品销售商而言，则不需要经过这么多繁杂的步骤，只要顾客进入商家的网站，在其个人主页上向商家提交他们的需求，或到实体店挑选并下单，商家就会在一定的时间内为顾客送上他们需要的农产品商品。通过这一系列的操作，一方面，公司可以建立相应的农业商品数据库，当遇到相同的顾客需求时，可以快速反应；另一方面，公司通过对数据库的分析得出顾客比较热衷的农业商品，以便进行规模生产和销售，获得更多的经济效益。

关于网站销售方式的具体情况，其是有一系列步骤的。首先，与传统电子商务一样，用户需要注册会员，进入个人主页。其次，在个人主页上，要输入对于自己想要的农业产品的特别需求。再次，经过提交的需求会出现在我们网站的首页上，传统的电子商务网站是商家上架产品，用户通过搜索来购买自己需要的产品；而现在刚好相反，用户上传自己对于产品的需求，而商家则开始搜索自己所能制作和满足用户需求的单子，然后通知用户，双方进行沟通，商定细节。最后，商家将商品快递给用户，用户付款并给商家评价。

5. 其他类型

其他类型包括农业综合企业、各级农业服务体系或科研教育等事业单位以契约关系为农户提供社会化服务所形成的农业产业链组织形式。在其他类型中，科技带动型居主导地位，它是以科研单位为龙头，以先进科学技术的推广应用为核心，在科技龙头的带动下，实现农产品的生产、加工、营销一体化经营的一种农业产业链组织形式。其特点是有利于大量农业新技术的应用，可以保证农产品的品质，有利于提高农产品的竞争力。在这种组织形式下，利益的主体是科研单位与农户。它的利益分配主要有以下几种方式：

（1）提供技术服务、收取费用，即科研机构为农户提供各种技术服务，农户支付服务费。

（2）以科技入股，形成股份公司，按股分成。

（3）规模种植，包购包销，即科研单位提供良种、指导农户生产技术，农户生产出的农产品达到技术要求的，科技单位按保护价包购、包销。这种利益分配机制有助于先进科研技术的推广，有助于提高农产品的品质、竞争力，使得农产品符合市场的要求。[①]

三、农业产业链的基本特征

农业产业链具有物流约束性和路径复杂性、时间竞争双向性和局限性、供应商构成特殊性、需求的敏感性和个性化趋势等特点。

1. 物流约束性及路径复杂性

农业产业链中物流主体具有多样性，既有加工企业、运销企业，又有农户。农业产业链物流客体主要为农副产品及其中间产品、产成品。农业物流环境具有全方位性，农业包含农林牧副渔等子行业，其作业场所基本涉及我们所知的大多数地理环境。农业产业链在物流工具上也是种类繁多、层次不一，既可以是飞机、火车等现代物流工具，也可以是小四轮、马车等低级物流工具，甚至可以是个体的人。物流环境的全方位性以及物流工具的多样性等因素综合起来，决定了农业供应链物流在联结模式种类上呈几何级数增长，决定了物流路径的多样性和复杂性。

农业产业链物流约束性表现在两个互相关联的方面：一方面农业物流能力（包括物流管理和物流基础设施等方面）制约和影响农业产业链的范围和绩效；另一方面宏观物流环境、国家物流政策、农产品行业规范及标准化等对涉农物流形成外部约束和局限。

2. 时间竞争的双向性和局限性

在其他供应链中，时间竞争策略的基本指向就是尽可能地缩短产品开发、发布、加工制造、销售配送、服务支持等时间长度，及减少它们的波动幅度来

---

① 安波·杨英措、张华：《农业产业链的企业效应》，《商业现代化》，2007（7）：129-130。

参与竞争。而在农业供应链中，在时间竞争在策略指向上，不仅包括正向加速（有时这种加速更为关键，如蔬菜、水果的快速运输有利于其保质），而且还包括逆向加速，即抑制农副产品有机体自然生长（呼吸、光合作用、熟化、腐化）的速度，以使其具有更大的经济价值，如对生鲜品保鲜、冷藏以降低生物体活动强度，培育晚熟品种以均衡后续生产和供应等。

农业产业链在时间竞争的潜力方面又有诸多局限。首先，农业周期压缩的潜力有限，时间竞争受到局限。其次，农业产业链各关联子系统在信息传递、物流系统协调与集成上的标准、格式、规则方面统一性差，从而也约束了农业供应链基于时间竞争的整体优化空间。最后，农业产业链中农业节点时间竞争的工具很有限。在制造业时间竞争中常用的系统简化和整合、标准化、偏差控制、自动化等方法在农业生产环节上的运用很困难。

3. 供应商构成的特殊性

农业产业链供应商构成的特殊性主要是指产业链中农副产品生产商的特殊性。农产品生产的主体既可以是独立的农户，也可以是农场，还可以是农工商综合公司等。从核心企业的视角看，它们都是不同层次的供应商。农户作为农业生产主体和核心企业的供应商，具有多重身份属性：自然人、法人、管理者、决策者、劳动者等。其行为模式比较复杂，决策的理性与非理性并存，并因受农户个人的文化素养、偏好、心理状态、经济状况等因素影响而波动，而且农户作为供应商其数量弹性很大。同时，由于农业及涉农领域农民组织化程度低、专业化程度低、分工粗糙、深加工缺乏等原因，农业产业链以短链为主。供应商构成上的这些特殊性，使得供应链理论中关于供应商选择、优化、集成供应以及供应商关系管理的理论和方法，移植到农业产业链供应商管理时会面临重大的适用性障碍。农户行为方式变化、价格信号作用、自然灾害等因素使得链组成节点、层级和宽度多变，导致农业产业链频繁重构。

4. 需求的敏感性和个性化趋势

农业产业链中农业原料及其制品绝大多数属"3F"（Food 食品、Food 饲料、Fabric 纤维）范畴。随着农业和整个国民经济的发展、居民收入和生活水平的提高，农产品消费模式已由温饱型向质量型、服务型转变。从供应链的角度看，整个农业产业链的需求环节呈现出高度的不确定性、敏感性和个性化趋势。

需求不确定性反映在消费者对各类农产品需求的差异和变动性上：需求个

性化是买方市场下消费者的消费模式变动的总趋势；需求敏感性主要反映在消费者对农副产品的质量、安全、卫生、价格等日益关注和重视方面。这一趋势客观上要求加强农业产业链的集成和协调。①

农业是以生命有机体作为载体，是自然再生产与经济再生产的结合。这一基本本质以及由此派生出的一系列规律特征，使得农业显著区别于非农产业，并使得以此为重要环节的农业产业链表现出其另一面的显著特征。

（1）自然条件约束性大

农业生产受环境条件的影响和约束程度远大于非农领域，某一区域不能生产和只能小规模生产某一农产品，则农业产业链无从产生；农产品的生物特性使得其在储藏、运输、加工等方面也受到自身品质的制约，并在很大程度上决定其加工路径和方向。如为了便于保存牛奶，奶粉加工业得以成长壮大；彩棉因其所具有的天然色彩，可省去染色程序。

（2）容易形成"发散型蛛网效应"

蛛网效应或蛛网循环是指产品的周期性波动，是由于信息稀缺下生产供给与市场需求的不平衡所引起的。农产品的市场需求从产业链角度来看，是由它下游产业的需求所诱致的。由于产业链的关联关系，也可以说它是由市场对最终产品的需求所决定的。市场对最终产品的需求会逐级向其上一环节传递，直至最初的原料产业。当下游产品的需求发生增减变化时，会产生一种"需求乘数"效应，对上游产品的需求增减会被放大。但农产品是特定季节生产，常年消费，农户的生产预期是由现期市场需求或销售价格高低的诱致作出的，现期生产决策所依据的市场需求或价格是由前一期的生产规模所决定的，这种非对称性在农业小规模、分散性特点作用下，不仅不能使蛛网循环收敛，而且因信息稀缺所导致的合成谬误会使其发散偏离。因而，随着产业链环节的增多，初级产品波动会越显著，即呈发散型蛛网循环。在实践中，棉花生产的波动幅度远大于粮食的波动，其主要原因就在于棉花产业链环节多于粮食。

（3）交易费用较高

交易费用通常是指发现价格、举行谈判、草拟合同、进行监督、解决争端等成本，也即一切不直接发生在物质生产过程中的成本。产业链环节之间的联结也是一种交易关系，从中国目前现状来看，农业产业链中的交易费用较高的原因主要有两个方面：一是因为农业的分散性和小规模，使得在生产组织、质量监控、信息传输、价格协商等方面难度较大。当然，也存在诚信和机会主义等问题。二是因为行政性区域市场分割。农业生产具有地域性，但农业产业链

---

① 李杰义：《农业产业链视角下的区域农业发展研究》，北京：中国经济出版社2011年版，2008：36－38。

需要突破供给方与需求方在时间和空间上的分割，现实中地方保护主义往往人为地割断农业产业链，使得协调农业产业链的难度较大。

（4）农业产业链难以保证技术一致性

产业链的技术一致性是指产品从起端经过若干中间环节直到终端的过程中，技术联结稳定，产品性能相容，整链衔接协调。在农业产业链中，由于农产品是对生命有机体的作用，受地理环境、气候条件等自然因素的影响较大，其产品质量和性能的可控性较差，因此，技术性能往往会发生一定程度的偏差，整合的难度大，对下游生产的满足程度会有所降低。[①]

第三节　农业产业链的结构和功能效应

农业产业链的类型各异，其组织结构往往同自组织动力机制和他组织动力机制关联，不同的组织结构会呈现出不同的功能效应。研究农业产业链的组织结构和功能效应，有助于强化和凸显农业产业链的"地方根植性"，为培育和提升农产品加工产业集群提供依据和借鉴。

一、农业产业链的类型

农业产业链是一种以内力驱动为主的自组织系统，成员间的非线性竞合作用是其构建与演化的基本过程与主要形式之一，外部环境只是输入"负熵流"的必要条件。但在实践中，他组织对产业链的驱动作用也不容忽视，对于具有弱质性的农业产业链更是如此。农业产业链的区域构建应遵循产业（企业）自身的发展规律或市场机制的运行要求，产业要素的流动、产业发展的方向以及产业链环节的组合与调整等应交由市场（自组织动力）来主导，地方政府（他组织动力）的推动不应突破这一基本原则。

1. 自组织动力机制与自组织型农业产业链

农业产业链系统是一个开放的系统，按自组织理论的要求，也只有开放才

---

① 赵绪福、王雅鹏：《农业产业链的增值效应与拓展优化》，《中南民族大学学报》，2004（4）：107－109。

能不断地与系统（或子系统）外部进行物质、能量、信息、科技、人才等的交换，才能走向有序，使整体与局部效益同步达到最佳。市场机制是农业产业链系统的一种基本的自组织机制，这种机制是由劳动分工协作和降低成本的动力所驱动。

（1）劳动分工与协作

劳动分工在地域上的表现就是劳动地域分工，劳动分工是农业产业链构建的基本动力。农业产业链实质上是涉农产业价值链或供应链建在大农业领域中的一种表现，在比较优势原理的支持下，城乡能够而且愿意只发展自身有优势的产业，加入专业化分工的行列，促进农业产业链的区域延伸。分工与协作是一个问题的两个方面，分工导致的农业产业链延伸势必引起农业产业链在区域上的整合，协调经济是农业产业链区域整合的内在动力。[①]

（2）降低成本

农业产业链是由诸多企业及其构成的行业部门等共同组成的，其效益也必须由这些组成成分的最佳效益来实现。农业产业链是其中主体基于生存与发展动机而自发采取行动的结果。农业产业链内的每一个成员企业都是自发、自主地寻找合作者，它们依次链接与构建、相互竞争与协同，共同构成完整的农业产业链。一旦出现"涨落"触发，如市场或技术方面出现较大变动、外部地区和企业作为新成员加入进来或者内部成员退出组织、出现突发事故等状态偏离现象，农业产业链系统内部就将自发做出反应。成员企业会依据所获得的信息对形势进行评估，从而做出对自身有利的决策，进而调整彼此之间的链接关系。通过成员之间复杂的非线性竞合互动，个别的"涨落"被放大为系统整体的行为，使系统运行进入新的有序状态，因此，有必要给予农业产业链系统发展运动的自主性（自组织）。

综上所述，分工协作和降低成本就是一种基本的自组织机制，在市场机制作用下形成的农业产业链称为自组织型的农业产业链。例如，花卉、水果等特色农产品产业链，其节点成员的联系与交往基本上以追逐利润最大化为目标，其交易行为基本上出于商业目的，属于自组织型的农业产业链。自组织型农业产业链又可分为效率敏感型农业产业链与市场敏感型农业产业链。粮油、蔬菜等日常需求大众化的功能型产品对应的最佳供应链管理模式为效率敏感型农业供应链，保健食品、珍稀农产品等创新型产品对应的最佳供应链管理模式则为市场敏感型农业产业链。功能型产品和创新型产品供应链优化目标不同，相应的构建策略也不同，前者侧重于成本和质量；而后者侧重于速度、柔性和质量。

---

① 李杰义：《农业产业链的内涵、类型及其区域经济效应》，《理论与改革》，2009（5）：143-146。

在特定情况下，功能型产品与创新型产品可以相互转化，并带动对应最佳供应链管理模式的转化。

2. 他组织动力机制与他组织型农业产业链

大区域内的农业产业链可以分解为许多区域或涉农产业子系统，也可以分解为诸多涉农企业和农户，它们都是大区域区域经济研究农业产业链中不同层次上的"系统"。构建高效有序的农业经济网络系统所带来的"新集体生产力效应"，即"合力效应"，是局部区域农业产业链无法比拟的①。城乡各区域依据"区域特色资源"建立起来的所谓"特色产业部门"表现出相对封闭性，在城乡开放系统条件下，应该说，这些具有"区域特色"的产业部门未必就真正具有区域特色，基于其上的涉农产业部门也就未必具有真正的区域特色。因此，规模经济规律客观地要求各地区在开放视野内审视区域优势资源和优势涉农产业部门，从而重新整合该涉农产业部门的空间布局，这种动力主要表现为在消除工农差距（"剪刀差"）和突破城乡区域壁垒等方面。

政府、高层次产业经济系统或区域经济系统等的作用机制就是一种他组织机制，在这种机制作用下形成的农业产业链可称为他组织型的农业产业链。主要表现为政府的农业政策和产业政策，政府通过农业政策或产业政策干预产业链内的产业组织，以实现农业发展目标。有效的农业政策能促进农业产业链快速形成，并使各环节之间协调发展。例如粮食、棉花等农产品产业链，事关国计民生，因此，各收储加工流通主体在准入资格、信贷、价格制定等方面受到政府政策及宏观调控的影响，不具有完全的自主性，这种农业产业链就属于他组织型农业产业链。

3. 自组织与他组织合力机制与区域农业产业链

社会系统的各个层次中都包含自组织与他组织，它们是辩证的统一，没有绝对的自组织，也没有绝对的他组织。现实中的农业产业链必然是自组织与他组织动力共同作用的结果，对于具有弱质性的农业产业链更是如此。基于内在技术经济联系构建起来的农业产业链，链中各企业才能产生协同效应。如果区域间的某些涉农产业并不具有内在的、必然的技术经济联系，将一些与农业毫无关联的第二、三产业纳入农业产业链中是没意义的。因此，在构建农业产

---

① 王凯：《现代农业产业链的基本特征与发展对策研究》［2005 - 12 - 13］，http://www. paper. edu. cn/releasepaper/content。

链时，有必要建立自组织和他组织之间的合作与合成，通过他组织使自组织的效果更佳，并由自组织和他组织共同促进农业产业链协同发展。笔者认为，在构建产业链中各主体在追求整链利益增加的同时，存在着追求各自利益都增加的根本动机，并认为涉农工业在满足自身利益增加的同时，通过构建农业产业链实现对"三农"的贡献和农民增收。需要指出的是，自组织与他组织可以相互转变，当自组织转变为他组织时，外力就变成了序参量。例如，一些国有的粮食企业或农场在完成国家计划后，可商业化经营，此时，他组织型农业产业链转化为自组织型农业产业链。当然，基于政治、战备等方面的需要，一些商业性农业供应链可能会由于政府介入而转变为他组织型农业产业链。根据自组织理论，大系统及子系统都应该让其包含的子系统或要素有充分的自主性（自组织），必须避免政府和主管部门的行政性干预，要清除地区保护主义、城乡市场的行政性壁垒等。在农业产业链构建过程中，各个不同层次上的子系统，必须认识到自己在上一级的产业分工协作体系中所扮演的角色和所起的作用，并为整个大系统的协同运动提供最大的"序参量"。政府应遵循自组织规律，通过制定有利于整体协同与引导控制的区域政策、产业政策、投资政策、财税金融政策和制度等"控制参量"，从而促进区域农业产业链协同系统"自组织"的形成与顺利推进，保证区域农业产业链发展目标的最终实现。例如，政府对需求往往有较大的调控力量，政府可以通过税收、金融、财政等手段刺激或减少对某些农产品的需求。①

二、农业产业链的结构模式

产业链是一个包含价值链、企业链、供应链和空间链、信息链五个维度的概念。这五个维度在相互对接的均衡过程中形成了产业链这种"对接机制"，是产业链形成的内模式。作为一种客观规律，它像一只"无形之手"调控着产业链的形成。链的本质是用于描述一个具有某种内在联系的企业群结构，它是一个相对宏观的概念，存在两维属性：结构属性和价值属性。产业链中大量存在着上下游关系和相互价值的交换，上游环节向下游环节输送产品或服务，下游环节向上游环节反馈信息。

1. 价值链

企业的价值创造是通过一系列活动构成的，这些活动可分为基本活动和辅

---

① 刘富贵：《产业链功能效应研究》，《社会科学战线》，2006（3）：295－296。

助活动两类，基本活动包括内部后勤、生产作业、外部后勤、市场和销售、服务等；而辅助活动则包括采购、技术开发、人力资源管理和企业基础设施等。这些互不相同但又相互关联的生产经营活动，构成了一个创造价值的动态过程，即价值链。

哈佛大学商学院教授迈克尔·波特于 1985 年提出价值链的概念。波特认为："每一个企业都是在设计、生产、销售、发送和辅助其产品的过程中进行种种活动的集合体。所有这些活动可以用一个价值链来表明。"企业的价值创造是通过一系列活动构成的，这些活动可分为基本活动和辅助活动两类，基本活动包括内部后勤、生产作业、外部后勤、市场和销售、服务等；而辅助活动则包括采购、技术开发、人力资源管理和企业基础设施等。这些互不相同但又相互关联的生产经营活动，构成了一个创造价值的动态过程，即价值链。价值链在经济活动中是无处不在的，上下游关联的企业与企业之间存在行业价值链，企业内部各业务单元的联系构成了企业的价值链，企业内部各业务单元之间也存在着价值链联结。价值链上的每一项价值活动都会对企业最终能够实现多大的价值造成影响。

波特的"价值链"理论揭示，企业与企业的竞争，不只是某个环节的竞争，而是整个价值链的竞争，而整个价值链的综合竞争力决定企业的竞争力。波特说："消费者心目中的价值由一连串企业内部物质与技术上的具体活动与利润所构成，当你和其他企业竞争时，其实是内部多项活动在进行竞争，而不是某一项活动的竞争。"

企业要生存和发展，必须为企业的股东和其他利益集团包括员工、顾客、供货商以及所在地区和相关行业等创造价值。如果把"企业"这个"黑匣子"打开，我们则可以把企业创造价值的过程分解为一系列互不相同但又相互关联的经济活动，或者称之为"增值活动"，其总和即构成企业的"价值链"。任何一个企业都是其产品在设计、生产、销售、交货和售后服务方面所进行的各项活动的聚合体。每一项经营管理活动就是这一价值链条上的一个环节。企业的价值链及其进行单个活动的方式，反映了该企业的历史、战略、实施战略的方式以及活动自身的主要经济状况。

价值链可以分为基本增值活动和辅助性增值活动两大部分。企业的基本增值活动，即一般意义的"生产经营环节"，如材料供应、成品开发、生产运行、成品储运、市场营销和售后服务。这些活动都与商品实体的加工流转直接相关。企业的辅助性增值活动，包括组织建设、人事管理、技术开发和采购管理。这里的技术和采购都是广义的，既可以包括生产性技术，也包括非生产性的开发管理，如决策技术、信息技术、计划技术；采购管理既包括生产原材料，也包括其他资源投入的管理。价值链的各环节之间相互关联，相互影响。一个环节经营管理的好坏可以影响到其他环节的成本和效益。比如，如果多花一点成本采购高质量的原材料，生产过程中就可以减少工序，少出次品，缩短加工时间。虽然价值链的每一环节都与其他环节相关，但是一个环节能在多大程度上影响其他环节的价值活动，则与其在价值链条上的位置有很大的关系。根据产品实体在价值链各环节的流转程序，企业的价值活动可以被分为"上游环节"和"下游环节"两大类。在企业的基本价值活动中，材料供应、产品开发、生产运行可以被称为"上游环节"；成品储运、市场营销和售后服务可以被称为"下游环节"。上游环节经济活动的中心是产品，与产品的技术特性紧密相关；下游环节的中心是顾客，成败优劣主要取决于顾客特点。不管是生产性还是服务性行业，企业的基本活动都可以用上价值链来表示，但是不同的行业价值的具体构成并不完全相同，同一环节在各行业中的重要性也不同。例如，在农产品行业，由于产品本身相对简单，竞争主要表现为价格竞争，一般较少需要广告促销，对售后服务的要求也不是特别强烈；与之相应，价值链的下游环节对企业经营的整体效应的影响相对次要，而在许多工业机械行业以及其他技术性要求较高的行业，售后服务往往是竞争成败的关键。

"价值链"理论的基本观点是，在一个企业众多的"价值活动"中，并不是每一个环节都创造价值。企业所创造的价值，实际上来自企业价值链上的某些特定的价值活动。这些真正创造价值的经营活动，就是企业价值链的"战略环节"。企业在竞争中的优势，尤其是能够长期保持的优势，说到底，是企业在价值链某些特定的战略价值环节上的优势。而行业的垄断优势来自于该行业的某些特定环节的垄断优势，抓住了这些关键环节，也就抓住了整个价值链。这些决定企业经营成败和效益的战略环节可以是产品开发、工艺设计，也可以是市场营销、信息技术，或者认识管理等，这要视不同的行业而异。

价值链在经济活动中是无处不在的，上下游关联的企业与企业之间存在行业价值链，企业内部各业务单元的联系构成了企业的价值链，企业内部各业务单元之间也存在着价值链联结。价值链上的每一项价值活动都会对企业最终能够实现多大的价值造成影响。

波特的"价值链"理论揭示，企业与企业的竞争，不只是某个环节的竞争，而是整个价值链的竞争，而整个价值链的综合竞争力决定企业的竞争力。用波特的话来说："消费者心目中的价值由一连串企业内部物质与技术上的具体活动与利润所构成，当你和其他企业竞争时，其实是内部多项活动在进行竞争，而不是某一项活动的竞争。"

2．企业链

企业链是指由企业生命体通过物质、资金、技术等流动和相互作用形成的企业链条。组成企业链的企业彼此之间进行物质资金的交易实现价值的增值，又通过资金的反向流动相互联系。企业链是企业生命体与生态系统的中间层次。

不同点上的企业对企业链的形成和稳定都有一定作用，企业的活力和优势决定了企业链的活力和优势；同时，企业链也会对企业进行筛选，通过优胜劣汰，实现企业和企业链的协同发展。企业链中的企业也通过不同渠道与这条企业链以外的企业进行合作，不同企业链实际上是相互联系的，构成网状结构。优势企业会形成核心节点，占据优势位置。

3．供应链

供应链是指商品到达消费者手中之前各相关者的连接或业务的衔接。供应链管理的经营理念是从消费者的角度，通过企业间的协作，谋求供应链整体最佳化。成功的供应链管理能够协调并整合供应链中所有的活动，最终成为无缝链接的一体化过程。

供应链的概念是从扩大的生产（Extended Production）概念发展来的，供应链将企业的生产活动进行了前伸和后延。向前延伸就是将供应商的活动视为生产活动的有机组成部分而加以控制和协调。后延是指将生产活动延伸至产品的销售和服务阶段。哈理森（Harrison）将供应链定义为："是执行采购原材料，将它们转换为中间产品和成品，并且将成品销售到用户的功能网链。"美国的史蒂文斯（Stevens）认为："通过增值过程和分销渠道控制从供应商的供应商到用户的用户的流就是供应链，它开始于供应的源点，结束于消费的终点。"因此，供应链就是通过计划（Plan）、获得（Obtain）、存储（Store）、分销（Distribute）、服务（Serve）等这样一些活动而在顾客和供应商之间形成的一种衔（Interface），从而使企业能满足内外部顾客的需求。

4．空间链

空间链即同一种产业链条在不同地区间的分布，产业链在空间的分布形成空间链。如果产业链在地理上具有集中的特点，则会形成产业链中的集聚。产业集聚不一定是为了形成产业链。但产业链是形成产业集聚的一种动力之一。空间链中的对接主要是指产业链条的地域分布问题。产业链的分布分为全球、国家、地区三个层次，客观上要求产业链在这三个层次之间相互协调。产业链有空间的分布，产业链上诸产业链环（即各产业部门）总是从空间上落脚到一定地域，即完整产业链条上诸产业部门从空间属性上讲必定分属于某一特定经济区域；换言之，在宏观经济视野里，链条基本是环环相扣而完整的，而从区域经济视角看，链条未必就是完整的，特定经济区域可能具有一条完整链条，也极有可能只具有一条完整链条中的大部分链环（产业部门），甚至一两个链环。

空间链间的对接主要有分三种情况：一是产业链和产业链之间节点的对接；二是整条产业链和整条产业链的对接；三是产业链部分线段和另一条产业部分线段间的对接。

空间链的分布特点：产业链的完整性与经济区划紧密相关产业链是相关产业活动的集，其构成单元是若干具有相关关系的经济活动集合，即产业环或者具体的产业部门；而产业环（产业部门）又是若干从事相同经济活动的企业群体。从事相似或相同经济活动的企业为实现自身利益最大化，必然努力探寻自身经济活动的优区位。在这种"循优推移"过程中，一方面，产业环（产业部门）的微观构成单位——企业，为了获取集聚经济效益，逐步聚集到适合其发育成长的优区位，即原先分布于各区域的同类企业在优区位实现"企业扎堆"（Clusters）；另一方面，各个产业环（产业部门），为了获取地域产业分工效益，由于具有不同经济特点和追求各自的优区位而在空间上趋于分散。这样，产业链系统内企业和部门循优推移的空间经济结果是，产业链的各环节分别布局或配置到适合其经济活动特征的特定地点（Specific Locations）。正因如此，当经济区划尺度较大时，比如说是大经济地带、大经济区、省域或者流域经济区时，或者说大到几乎囊括产业链的所有环节的地域空间时，产业链表现出明显的完整性；当经济区划尺度较小时，比如说仅是市域、县域或者说是产业集中发展区时，其地域范围一般难以包括产业链的各环节，这对于某一经济区域而言可能形成了特色产业，但是产业链却表现出明显的断续性。

5. 信息链

信息链由事实（Facts）、数据（Data）、信息（Information）、知识（Knowledge），以及"情报"或"智能"（Intelligence）五个链环构成。换句话说，"事实""数据""信息""知识""情报"五个链环组成"信息链"（Information Chain）。在"信息链"中，"信息"的下游是面向物理属性的，上游是面向认知属性的。作为中心链环的"信息"既有物理属性也有认知属性，因此成为"信息链"的代表称谓。

构建信息链是可持续发展的基础，也是决策者进行成功规划的基础。如果没有合理的数据与信息组成的信息链，决策比猜想就好不到哪儿去，并且很容易出错。经济与社会数据很多，也相对比较可靠与容易理解。环境数据与信息则相对要困难得多，综合、及时、高质量的环境信息依然非常稀缺，获取合适的信息不仅十分困难，而且代价也很大，很难找到反映环境复杂性与人类应对环境变化脆弱性的指标。环境数据获取是每个国家都要面对的问题。虽然有限，但信息链数据与知识仍然被证明是引导全世界关注环境问题并付诸实践的强有力工具。环境研究与监控已经取得了很大进展，但更重要的是能够继续维持并改善这些工作，保证获得及时可靠的信息。需要加强对灾害和紧急事件的早期预警的信息处理，以及人类对环境变化脆弱性的影响因素分析。在人类社会已进入信息链时代的今天，信息链资源在经济社会发展中扮演着愈益重要的角色。开发利用信息资源的意义在于：通过不断采用现代信息链技术装备国民经济各部门和社会各领域，可以有效减少物质与能量的消耗，扩大物质与能量的作用，从而极大地提高社会劳动生产率，有利于实现国民经济的可持续发展。信息链资源已成为当今社会的核心资源。信息时代的到来，使包括资料、数据、技术、消息、信誉、形象等在内的信息链资源作为一种重要的生产要素和无形资产，在财富创造中的作用越来越大。不仅如此，信息链还为实现供需双方的有效对接搭建了平台。企业通过互联网获得全球的市场信息，包括技术、产品、需求等，使新产品的开发从掌握市场信息、确定产品概念到开发、设计、制造同步进行，大大缩短了开发周期，提高了企业的竞争力。信息链资源的开发利用，可有效降低社会的运营成本。信息链资源是整合了其他资源的资源。在信息时代，人们的经济活动基本上是围绕信息展开的，信息流引导物流和资金流朝着合理的方向运动，使物流和资金流变得更加精准，使社会资源得到最大限度的节约和合理运用。企业可直接在互联网的虚拟市场上获得用户需求的信息，再进行规模化定制，可减少库存甚至保持零库存，以满足用户多样化、个性化的需要。通过信息资源的利用，还可降低市场调研成本，避免或降低由于信息不对称所造成的预测失误风险，使企业和消费者都从中受益。

农业产业链也是由各个农产品的价值链、信息链、组织链、物流链等所组成的产业链条。现代农业产业链的基本特征是综合运用决策、计划、组织、指挥、控制等管理职能，对农业产业链的人、财、物、信息、技术等要素进行整合，具有较高的产业链运行效率。农业产业链的基本模式包含以下几个方面：

（1）高效的价值链管理系统

在农业产业链管理中，价值链是其中一个有目的地使农产品价值增值的链接组合，其基本原则是在符合市场需要的前提下，通过农业产业链的有效管理，使产品尽可能地增值。在农产品的价值核算中有两种方法：一是各环节单独核算其投入成本的多少和产出的价值是多少，其差价即为该环节对农产品的附加值。二是产业链整体核算法，即从制种开始到销售出产品的全部成本费用与该产品作为消费品价值的差额即为整个产业链对该农产品的附加值。农产品价值链管理系统更加强调后一种成本价值核算方法，并把农产品是否能卖出去和得到价值回报作为农产品价值管理系统有效性的重要指标。

（2）高效的信息链管理系统

要求该系统能有效地捕捉市场需求信息，反向对农业产业链各环节提出相应要求，产业链的各参与者通过分工与协作迅速向市场提供所需求的产品。因此，信息链是农业产业链中组织链、价值链、物流链的指示器。农产品信息链管理水平的高低是整个农业产业链管理水平高低的重要指标。

（3）高效的组织链管理系统

这里的组织链不同于农业产业链组织，这里的组织链是指对农产品生产、加工、储运、销售等具体的组织行为和组织机构及组织者，他们构成一个有机的组织系统，是在大的产业链组织框架下的有机组织系统。对农业产业链各环节的组织与协调、企业与农户的组织与协调、企业与企业的组织与协调以及企业与市场的组织与协调，构成了农产品组织链管理系统的主要工作内容。这里有产业链及内部组织的规章制度，有人际关系的协调，有各环节的利益分配，有公共关系活动组织等一系列内容。整个产业链的办事效率及协调性如何是考察组织链管理水平高低的重要指标。

（4）高效的物流链管理系统

农产品从种到收再到市场上销售的过程始终伴随着物流过程，要求对不同的农产品设计出相应物流管理系统。如有的要求冷藏保鲜、有的要求轻拿轻放、有的要求人工操作，有的要求机械化作业，等等。但建立农产品物流链管理系统的思路不外乎两条：一是在产业链中建立自己的物流系统并加强管理；二是采用第三方物流系统进行物流外包并加强管理。哪一种办法省钱、省力、有效，就采用哪一种办法。物流的安全、快捷、省钱就是考察农产品物流链管理系统有效性的重要指标。不同农产品的物流管理还要设计出具体的物流系统。如在超市销售的鲜奶、冻肉等产品需要建立起专门的冷链物流系统。因此，加强物流链管理就是根据具体农产品链建立相应的物流链系统，降低损耗，保障农产品物流畅通。

三、农业产业链的功能效应

1. 从企业和产品视角考察

从企业和产品视角考察，农业产业链具有整合效应、集聚效应、竞合效应、协同效应四大效应。

（1）整合效应

当前，我国龙头企业的产业链整合主要有两种方式：①凭借科技、资源和资金优势并购同行业企业，实现农业产业整合，扩张企业规模，提高农产品的市场占有率和竞争力，以提升盈利水平。②结合企业资源优势，向产业链上游延伸、下游拓展，实现相关多元化发展。产业链整合无论是并购同行企业还是实现相关多元化发展，都必然涉及企业兼并重组等，而企业进行兼并重组需要大量的资金，在靠自己、靠银行的同时，我们更应看到资本市场在产业链整合中的巨大作用。首先，从证券市场来说，具有较强竞争力以及带动作用的龙头企业通过发行新股募集资金，一方面，满足了企业生产经营所需要的资金；另一方面，企业可以利用这些资金对关联企业进行收购、兼并，达到产业链整合的目的。此外，龙头企业也可以通过发行债券来筹集产业链整合所需要的资金。并购成功与否不仅仅依靠被收购企业创造价值的能力，在更大程度上还依靠并购后的整合，尤其是人员整合与文化整合。并购失败的企业在很大程度上是因为没有注意并购后的整合（卢至，2004）。理性的并购战略得以成功，在很大程度上归功于企业对被并购企业在并购前的考察，以及并购后的整合。

（2）集聚效应

企业集聚会形成集聚效应，但还不是产业链集聚效应，只有通过龙头企业纵向延伸，相关产业横向拓展，形成上下游关联，研发、生产、营销功能互补，才能把企业集聚效应提升为产业链集聚效应。目前长江三角洲和珠江三角洲一带所形成的产业链，大多还不是完整意义上的产业链，而只是生产环节或其他环节上下游互补的产业链。完整的、比较发达的产业链，不仅包括生产环节，而且包括研发环节和营销环节，这是产业链中最具有价值的环节，是产业链中的高端。当然，完全依靠市场机制发展产业链，可能是一个较长的过程，应该把依靠市场机制与政府扶持、引导结合起来，以加快产业链的构筑过程。在产业链构建过程中，无论是哪个环节短缺，产业链都会断裂，尤其是主导企业的回迁，更容易使产业链崩溃。所以，我们不能只停留在配套和组装水平上，不能只处于为跨国公司研发机构打工的地位。外向型经济是一把双刃剑，对外依存度太大，就会处处被动，失去自己的主动权。因此，我们在充分运用外资大量涌入这个机遇的同时，一刻也不能放松对拥有自主创新能力的核心企业的培育，要将关键技术掌握在自己手中，要有具有名牌产品的企业，并围绕这些企业构建比较成熟、比较发达的产业链。只有这样，才能摆脱跟在别人后面并受制于人的局面，从而增强发展的后劲。

（3）竞合效应

当今企业之间既不是单纯的竞争，也不是单纯的合作，而是竞争与合作共存，亦即竞争中有合作，合作中有竞争，互为交叉，互为渗透。现代企业之间的竞争，表象是企业个体之间的竞争，而实质是企业个体所在的产业链之间的竞争。产业链的竞争实质是市场链的竞争。一手抓供应链资源，一手抓用户资源，彻底拆掉以往国内市场与国际市场之间、国内企业与国外企业之间、国内企业与企业之间那堵无形的墙，并形成以竞争合作为纽带的产业链管理，使其变成一个开放的系统，把不属于核心竞争力的业务一律外包。这样不仅可以实现产业链整合配套，也可以使供应商将先进的技术带给企业，提升企业的竞争力，以竞争促合作、合作促竞争，大大提高产业链的整体竞争力。

（4）协同效应

协同效应是指两个事物有机地结合在一起，发挥出超过两个事物简单总和的联合效果。企业之间或企业内部各部门之间通过发挥协同作用，可以挖掘企业的总体获利能力，实现 1 + 1 > 2 的效果。产业链是大量专业化分工的独立企业结成的紧密协作的生产体系，因而具有很强的协同效应。产业链通过专业化分工，上下游企业间可以在生产品种、批量、进度等方面进行协调，避免积压或浪费；通过人员间的交流，先进的生产技术和经验可以得到迅速传播，避免企业进行重复技术开发，节约企业资源。在技术上，产业链上下游企业间可以联合进行技术研发，减少单个企业新产品研制费用，分散企业投资风险，实现上下游企业生产上的无缝衔接。在管理上，成功的管理经验能够很迅速地在产业链内扩散，改善企业的管理效率；成功的企业还可以受托对其他企业进行经营管理，增加本企业利润的同时，降低其他企业的管理成本。在销售上，产业链内企业可以共同组建营销队伍，或委托其他企业的营销部门代为销售；共同建设分销渠道，或者租用其他企业的分销网络；联合进行品牌宣传、产品推广或促销；共同利用仓储设施和运输资源；建立共同的售后服务网络等，降低企业销售成本。

（5）品牌效应

产业链中的企业或产品一旦形成品牌，则具有极大的品牌效应。第一，产业链中名牌企业或名牌产品的知名度有助于提高产业链中新产品的市场认可度和减少新产品市场导入费用。第二，利用产业链中龙头企业品牌或品牌产品的良好声望和影响，有助于消费者对延伸产品形成好感，减少新品牌导入市场的风险。第三，采用品牌扩展策略，可以使新产品的定位更为方便，缩短新产品被市场和消费者接受和认同的时间。

2．从产业视角考察

从产业视角考察，农业产业链具有增值效应、学习效应、创新效应三大效应。

（1）增值效应

产业链中各产业互相依赖、互相作用形成关联效应，产业链环节越多，则整体关联效应越大。其环节的增加即链条的延伸，不仅会促进产业增值，而且对国民经济中众多领域的发展具有巨大作用和效能：一是产业链可增加产品附加值，二是产业链能带动相关产业的建立与发展。

（2）学习效应

组织学习是组织内部个体成员基于共享规则和程序，在寻求解决问题的协调行动过程中所产生的知识积累过程。产业链的学习效应是指产业链这个组织具有学习功能。通过学习，实现产业链内部各企业之间的知识共享和文化传播，提高产业链的整体运作效率和效益，提高产业链的整体创新能力。不同类型的产业链学习模式是不一样的。对于高新技术产业链，其成员大都是富有创新性的知识创造者和外溢提供者，彼此在产业链学习过程中都是对称的主体，它们的学习模式是群体学习模式。对于传统产业链，龙头企业和技术型企业创造了产业链中的大部分知识流，而与之相对应的上下游企业则从龙头企业和技术型企业外溢的知识流中获得补给，开展后续性的学习，也就是龙头企业和技术型企业在学习的活跃程度和学习绩效方面明显优于其他企业，它们充当了产业链的学习代理人，这种模式可称为学习代理人模式。产业链学习的本质是培养实现产业链联盟持续的竞争优势和创新能力，产生一种可以从自身和别人的经验中学习的动力，并能不断生产、储存和搜索知识，以保证产业链联盟科学、稳定、有效地运行。

（3）创新效应

产业链可以促进知识的创新和扩散，提高知识利用的效率。产业链具有创新效应，主要有以下几方面的原因：第一，产业链能促进信息的快速传播。第二，产业链内的企业沿产品价值链分布，具有很强的互补性，产业链为企业间提供了近距离交流学习的机会与条件，从而提高了隐性知识的共享与传播效率。第三，创新的主体是人才，产业链为人才的流动提供了产业链外不具有的优势。第四，产业链内的文献信息资料、在知识创新过程中所要使用的实验条件等，为产业链内的知识创新行为提供了良好的外部条件。

3. 从区域经济视角考察

从区域经济视角考察，农业产业链具有极化效应、涓滴效应两大效应。一方面，它能吸引资本、技术、劳动力等生产要素向产业链所在地流动，从而推动产业链所在地经济以更快的速度增长；另一方面，产业链对周边地区经济增长又具有明显的辐射和带动作用。

产业链具有显著的极化效应，主要是因为：首先，由于产业链内企业劳动生产率较高，劳动力的收入也相对较高，吸引低收入地区的具有专业技能的劳动力前来寻找就业机会，同时产业链内大量企业的集聚，也对劳动力产生了庞大的需求，这样就在产业链所在地形成了完善的劳动力市场。其次，由于产业链内下游企业规模一般较小，进入门槛较低，因而大量社会闲散资金有机会投入相关产业，产业集聚优势已经超越低成本优势，成为吸引外资投向的主导力量。最后，外来企业的进驻不仅带来了资金，而且带来了先进的技术和管理经验，促使当地企业的劳动生产率加速提高。同时，由于投资的乘数效应，外来投资进一步带动了相关产业的发展和国民收入的提高。

产业链的涓滴效应也很明显。国内外的发展实践证明，凡是产业链发展良好的区域，必然都是经济发展相对较快的区域。产业链中各产业互相依赖、互相作用而形成"关联效应"，产业链环节越多，则整体关联效应越大。农业产业链也是如此，随着其环节的增加即链条的延伸，不仅促进农业增值，而且对国民经济中众多领域的发展具有巨大作用和效能。

（1）增加农产品附加值

农业产业链延伸或者说加工链条延长时，从实物形态看，由于产品加工的深化，产品的外部特征和物化特性发生转变，功能和作用得以增强扩大，意味着同样多的原料可以生产更多更好的最终产品。从价值形态看，则意味着附加价值的增加，即在同样数量"投入"的条件下，能够吸收更多的为社会承认的活劳动，创造出更高的价值和剩余价值。以小麦产业链为例，有调查数据显示，把小麦加工成面粉增值为原始值的 1.2 倍，加工成挂面增值到 2.4 倍，制成方便面增值到 4.8 倍，加工成锅巴增值到 5.2 倍，加工成饼干增值到 5.9 倍。在棉花产业链上的增值更为明显，据调查，目前在衬衣市场中，中档的纯棉品牌衬衣每件售价在 200 元至 300 元之间，而一件衬衣用棉不到 500 克。按平均棉价计算，其棉花价值在 5 元左右，这也就意味着产品在经过多个环节的周转到达消费者手中时，其价格是棉花原料的 40 至 60 倍。如果是融入了高档设计艺术的"极品"服装，则增值的比例更高。另外，农业产业的拓宽也具有同样效应。产业链越宽则农产品的综合利用程度越高，由于它对同一产品从不同角度进行拓展利用，真正实现了物尽其用，节约了资源和提高了效率，因此同样意味着农产品的增值。一种农产品的用途越广泛，其需求弹性就越大，对于该产品的生产越有利。

（2）带动相关产业的建立与发展

产业链中某些环节的加强可以带动与其密切相关的产业的发展。比如提升中药产业内在竞争力，实施现代中药产业化，扩大中药产业的关联度，促进中药材优良种苗繁育技术的产业化，推动中药材的规范化种植和综合示范成套技术与装备进步，可以带动中药农业、新型制药机械的发展和产业化。

（3）增加就业

从国家经济整体的角度来看，产业链的延伸和拓宽不仅提升了产品价值，同时也增加了就业门路，特别是非农领域的就业机会。以棉花产业链为例，它不仅涉及200多个基地大县的财政收入、2亿产区棉农的经济来源，而且还牵涉到流通领域几十万纺织工业、1 000多万员工，另外还有印染、服装等领域的众多人员。农业产业链拓展对于解决当今就业问题具有重要意义。①

---

① 赵绪福、王雅鹏：《农业产业链的增值效应与拓展优化》，《中南民族大学学报》，2004（4）：107－109。

第三章　农产品加工产业集群

产业集群是区域竞争力的重要体现，是区域可持续发展的重要支撑，更是欠发达地区实现跨越式发展的有效形式。农产品加工产业集群是集群与农业发展的有机结合，有利于发挥农村经济的集聚效应和城市经济的扩散效应。本章主要探讨农业产业链与农产品加工产业集群之间的关联性，农产品加工产业集群的研究动态和战略地位，农产品加工产业集群的形成机理、支撑条件和分类，农产品加工产业集群的发展模式、功能效应和发展态势等内容。

第一节　农业产业链与农产品加工产业集群

农业产业链与农产品加工产业集群可以相互促进、共同发展。农业产业链可以以农产品加工产业集群为载体，使链条获得更好的运行环境，产业集群中的合作、创新的"氛围"更有利于产业链的延伸和协调。农业产业链条越长，更容易形成产业集群；而农业产业链的管理优化，包括产业链条的延伸和上下游产业的配套等，有利于促进集群的成长壮大和集群优势的发挥。

一、农业产业链与农产品加工产业集群的关联性分析

1. 产业链与产业集群

（1）产业链与产业价值链

产业链是一个纵横交错、主体纵向关联的系统，纵向是产业的上下游环节的垂直分工，横向是配套产业的协作。产业链一般包括多个产业，是具有某种内在

联系的产业集合，具有多个环节和片段。产业链以投入产出为纽带，从纵向上看，上游产业的产出一般是下游产业的投入；产业链的前后向产业环节之间具有时间次序和逻辑因果关系；产业链与价值链有密切关系，产业链随着产业环节的递进具有价值增值的作用。产业链是一个产业成长发展的必然产物，是随着该产业的形成而自然形成的，并将随着该产业的消亡而自动消失。产业链是"有组织的市场"和"有市场的组织"双重属性的合作竞争型准市场组织。产业链除了可以弥补市场分工的不完备性和契约的不完善性，还具有企业科层内部金字塔控制结构在组织和管理生产方面的优势，能将市场不可能专业化和单个企业无力一体化的经济活动纳入由众多企业构成的高度专业化的分工与协作网络中。在生产方面，产业链内的企业形成一个纵向协作，资源、能力优势互补的生产联合体，大大提高了产业链的生产效率。在交易方面，产业链以较低的交易成本实现了较高的交易市场化程度，因而是一种节省交易费用的制度安排。

产业链企业在竞争中所执行的一系列经济活动，仅从价值的角度来界定这些活动，可称之为产业价值链。产业价值链是产业链背后所蕴藏的价值组织及创造的结构形式，产业价值链代表了产业链的价值属性，反映了产业链更深层的价值含义，决定产业链的经营战略和竞争优势。产业价值链的形成有效地实现整个产业链的价值，反映价值的转移和创造。"产业链"描述了产业内各类企业的职能定位及其相互关系，说明了产业市场的结构形态。"产业价值链"的概念则更加突出了"创造价值"这一最终目标，描述了价值在产业链中的传递、转移和增值过程。产业价值链的形成正是在产业链的结构下遵循价值的发现和再创造过程，其能充分整合产业链中各企业的价值链，持续地对产业链价值系统进行设计和再设计。从现代工业的产业价值链环节来看，一个完整的产业价值链包括原材料加工、中间产品生产、制成品组装、销售、服务等多个环节，不同环节上有不同的参与角色，发挥着不同的作用，并获得相应的利益。产业价值链上各个环节的活动直接影响到整个产业的价值活动，而每个环节又包括众多类似的企业，它们的价值创造活动具有相似性。产业价值链正是由产业链内各个企业的价值链整合而成的，各企业的价值链由联结点衔接。在产业链没有形成前，各企业的价值链是相互独立的，彼此之间的价值联结是松散的，甚至没有联系。通过产业整合，企业被捆绑到一个产业价值链系统，产业链上的产业价值链随之形成（陈柳钦，2007）。

（2）产业链与产业集群

首先，产业集群包含的机构除了主要从事生产加工的企业之外，还有服务性企业和机构，包括物流运输企业、高校、科研机构、政府、银行等，还有行业协会等中介组织、会展等营销活动，以及促进企业之间联系的非正式交流等，并且区域产业集群包含一定的根植性和集群文化，其内涵更为广泛。其次，产业链强调的是产业内企业间的产业关联和配套关系。产业链上的企业，可以是地理靠近的，也可以是空间离散的。产业链上若干相关环节的企业集聚在一起，就形成了产业集群的雏形。因此，产业集群是要求产业关联的企业尽可能在空间地理上靠近，除了企业的配套合作外，也有同类企业之间的竞争。产业集群内的产业链条有的较为完整，有较高的分工专业化水平；有的产业链条短，企业之间竞争关系多，生产合作关系少。如果产业集群内的企业在产业联系上构成了一条或若干条完整的产业链，通常会形成规模较大、竞争力较强的产业集群。因此，从某种程度上说，产业链的管理和优化可以促进产业集群的成长，而产业集群也为产业链的良性发展提供了优质的环境和氛围，因此两者是相互依存、共同发展的。

2. 农业产业化与农产品加工产业集群

农业产业化是以市场为导向、以效益为中心，依靠龙头带动和科技进步，对农业和农村经济实行区域化布局、专业化生产、一体化经营、社会化服务和企业化管理，形成贸工农一体化、产加销一条龙的农村经济的经营方式和产业组织形式。农业产业化的基本思路是：确定主导产业，实行区域布局，依靠龙头带动，发展规模经营，实行市场牵龙头、龙头带动基地、基地连农户的产业组织形式。它的基本类型主要有：市场连接型、龙头企业带动型、农科教结合型、专业协会带动型。农业产业化的基本特征主要有：面向国内外大市场，立足本地优势，依靠科技的进步，形成规模经营，实行专业化分工，贸工农、产供销密切配合，充分发挥"龙头"企业开拓市场、引导生产深化加工、配套服务功能的作用，采取现代企业的管理方式。它的目的之一是使农民真正得利。实行产加销一体化，使农民不仅能获得生产环节的效益，而且能分享加工、流通环节的利润，从而使农民富裕起来。实行农业产业化，还会使土地产出率和农产品转化为商品率得到最大限度的提高、农业科技贡献率得到较大幅度的提高，能使农产品的生产与市场流通有效地结合起来，以"龙头"企业来内联千家万户，外联两个市场，从而引导、带动、辐射农业产业化的发展，并且建设一批主导产品、"龙头企业"、服务组织、商品基地。

农产品加工产业集群和农业产业化并不相同，两者既有区别也有联系。两者都要实现农产品的产供销一体化，在经营机制上都将农产品生产加工的产前、产中、产后诸环节整合为一个完整的产业链。但是从两者的比较可以看出，其行为主体、发展模式、包含的企业数量、形态结构等都有差别。从内涵和标准来看，农业产业化经营是农业产业链条（产加销）一条龙似的连接和多元参与主体共同利益的联结统一，对企业数量没有要求，一个龙头企业就可以带动实现农业产业化。与农业产业化不同，农产品加工产业集群更强调同类产业或相关产业的企业在地理上的集聚，为了能更便利地得到农业自然资源，为了共享公共基础设施，为了加强合作联系，尤其是经验、技术、信息的交流，农产品加工产业集群的各个组成元素一般会集中在一定的区域范围内。而且，集群具有一定的根植性，嵌入当地的环境、背景和社会关系中，其核心技术在本地被模仿和迅速扩散，并且成熟的产业集群具有知识滋出和创新的独特优势。因此，农产品加工产业集群一定是农业产业化，但是农业产业化不一定是农产品加工产业集群。在规模上看，农业产业集群的规模要大些，专业化分工更细、更深。

3. 农业产业链与农产品加工产业集群

农业产业链是产业链中特殊的一类。这类产业链将农业（或农产品）作为其中的构成环节和要素，并与其他部门和环节发生密切的技术经济联系。因此，可以认为农业产业链是与农业初级产品生产密切相关的具有关联关系的产业所组成的网络结构。其主链由产前、产中、产后加工、流通、消费等环节构成，每个环节又涉及各自的相关子环节和不同的组织载体。农业产业链也可以说是"一个贯通资源市场和需求市场，由为农业产前、产中、产后提供不同功能服务的企业或单元组成的网络结构"（王国才，2003）。因此，农业产业链实际上除了包括农业产业部门之外，还包括以农产品为原料的后期工业和商业中的许多行业。从产品的角度来说，不同的农产品往往可以形成一条产业链（产品链），农业产业链包括不同的农产品链。但是，侧重点不同时，称谓也可能不一样。

产业链强调的是企业之间的上下游关系，可以是地理靠近的，也可以是空间离散的。产业链只是农产品加工产业集群的一个重要方面，而非主要方面。而农产品加工产业集群是以地理临近为基本特征，产业集群内部不一定要求企业必须形成一条完整的产业链。在一个农产品加工产业集群内应该是不同的多个产业链的交融，如果企业只有地理临近的特征，而没有产业关联及知识溢出等，则只能说明是企业扎堆，而非产业集群。反之，地理相互靠近的企业在产业联系上构成了一条或若干条完整的产业链，通常会形成规模较大、竞争力较强的农产品加工产业集群。

（1）农产品加工产业集群中的产业链布局

农产品加工产业集群中的产业链，产业不同，其长度也不同，如纺织服装产业链条较长，生产环节多，而食品加工、饮料制造等的产业链条较短。集群中产业链的布局存在以下问题：第一，主要产业集群的产业链完整，但产业链配套不理想。其主要表现在产业集群上中下游的联系不紧密、产业链结构不均衡、价值链的构成缺乏竞争力和专业化分工协作的本地根植性差等方面。第二，产业链上企业间协作和关联度较低，产业集群多而不强，专业化聚集度低。产业集群的规模经济效应，在很大程度上依赖于企业间的分工协作实现，集群化不是大量企业的简单聚集，更重要的是在这些企业之间形成密切合作的关系。集群内部组织化程度不高，核心企业不强，内聚力薄弱，相互联系、相互依存的专业化分工协作的产业链网络尚未形成。企业群成长仍以横向联系为主，通过专业化市场联系的多，以产业链条为纽带的少，集群内企业间的分工与合作还处于较低层次。第三，产业集群内企业的根植性较差，市场化程度低，配套完善的网络体系尚未建立。随着政策优势和地理优势的逐步减弱，有的地方出现了部分企业外移现象，而一旦产业链中关键企业迁移，就有可能导致整个产业网络崩溃。第四，品牌、诚信意识缺乏，短期化行为、无序竞争，严重损害了产业链上企业之间的信任和协作，不利于上下游配套关系的长期维持。第五，多数集群内产业链条短，断链多。核心产业部门吸聚的相关配套基础设施、基础产业、前向联系产业、后向联系产业和旁侧联系产业都不多。第六，产业链多链并行，耦合度低，重点不明，往往是几大支柱产业并行发展，也就是几条产业链同时并行发展。

（2）农产品加工产业链上的配套协作

一条完整的产业链必然是以产业之间的分工和合作为前提的。因为没有分工，就无法区分相应的各个价值增值环节，也就没有产业链的存在。垂直关系是产业链的主要结构，通常可将其划分为产业的上、中、下游关系，横向协作关系则是指产业配套。从现代工业的产业链环节来看，一个完整的产业链包括原材料加工、中间产品生产、制成品组装、销售、服务等多个环节。实际上，任何产业都能形成一条产业链，现实社会中存在着形式多样的产业链，而且众多产业链会相互交织构成产业网。从原材料采购到最终的销售服务，整个产业链是由若干不同的企业来独立运作完成的。从产业集群的各个主体关系来看，产业集群是一种以互补性分工为基础，以互利互惠为原则，通过相互依存的关系往来，以一定的正式规则（契约）相互联系在一起的一种生产组织形式。基于产品关联的产业组织体系的要求，大中小企业在市场原则下相互选择、协调发展，以利于中小企业进一步提高技术水平和专业化程度，以较高的效率发展关联产品，求得生存和发展。一般是某个区域有大型核心企业存在，一些中小企业为其配套生产，形成核心企业和配套企业之间密切合作的产业链。核心企业凭借自己拥有的特质资本（技术、产品、品牌、管理以及优秀文化等），吸附并聚集其上下游企业（合作伙伴），引导产业集群的发展方向。因此从产业链的角度来讲，核心企业在产业集群中处于优势地位。相关中小企业在核心企业的引导下在纵向上与其进行协作并形成自己的核心能力，使核心企业不断强化其核心优势。另外，政府和中介机构能够发挥管理和协调作用，把核心企业与相关中小企业紧密结合起来，从而强化联合行动效应，逐渐形成企业网络，使分工进一步发展，集群的核心竞争力进一步提高。

4. 农产品加工产业集群中农业产业链的优化

所谓产业链优化，是指使产业链的结构更加合理有效、产业环节之间联系更加紧密协调，进而使得产业链的运行效率和价值实现不断提高的转变过程。它类似于"帕累托改进"，旨在使产业链按"最优状态标准"不断改进。

区域层次内的产业链优化对地方经济发展具有重要意义。对产业链接通来说，第一，有利于加强区域内各产业部门间经济联系，积极促成产业经济活动的地理空间集聚，即在一定地域空间上形成产业集群；将散布于各个地域空间上存在前后向经济技术关联的产业经济活动串联成为产业链。第二，能使区域内各产业部门共同面对市场。在对各产业环节进行优势分解分析的基础上，通过资产并购与资产重组方式，将相关经济活动整合成为产业链群体，则地区内的相关产业活动（产业链环、产业部门）作为一个整体既可共享经济收益，又能共同分担市场风险，其产业竞争实力相应增强。在产业链集群中，某一产业环节遭受打击或不景气，通过利益和风险传导机制在各环节之间进行传递并逐层化解风险。同时，某一环节的市场成功也可以通过产业链的利益传导机制惠及各产业链环。第三，产业链接通有利于提升区域经济综合竞争力。在开放视野内比较区域的优势资源和优势因素，也就是在产业链上搜寻其战略性产业环节，在全方位权衡和进行战略环节分析基础上确定自身的优势，确定和培育主导产业，确立辅助产业和基础结构的配套。因此，构建与优化产业链是获取并提升区域竞争力的重要途径。

就产业链延伸来说，一方面，产业链的延伸是地区经济结构的高度化，后续产业环节的增加可以带来高附加价值，从而使产业链的增值保留在本区域之中；各个区域建立完整的产业链条，有利于形成竞争的局面，提高生产效率；在一定区域内延伸产业链条，可以推动农民进入产业链，分享产业链增值利益，还可以深化分工专业化，促进所属产业集群的演化。但是，如果区域无视其资源条件和社会环境而盲目打造、延伸产业链，就会适得其反。近年来，我国很多地方在招商引资和鼓励民间投资时，纷纷提出了"打造（或拉长、延伸）产业链"的战略。这些地方往往把本地经济的发展问题简单地归结为本地"产业链"短，认为只要"产业链"得以延长并完善，就自然会形成产业集群，产业的实力就会增强，甚至将区域发展看作纯技术的建构，臆想通过技术专家的分析，找出"产业链"缺失的环节。这一思路虽具有一定的现实合理性和理论依据，但是产业集群的形成是一个复杂的过程，是自然、经济、社会多种因素共同作用的结果，对产业链的强行打造并不一定就能形成有竞争力的产业集群。产业集群虽然强调本地产业联系对地方经济的重要性，强调根植性，但这并不等于商品链的所有生产环节都必须在一个特定地方进行，更不等于通过政府规划就能够将所有生产环节集中在特定地方。产业集群理论所提倡的，是为现有企业加强相互之间协作提供一个对话和协商的平台，为现有企业的相互协作提供必要的政策支持，培养一种创新、合作的产业文化。因此，在引导产业链优化的过程中应注意因地制宜，遵循区域的环境特色和市场规律。

（1）产业链的优化原理

对于断链和孤环，只需要补齐缺损环节，就可以既使该区域产业链完整，又使该链条耦合度增强，获得生机，还使区域极力追求的"收益"如附加价值和劳动就业达到最大。因此，"断链"和"孤环"的解决办法就是"修环"，即找出缺失的关键产业部门，充分考虑其前向后向关联，接通产业链、打造产业链。对于"短链"，更多的是进行产业链延伸，通过技术的引进、创新或新产品的发明加入后续生产环节，使产业链延长。

（2）产业链的优化方式

按照一般产业链共同的优化内容，农业产业链的优化表现在四个方面，即产业链接通、产业链延伸、产业链拓宽和产业链打造。产业链接通是指将断链或孤环加以调整，使之彼此联结，达到产业链和谐运行的过程。产业链接通通常有两种途径：一是直接将区域内各孤环或者断环进行连接；二是创造出若干承上启下的产业部门（链环），实现断环接续。应该说，后者才是主要途径。因而，产业链接通在形式上往往表现为产业链环的增加，即在原有产业群体的基础上产生若干新兴产业部门。产业链延伸，有的称为产业链的加长或产业链的拓展，是指通过对产业部门追加劳动力、资金、技术等投入，使产业链的后续产业环节得以增加，或得以增生扩张以获取追加收益的过程，是产业结构调整高度化中所要求的高加工度的体现，是产业迂回程度的提高。区域层次的"短链"问题，往往需要延伸产业链来进行优化。这包括三种情形：向前延伸、向后延伸和增加中间环节。但一般是指向后延伸，即增加加工环节或后续产业环节。由于追加了劳动、资本和技术，加工环节的增加，往往可以获得更多的附加价值。产业链延伸的形式主要有产业内延伸、产业间延伸、地域内延伸、地域间延伸四种。产业链拓宽指将产业链节点向横向拓宽，一是产业链的核心企业或节点企业通过在横向实行兼并、重组等方式扩大经营规模或组建产业链的若干子链，这些子链扩展到一定程度时，便形成了纵横交错的链网，产业链也发展成了产业树或产业集群，从而产生更大规模的集群效应。二是增加产业链宽度，从横向角度扩大产业链的厚度，增加参与生产环节的企业数量，即壮大农业产业链和农产品加工产业集群的规模。但是从横向看，产业链链条也不是越粗越好。如果产业链条过"粗"，就意味着产业链上的某个产业或企业的产品过于繁杂，即经营过度多元化。企业经营过度多元化，由于很多项目不是自身的强项，而自身的资源优势和核心竞争力是有限的，精力、资源过于分散，能力又不及，很容易导致企业经营出现严重危机。产业链打造是指通过在宏观、中观、微观层面进行产业选择，在产业层面进行资源配置，使产业和企业价值链伸展的形式和内容获得确认和实现的过程。产业链打造涉及产业链向哪里延伸（方向和范围、战略问题）和怎样延伸（措施和保障、技术问题）两个基本问题。产业链打造的基本前提是原行业或业务具有扩展的能力。产业链打造涉及政府、产业管理者、产业投资者、产业经营者、产业消费者等诸多方面，需要各方协同配合。

（3）产业链的优化路径

产业链的优化路径主要有产业链招商、企业外包和配套加工。产业链招商就是根据本地的经济发展实际，以拉长或建立产业链为目的的招商活动。吸引骨干企业上下游产品、配套产品生产企业来区投资。针对产业链中的薄弱环节进行引资配套，如果已有下游企业，则重点要寻找上游企业；如果已有了上游企业，则工作重心就在寻找相匹配的下游企业。这样就摆脱了过去的仅就项目进行招商的方式。外包是指将生产过程进行分解，每一个过程都选择在这个行业中最精良的企业进行委托生产的经营方式。在市场竞争越来越激烈的今天，一个企业要追求高额利润，不能"大而全""小而全"，而要将那些辅助或非专业化环节外包，或者将非专用性资产出售，企业只干自己最擅长的价值环节，提高自己的核心竞争力。外包已被愈来愈多的核心企业所接受，并纷纷将企业的信息技术、物流管理、人力资源交给有实力的第三方公司去做。企业外包可以分担风险，有利于利用外部资源弥补自己能力的不足，有利于降低和控制企业生产和管理成本，有利于节约资金等。引导中小企业为核心企业配套生产（加工），对于中小农产品加工企业来说，要加入产业链形成协作配套型生产体制的方式有三种：一是为中心企业配套生产，形成中卫式产业集群；二是贴牌生产；三是承揽外包。

二、农产品加工产业集群的研究动态

农产品加工产业集群发展的研究起源于一般产业集群理论的研究。2004 年以后逐渐有学者将产业集群理论应用于农业产业领域进行研究，希望促进农业产业化和农村经济的发展。

1. 产业集群

多年来，产业集群理论和实践研究成为热点，其研究内容丰富多彩，包括产业集群的概念界定、发展模式、形成机制、风险防范、竞争优势、品牌建设，以及与区域经济的关系、基于全球价值链的升级等等。

（1）有关产业集群的定义和分类方面的研究

关于集群的研究最早可以追溯到马歇尔。马歇尔（1920）曾在《经济学原理》一书中讨论过特定产业地点的外部条件问题，运用了"外部经济"的观点对集群问题进行了探讨。Krugman（1991）把劳动市场共享、专业化附属行业的创造和技术外溢解释为马歇尔关于产业集群理论的三个关键因素。区域经济学家韦伯最早提出聚集经济的概念，他在分析单个产业的区位分布时，首次使用聚集因素（Agglomerative factors）。他在 1909 年出版的《工业区位论》一书中，把区位因素分为区域因素（Regional factor）和集聚因素（Agglomeration）。在高级集聚阶段，各个企业通过相互联系的组织而形成的地方工业化就是企业集群。美国著名学者迈克尔·波特（1990）在其著名的《国家竞争优势》中认为，产业集群是指在某特定领域中，一群在地理上邻近、有交互关联性的企业和相关法人机构，并以彼此的共通性和互补性相联结而形成的共同体。大量产业在某一特定领域或地区集聚，借此可形成强劲、持续的竞争优势。Pyke（1992）将产业集群定义为：在生产过程中相互关联的企业聚集，通常在一个产业内，并且根植于地方社区。Rosenfeld（1996）的产业集群的定义为：产业集群是相似的、相关联的或互补的众多中小企业在一定地理范围内的聚集，有着通畅的销售渠道、积极的交流及对话，共享社会关系网络、劳动力市场和服务，共享市场机会及分担风险。而 Rosenfeld 认为产业集群就是中小企业集群，并且强调社会关系网络及企业间的合作对中小企业集群的活力起决定性作用。Petor Knorringa 和 Jorg Meyer Ster（1998）在对发展中国家的产业集群研究中，借鉴 Markusen（1996）对产业区的分类方法，把产业集群分为意大利式产业集群、卫星式产业集群和轮轴式产亚集群。Hubertse 和 Khalid Nadvi（1999）研究认为，政府培育集群及其创新网络以及有效干预应该是用户导向、集体行动和循序渐进，针对不同类型的产业集群实施不同的干预政策。Lynn Mytelka 和 Fulvia Farinelli（2000）又基于产业集群的内在关系把产业集群分为三类：非正式集群、有组织集群、创新型集群。

由以上可以看出，各个学者出于对集群认识的重点不同，从不同角度对产业集群的内涵做了相关解释，有其一定的合理性，但一般来说，应从以下方面理解产业集群的内涵：一是地理上的相对聚集性。集群内各企业地缘接近，高度集中于某一特定区域，这是集群的一个重要特征，但是这种地理上聚集的空间范围却是相对的，它可以聚集于一个小的城镇、城市或特定区域，也可以延伸至多个临近区域乃至更大范围，聚集半径从几公里到几十公里甚至几百公里不等，因此差别很大。这就需要根据既定的空间背景来对此进行考察。因此，在对产业集群进行考察时，一般是将特定区域的产业集群作为考察对象，空间局限于一个或几个城镇，对于空间范围大的产业集群则要适当延伸其空间范围。二是集群内产业的同质性和关联性。集群内企业大多从事相同、相似和辅助性的经济活动，且紧密联系相互依存。从强度上看，群内企业间的联系大大增强，相互间存在着密切的交互作用；从范围上看，已从工厂联系延伸到产业联系，包括实体的物质联系和非实体的信息联系，而后这种联系日益成为企业间联系的核心内容。三是产业集群构成上的差异性。集群是在某一特定领域内依赖性很强的相关企业、知识生产机构、中介机构和客户等通过增值链相互联系形成的网络。它在构成上不仅包括联系密切的企业，还可能包括销售公司、辅助企业、技术咨询、服务公司、培训、中介、教育、信息和研究等机构，但从现实的情况来看，可能不同的集群在构成上有很大的差异，因此在对不同地区集群考察时，要考虑这种差异。四是集群在形成和演化上的动态变化性。集群作为一种新型的、高效的经济组织形式，是一个具有生命周期的不断演化的地理空间聚合体，其不是一成不变的，而是一个动态的发展、演化过程，不同地区的产业集群可能处于不同的发展阶段或发展态势。

（2）产业集群相关方面的研究

国外相关研究主要体现在：产业集群发展机理与作用研究；产业集群对地方产业发展的作用；关于产业集群创新能力的研究。国内相关研究主要体现在：产业集群形成机理及提升产业竞争力；产业集群发展与相关产业的关联及支持；产业集群与区域经济发展的关系；产业集群的发展与政策导向。

（3）有关产业集群发展趋势及需要进一步研究的问题

有关产业集群发展趋势及需要进一步研究的问题是产业集群的基本理论问题，包括产业集群形成机制、过程、特征、影响因素、效应、空间规模等，产业集群与区域发展问题，知识经济时代的产业集群与竞争力培育问题，产业集群战略问题，如促进集群发展的政策和政府的作用等。同时，我国地区产业结构趋同化日益加剧，低水平的重复建设、重复生产和盲目竞争问题十分严重。这在客观上要求我们必须尽快进行地区产业组织的创新，形成独具特色的产业集群体系。深入研究产业集群理论，应用和指导具体的产业发展，促进地方经济的进一步发展。

2. 农业产业集群

随着"三农"问题的凸显，农业产业集群理论和实践日益成为研究的热点，其研究内容丰富多彩，包括农业产业集群的概念界定、独特性、形式、发展模式、发展的障碍问题、形成机制、风险防范、竞争优势，以及与区域经济的关系，等等。

（1）农业产业集群的界定

白景坤和张双喜（2003）曾将农产品加工型专业镇作为内生型专业镇的一个类型加以界定，认为农产品加工型专业镇是指以农业产业化和专业化的区域布局为契机，以农产品的生产、加工为主要内容，通过镇域品牌的塑造而形成的专业镇，如各种蔬菜、水果专业镇。王龙锋等（2005）认为特色农业就是充分合理利用当地独特的地理、气候、资源、产业基础等条件，根据市场需求发展起来的具有一定规模优势、品牌优势和市场竞争优势的高效农业。而特色农业产业集群就是指在特色农业领域中，众多与特色农业联系密切的生产者、企业以及相关支撑机构在空间上的集聚。向会娟等（2005）认为农业产业集群的概念应该是：以传统农业为中心，有大批专业化的企业及相关支撑机构，由其共性和互补性在农村（或城镇）范围内柔性集聚，结成密集的合作网络，共同推动农村经济的发展。尹成杰（2006）对农业产业集群进行的定义为：通常指的是相互独立又相互联系的农户、农业流通企业、农业加工企业等龙头企业，按照区域化布局、产业化经营、专业化生产的要求，发挥农业生产比较优势，在地域和空间上形成的高度集聚的集合。王学真和元秀华认为农业产业集群是指一组在地理上相互邻近的、以加工农产品为主的企业以及互补的机构，在农业生产基地周围，由于共性或互补性联系聚集在一起而形成的有机群体。集群成员主要包括农户、农产品的加工、配套的服务金融等行业，以及相应的科研机构（地方政府部门、行业协会等中介机构、农业研究机构等）。王响（2006）认为农业产业集群是指在一个区域内，生产某一主导农产品的较大数量的农户或企业，以及这一农产品的若干个加工企业、相关的市场、服务组织，乃至支撑体系，高密度地聚集在一起。

以上研究表明，多位学者对农业产业集群进行了研究，对第一产业农业中确实存在的产业集群现象已基本达成共识。但是，对以农产品加工业为特定研究对象的产业集群研究较少。实际上，农业产业集群与农产品加工产业集群不能等同。显然，农业产业集群是个大概念，农产品加工产业集群是个小概念。农业产业集群的形式主要有以下几种：一是种植业产业集群，通过种植区域化、生产专业化、品种优良化，创建优势产业带，形成市场特色和品牌，提高农业竞争力，促进农业增效和农民增收。二是养殖业产业集群，通常是以大型饲养企业为龙头，带动饲养农户，走饲养规模化、区域化路子。通过加强饲养小区建设，提高饲养水平和规模，促进畜牧业生产方式的转变，形成具有较高市场知名度的产业集合。以龙头企业带动，大搞农产品深加工，提高农产品附加值，创造名牌产品，提高商品率。三是农产品加工业产业集群，主要以龙头企业为牵头企业，大力开展农产品的深加工，提高农产品的附加值，创造名牌产品，提高商品率。

（2）有关农业产业集群发展模式方面的研究

肖超苏和易炼红（2005）根据集聚程度的不同将农业集聚式发展方式分为几种，即初步集聚、中度集聚和高度集聚，并提出了集聚式发展的优越性、可能性和发展途径，其研究范围主要是农业生产和田地的集聚。宋一森（2005）、刘春玲（2005）认为，农业产业集群基本上可分为劳动密集型和技术密集型两种，并分别说明了农业产业集群的几种发展模式：①根据地区区位优势，建立在农村或乡镇工业基础上的农业集群，并形成专业化小城镇。②依靠科技、专业优势建立的高科技农业集群，也包括农业科技成果交易、信息咨询和技术培训、农产品和农资的物流配送等涉农服务业。③以市场为依托，发展特色农业集群，即通过贸易集群带动生产集群。④外来资金带来多个配套企业发展起来的农业集群。⑤在改制后的公有企业基础上经过企业繁衍和集聚形成农业集群。李文秀（2005）认为我国农业产业集群的现状为：已形成了中小企业聚集型、龙头企业带动型、市场依托型和品牌联结型四种不同类型的产业集群，但主要是以前三种为主，而且总体发展速度缓慢，集群优势并不明显。张丽等（2005）认为，农业产业集群已经形成，可分为三种类型：一是农业高科技园，它是利用高校和科研单位的智力和研究条件，由农业教育、科研和地方生产单位联合创办的经济实体；二是中心企业型，这是以一家或几家大企业为核心，其他为数众多的小企业和农户为外围而形成；三是市场型，以当地的某一具有特色和优势的农产品带动农产品加工业及其他行业的发展。尹成杰（2006）认为农业产业集群的发展模式有种植业产业集群、养殖业产业集群、农产品加工业集群、农产品流通产业集群。王秀忠（2005）将农产品加工业集群分为四种类型：产业链延长带动型、加工龙头企业带动型、资源优势带动型、园区产业带动型等。

（3）农业产业集群发展的障碍问题

张聪群（2006）分析了农业与制造业的不同之处，并以此为出发点，以陕西礼泉县苹果基地为例，介绍农业发展产业集群的障碍因素，最后针对此提出结论与启示。王龙锋等（2005）认为江西发展特色农业产业集群存在的问题有：

特色农业产业集群没有体现区域特色；缺乏特色农业集群化发展的龙头企业；特色农产品科技含量低；特色农业集群化发展的规模效益低；筹资渠道单一，特色农业产业集群所需资金严重短缺；农业保险未能引起足够重视，特色农业集群化发展的风险较大。李文秀（2005）认为农业产业集群存在的问题有：联系不紧密，正式联系和非正式联系都比较少，更多的是业务联系；联系的有效性很差，交流效果差，教育培训机构少；联系不稳定，社会资本不足，制度不规范；开放程度不够，与集群外联系较少，保守封闭，抑制创新产生。徐冠巨（2007）认为，我国现有农业产业集群大多是生产加工型集群，以区域农业资源为基础进行农产品加工生产，带动当地种植养殖业规模发展，从而使农业增效、农民增收，但许多集群内企业缺乏技术预见性和市场前瞻能力，难以满足日新月异的市场需求；集群内产业类型、技术门类单一，缺乏关联产业和配套技术，从而导致农业科技成果难以转化应用，致使集群的效应难以有效发挥。

（4）其他相关研究

李小建和李二玲在分析中部地区存在问题的基础上提出，发展农业产业集群可以提高集群企业和区域产业的竞争力，并认为地方政府虽不应该刻意制造一个产业集群，但可以在具有集群发展潜力的地方着力培育集群的雏形。周应堂等认为农业产业集群是农业特色经济的外在表现，农业特色经济的组成要素包括集群因素。他将农业特色经济界定为：在一定时空内，以特色为前提，以企业为基础，以产品、质量、品牌、技术、效益、规模为基本要素，在区域内外人们心中所形成的良好印象的综合体；认为农业特色经济的外在表现是相互关联的四个集群，即产品集群、企业集群、产业集群、人才集群。农业特色经济的组成要素包括15个基本因素，其中包括企业和企业集群因素、技术因素等，并对农业特色经济的特征、存在原因、发展模型进行了阐述。另外，还有一些学者探讨了地方政府如何更有效地促进农业产业集群发展。

3. 农产品加工产业集群

（1）农产品加工产业集群的界定

目前，研究农产品加工产业集群的文献很多，但是没有对农产品加工产业集群作出确切的定义，基本上是沿用迈克尔·波特的定义，其原因是农产品加工产业有自身的特殊性。农产品加工产业是以人工生产的农业物料和野生动植物资源为原料，进行工业生产活动的总和。农产品加工产业可以从广义和狭义两个方面来定义。广义的农产品加工业，是指以人工生产的农业物料和野生动植物资源及其加工品为原料所进行的工业生产活动。狭义的农产品加工产业，是指以农、林、牧、渔产品及其加工品为原料所进行的工业生产活动。农产品加工产业表现出的特征是，涉及的行业众多，产品种类繁杂，加工企业分布零散。这些特征决定了农产品加工产业集群与制造业集群是有本质差异的。这些差异主要表现在两个方面：①产业集群规模不同，农产品加工产业集群的规模要小于制造产业集群。②产业集群地理位置选择不同，农产品加工产业集群更侧重于地理位置，而地理位置的选择与其原料产地直接相关。制造产业集群地理位置选择与其原料产地关系并不十分紧密。因此，根据产业集群的基本含义，结合农产品加工业的自身特点，将农产品加工产业集群定义为：在一定的区域范围内，由于存在丰富的农产品加工原料，相互关联的农产品加工企业和其他机构形成集合。具体地说，农产品加工产业集群是农户、农产品加工企业及其产业链相关企业和机构，通过制度安排形成的相互紧密联系、专业化分工协作的利益共同体。农产品加工产业集群是农产品加工业发展演化过程中的一种地缘现象，是指在特定区域内，生产某一主导农产品的农户、数量较多的农产品加工企业及其上下游产业和政府、协会、金融机构以及科研院所等相关支撑机构高密度地聚集在一起，并通过贸易和非贸易的方式相互紧密联系，展开专业化的分工协作，形成类似生物有机体的产业组织。这种组织介于市场和层级两种组织之间，它比市场组织稳定，比层级组织灵活。农产品加工产业集群是农业产业集群的一个重要发展模式，地理临近性是其基本特征，农户和加工企业是其基本构成系统，竞争合作关系是其内部网络的基本特点，形成产业竞争优势是其基本目的。

（2）关于农产品加工产业集群的研究

目前，我国关于农产品加工产业集群的理论研究尚处于起步阶段，学者们研究的重点主要集中在对农产品加工产业集群的概念、特征、分类、农产品加工产业集群发展过程中存在的问题以及相应的解决对策等方面。如程新章（2003）研究了制约我国农业产业族群发展的因素，并提出了相应的对策建议。杨丽（2005）等对我国农业产业集群的概念进行了界定，并探讨了农业产业集聚实现规模经济的途径。尹成杰（2006）分析了我国农业产业集群的发展模式和特点，总结了其发展途径及条件等。张霞等（2007）、周涛等（2008）、程玉桂（2009）等从不同角度对农产品加工产业集群的概念进行了阐述。

也有不少学者对发展农业产业集群（包括农产品加工产业集群）存在的问题进行了总结，主要有向会娟和曹明宏（2004）、李文秀（2005）、梁海燕（2005）、兰肇华（2006）、李继红（2007）、张霞（2008）、张小青（2009）、文春玲（2009）、乔朋华和王维（2010）等。虽然他们提出的问题说法不尽相同，但基本上都是从以下几个方面来阐述的：集群内部各企业同构现象严重，存在过度竞争；缺乏一批具有竞争优势和带动能力强的龙头企业；普遍存在融资难的问题；集群规模小，联系不紧密，优势不强；集群发展层次不高，自主创新能力差；与农业关联的支持性产业发育不充分，中介服务体系不完善；政府扶持力度不够等。

研究农产品加工产业集群风险的文献并不多，池仁勇等（2004）在分析英国企业集群的演进及分布特征时指出，随着英国劳动力成本的上升和国际贸易的发展，英国一些食品加工和皮鞋制造业等产业集群也逐渐走向衰退。对农产品加工产业集群衰退风险进行动态研究，至少有几个问题不容回避：一是产业集群的经典理论有哪些，目前产业集群研究方面的热点和前沿理论是什么；二是产业集群作为一种经济组织具有明显的生命周期特征，其生命周期阶段如何划分；三是产业集群衰退风险的研究视角和方法有哪些，农产品加工产业集群的衰退风险是否具有特殊的表现等。

三、农产品加工产业集群发展的战略地位

1. 有利于引导农业自然资源的合理利用，将资源优势变为区位优势

农产品加工产业集群是发展现代农业的需要。现代农业是广泛应用现代科学技术、现代工业提供的生产资料和科学的管理方法进行的社会化农业，是农业发展的高级阶段。从我国的现实情况看，发展现代农业是建设社会主义新农村的必然选择，而农产品加工产业集群就是实现这一选择的必由之路。

首先，加强农产品加工产业集群研究，有利于引导农业自然资源的合理利用，将资源优势变为区位优势。区域化布局、专业化生产、产业化经营是农业现代化的重要标志之一。农产品加工产业集群可以各具特色的主导产品为依托，经过重点培育，带动加工、储藏、运输、营销等相关产业的发展，最大限度地优化资源配置、挖掘资源潜力，释放和形成新的生产力，形成一批具有明显优势的区域产业集群，为农民开辟更多的就业渠道。农产品加工产业集群还有利于提升农业的整个竞争优势。农产品加工产业集群可实现农业加工企业合理格局。在集群体内，农业关联产业通过广泛合作形成一个劳动分工精细、专业化稳定性较高的有机联系的市场组织网络。这样的产业组织体系有利于降低生产成本，提高农产品的竞争力，提升农业的整体竞争优势。

2. 农产品加工是提高农产品附加值、增加农民收入的重要途径

农产品加工是联系生产与消费的纽带，也是提高农产品附加值、转移农村

富余劳动力，增加农民收入的重要途径。党中央、国务院关于"小城镇、大战略"的真意是加快农村经济发展，加速农村剩余劳动力的流转，提高农村城市化的水平。按照增长极理论，对于广大的农村地区来说，带动其经济发展的增长点就是小城镇，小城镇是连接农村和大中城市的纽带，是工与农、城与乡的交汇点，是农村和大中城市之间的缓冲地带。建设和发展小城镇，当务之急是发展小城镇经济，重点培育城镇发展的主导产业，以业兴镇，通过产业发展推动小城镇建设，培育小城镇这个载体本身的功能。由于市场区位限制，内陆地区农村一般非农工业产业发展难度很大，但这些地区农产品资源丰富，有可能将农产品加工业和小城镇建设结合起来，形成区域"块状经济"，形成有内陆地区特色的工业化、城镇化增长方式，充分发挥农产品加工业和小城镇建设的双重规模效益。农产品加工产业集群有利于提高工业的集约化程度，满足城镇化合理集聚的趋势，是经济发展的必然趋势。农产品加工产业集群的发展离不开小城镇发展，农产品加工产业集群与小城镇的发展存在一定的作用机制。如果两者存在相互制约的机制，则不利于经济的发展；如果两者存在良性互动的机制，则会加速本地区经济的飞速发展。农产品加工产业集群有利于提高城镇化水平，主要体现在：

（1）促进农村人口城镇化，有利于农民增收

农村人口向小城镇转移是农村城镇化必由之路，农民转化为市民是农村城镇化的主要标志。稳定的职业和较高的收入是农民入住小城镇的基本条件。收入不高、就业不稳，农民只能到小城镇和乡村兼业，不太可能脱离农业到小城镇居住。农产品加工业是劳动密集型行业，不仅是农村剩余劳动力就业和增收的主要渠道，而且是小城镇转移和留驻农民的主渠道。农产品加工业集群形成后，会形成一定的组织和分工网络，通过专业化的形式来获得效率。通过这种分工可以对农产品形成高附加值产品，提高农户和企业的收入水平。同时，农产品加工产业集群的发展，会使对工人的需求增加，从而增加非农产业就业岗位，转移大量农村剩余劳动力，为农民提供更多的就业机会，增加农民工资性收入。

（2）做大做强小城镇的支柱产业

农产品加工业是小城镇的支柱产业，小城镇的发展离不开乡镇经济发展。农产品加工业是21世纪的朝阳产业，发展潜力巨大。人口大国和农业大国（或大省），有丰富的农产品加工资源和市场，发展农产品加工业有着得天独厚的条件。衣食住消费行为将呈个性化、多样化、时尚化、优质化趋势，绿色食品、有机食品和生态纺织品、天然竹木器和工艺品都成为现代生活的时尚。随着农村城镇化的加快，农村自给型消费结构向商品型消费结构转化，这将使工业化

食品的消费有较大增长。人们对农产品的多样化需求要求发展农产品精深加工业、生态和绿色农产品。农产品加工园是小城镇发展的主要增长极。工业园区不仅是农产品加工集群的主要载体，而且是小城镇发展的重要增长极。促进农产品加工企业向农产品加工集聚，有利于优化农村资源配置；相互利用上下游产品的副产品和再利用废弃物，共享市场信息和技术信息，有利于知识传播和技术创新，组织快捷廉价物流配送，降低交易成本。

（3）有助于建设节约型的小城镇和谐小康社会

建设小康社会、和谐社会和节约型城镇是小城镇发展的重要目标。农产品加工产业生态化和工业园区的污染集中治理将有助于这个目标的实现。与大型农产品加工企业相比，中小型农产品加工企业存在高污染、高物耗、高能耗等问题。由于历史的原因，相当一批农村农产品加工企业工艺设备落后，消耗资源，污染环境，走的是一种高物耗、高能耗、高污染的粗放型发展模式。农村中小企业规模小，治理污染和节约资源难以达到规模经济效益。现存多数农产品加工企业是规模以下的小型和超小型企业，这些企业利用资源节约技术、生态技术和循环技术的直接经济效益很低，甚至是负效益。乡镇企业作为一个理性经济人的契约组织，只有在资源节约技术和污染治理技术达到规模经济所要求的最低规模时，才会主动采用节约资源或治理污染的技术和制度。在资源价格很低和排污费较低的条件下，分散的小规模的农村中小企业在采用资源节约技术或污染治理技术时具有显著的正外部性，而使用高污染高物耗的落后生产技术具有很大的负外部性。向生态加工园集聚是中小农产品加工企业实现可持续发展的理性选择。生态产业园区克服了在单个中小企业治理污染、节约资源和再利用废物的不经济性，获得正面的外部经济。单个中小企业厂内无法消解的一部分废料和副产品，难以经济有效地组织清洁生产和实现厂内循环。由于农产品加工业与农业的关联度大，生态产业园区能在更大的范围内，通过产业链把不同的中小企业联结起来，形成共享资源和互换副产品的产业共生组织，使得一家工厂的废气、废热、废水、废物成为另一家工厂的原料和能源，在各个企业间形成资源共享、副产品互用的大循环圈，降低废物量和处理费用，获得较好的集聚经济效益，形成农产品加工企业与环境保护的良性循环。

（4）农产品加工业集群的可持续发展

对农产品加工产业集群进行研究，有利于解决目前我国地方农产品加工业所面临的问题，在特定区域相对集中投入，加强农业和加工业基础设施建设，以促进农产品加工业的发展，提升区域竞争力。东部出口发达的省市经验表明，外向出口拉动小城镇的快速发展的重要动力，在那些城镇化发展迅速的小城镇，很多都兴办出口工业园，积聚了一批外资合资出口加工型企业。持续增长的农产品加工出口有力拉动了当地城镇化发展，出口的都是初加工型和劳动密集型农产品加工品。但必须看到，初级产品的低价值和廉价劳动力所构造的出口优势不太可能长期维持。目前，由于价格过低，进口国频繁启动保障措施，不断对我国农产品加工品进口设限和反倾销。随着国民经济的快速发展，居民收入也将持续增长，总有一天会使劳动力成本赶上发达国家。从战略高度来看，提高出口竞争力，最终要在精深加工上做文章，在产业集群上寻求集聚效益和集聚优势。大力发展出口导向的农产品加工业，促进农产品加工集群的可持续发展。

（5）为地方政府转换管理职能和营造集群发展环境提供思路和建议

市场是工业化国家经济发展的巨大发动机，但是几乎所有的经济成就都离不开政府的参与。尤其是农户、中小型农产品加工企业，规模小，抗风险能力弱，更需要政府部门提供相关支持。对农产品加工产业集群形成、发展中政府如何发挥职能作用的探讨，有助于政府部门转变政策思路，通过合理的制度安排和有效的政府干预，推动农产品加工产业的集群发展。

第二节　农产品加工产业集群的形成和分类

农产品加工产业集群是农户及其组织、农业生产基地、农产品加工企业及其产业链相关企业和支撑机构，通过制度和贸易等方式紧密联系在特定地理区域内，以专业化分工和互补性合作方式构成的密集合作网络，是一个互相联系的有机整体。本节主要探讨农产品加工产业集群的形成机理、农产品加工产业集群的支撑条件和分类等内容。

一、农产品加工产业集群的形成机理

1. 产业集群的形成机理

产业集群的形成机理是集群理论的重要组成部分，国内外学者们从不同的角度对其进行了研究。

其古典理论基石集中体现在国外一些知名学者的经典文献中。对产业集群研究最早的是马歇尔，他从劳动力市场共享、中间产品投入和技术外溢等方面对产业的地区性聚集进行解释，表明企业是为追求外部经济而集聚，认为外部经济将导致企业在同一区位集中，这些外部经济包括市场规模扩大带来的中间投入品的规模效应、劳动力市场的规模效应、信息交换和技术扩散三种类型。韦伯（1929）从工业区位论角度对产业集聚进行了解释，认为集聚的产生是自下而上自发形成的，是通过企业对聚集利润的追求而自发形成的。如果企业从产业集聚中得到的好处大于它们因从分散布局地迁往集中地而引起的运输和劳动费用增加，集聚就会发生。以克鲁格曼（1991）为代表的新经济地理学派立足于收益递增理论，从规模报酬递增的角度分析了工业活动的空间聚集趋势，认为产业集聚是由企业的规模报酬递增、运输成本和生产要素移动通过市场传导的相互作用而产生的，从理论上说明了工业活动倾向于空间集聚的一般性趋势。德国经济学家韦伯基于经济区位的视角，将生产成本最小化作为工业区位选择的原则，从微观企业区位选择的角度阐明了企业是否相互靠近取决于集聚利益与成本的对比。韦伯对产业集聚的研究脱离了社会、文化、历史及制度等因素，只是从资源禀赋的角度进行考察，未免有点片面。法国经济学家佩鲁提出的增长极理论认为将推动性工业植入某地区后，将形成集聚经济，产生增长中心，从而推动整个地区经济的增长。佩鲁过分强调通过自上而下的政府推动进行的产业集聚，对自发形成的产业集群缺乏解释力。

国内学者对于产业集群形成机制也给予了高度关注。我国学者对集群形成理论的研究基本上是沿着两个思路展开的：一是探索适用于解释所有集群形成的"普遍条件"；二是通过对特定集群类型的分析，着重探索某类集群成功集聚的机理。

仇保兴（1999）运用新制度经济学的观点，认为集群是在特定区域里由众多生产同类或相近产品的中小企业根据专业化分工和协作原理建立起来的，它是在经济发展过程中因企业内部分工的外部化或社会化以及生产专业化而产生的，是市场竞争中经济组织演进的结果；集群的出现源于克服各种专用性（包括交易产品技术上的专用性、交易数量规模上的专用性、交易地理位置上的专用性以及人力资本的专用性）的存在而导致的交易替代成本过高的需要；集群的诞生是对生产要素交易费用节约的一种适应性制度安排；集群是东方传统文化（血缘基础上的信任文化）与现代经济的规模效益之间妥协的产物。陈雪梅（1999）、朱康对（2001）等人则通过具体案例从内生和外生两个角度解析集群的形成因素。内生因素主要包括区域的地理环境、资源禀赋和历史文化传统，尤其是当地政府、企业和居民的崇商文化和创新精神；外生因素主要是指外在制度条件、经济机遇和外商投资。石忆邵（2001）则将集群崛起概括为五种机制：人文环境的传导和更新机制、企业群落和市场群落的协同互动机制、可选择并联合机制、价值链与技术传递链的整合机制和地方政府的扶持推动机制。

刘军国（2001）在产业集群形成机制方面进行了积极探索，他基于克鲁格曼提出的集群发展理论，认为产业集群是报酬递增的加速器，集聚降低了交易费用，促进了企业协作，形成了报酬递增和分工不断深化的机制，因而使集群具有不断自我完善的机制。他把协作纳入报酬递增理论体系，构建了报酬递增的微观机制模型。魏守华（2002）分析了产业集群动力机制的四个因素：基于社会资本的地域分工、外部经济、合作效率、技术创新与扩散。通过整合四种动力因素构建了产业集群动力机制对应竞争优势的结构关系图，并以嵊州领带产业集群为例，对动力机制的作用进行了实证研究。王缉慈（2002）将内生因素驱动的集群称为"自发全球化"，将外生因素驱动的集群称为"边缘工业化"。她将企业集群形成的因素综合地归结为 6 个方面：专业化劳动力市场的存在、原料和设备供应商的存在、接近最终市场或原材料集贸市场、特殊的智力资源或自然资源的存在、有基础设施可共享和有政策激励。隋广军等（2004）概括了七种产业集群的动力因素：企业家能力、政府政策、市场信息、社会环境、资源要素、技术创新能力、产业配套能力，并用七种能力因素构建了产业集群生命周期演化的动力因素函数。谭力文、李文秀（2004）对集群的形成机理进行总结后认为，不同的区域状况、产业结构和社会状况会有不同的集群形成机理。在经济条件比较发达、资源要素丰富的地区容易自发形成集群；或容易满足钻石模型条件，在政府政策倾斜下容易形成集群。产业布局集中容易自发形成集群，趋向于集体工作的文化传统、扩大产业规模的政策倾向都会导致集群形成。刘恒江和陈继详（2005）认为产业集群的动力可以分为内源动力和外源动力。内源动力机制是一种自发的内在力量，表现为分工互补、降低交易费用、知识共享、外部经济、规模经济、网络创新等。外源动力机制主要来源于外部环境与国家（政府）有意识地对集群进行的规划、调控行为，表现为外部竞争、区域品牌意识、集群政策等。王晓萍、余玉龙则从内外机制两个方面分析了浙江产业集群的形成机制。其中，外在机制包括独特的区域历史文化底蕴、得天独厚的区位优势及地方政府的促进作用；内在机制包括专业化的中小企业间形成的竞合机制、由高度根植性的社会关系网络形成的信任机制以及由低技术含量的传统产业发展基础形成的联动机制。周素萍和谭玉洪从宏观、中观和微观三个层面构建了我国产业集群的生成机制，分析了每个层面的影响因素及作用机理。

上述国内外学者关于产业集群形成机制的研究，借助不同理论、从不同角度解释了产业集群的形成，为我们开展研究提供了重要理论依据和借鉴，但综观上述研究，各个学者和不同理论分别从多个方面对产业集群形成机制做了解释，但这些理论仍然存在部分不足：第一，各种理论都存在部分不能解决的问题，在应用上有其自身局限性，如马歇尔从外部经济的角度解释了产业聚集的形成，但并没有说明这种外部效应产生的根源是什么；韦伯区位理论分析了影响产业聚集的因素，并从成本收益角度做了分析，但没有更深入地分析企业成本降低和收益增加的原因；克鲁格曼则在其集群理论和贸易理论中强调产业发展的自发性，强调历史和偶然因素的作用，缺乏普遍指导意义；地域生产综合体和产业综合体理论、新产业空间学派和新产业区等学派则从创新系统、当地制度环境、社会网络等因素进行分析，缺乏系统性和深入细致的研究，应用上有很大局限性；波特则有意避开一些复杂的问题，且应用部门也是有限的。产业集群形成理论虽多，但没有一个理论能够完全解释产业集群形成的根本原因，都有其一定的不足，存在对部分产业集群不能解释的现象。因此，研究产业集群的形成必须研究导致产业集群形成的一般因素，总结其形成的一般模型，从而确立产业集群形成的一般理论。我们则正是通过对传统农区产业集群起源、集群、成长各阶段的分析，找出影响和决定各阶段发展的一般因素，构建形成机制模型，从而对其形成机制做出更一般的解释。第二，对产业集群形成机制的研究更多的是从可能导致集群形成的一些因素，如要素条件、企业专业化生产网络、创新系统、当地制度环境、社会网络等因素进行分析，有一定的不足；同时，也没有充分考虑到产业集群本身的复杂性特征，产业集群的形成受到多种因素的作用和影响，在形成的不同时期，其所受影响的程度也是不同的。同时，在实践中，也不是每一种产业都适宜于形成产业集群，而只有满足一定产业条件的集群才更易于形成产业集群。且由于不同区域发展环境、资源条件等影响因素的差异，产业集群在起源、形成上也会表现出不同。根据以上考虑，笔者认为研究我国传统农区产业集群形成机制，应充分考虑其复杂性特点，首先分析其形成的产业条件，即找出什么产业适合形成产业集群，或者说产业集群的形成首先需要满足什么产业条件。其次，分析传统农区产业集群的起源和企业聚集过程，即分析产业集群的雏形，解决产业集群是如何起源的，或者说产业集群的第一个企业是如何产生的；第一个企业产生后，为何第二个、第三个企业又会在附近出现。最后，分析产业集群的成长问题，即产业集群雏形出现后是如何成长形成的。

2. 产业集群的形成途径

(1) 通过政府和市场力量的作用

大多数农产品加工产业集群在具备相关基础条件下，通过政府和市场两股力量的作用而形成。完全依靠市场而没有政府的引导、协调与服务，则集群的形成会遇到种种障碍，势必会延缓产业集群的形成，成功的可能性也比较小。政府出于发展农村经济的需要，往往采用相应的措施来加快农产品加工产业集群的形成。政府的促进包括两种方式：一是政府直接投资企业，形成产业集群。这种方式的效果是：形成时间短、见效快。二是政府的产业政策引导各地工业园区建设。政府通过完善基础设施建设，创造良好的投资环境，积极引进相关企业进入园区，已成为我国多数地区产业集群所采用的方式。

（2）通过纵向和横向形成的方式

根据农产品加工产业集群中各企业之间的关系，可把产业集群的形成分为纵向形成和横向形成。横向产业集群的形成是指同类型企业的形成，而纵向产业集群的形成则是一种产业链的延伸。纵向形成的产业集群，更多地表现为延伸产业链，是各企业之间专业化分工的结果。大部分情况是，某个区域有大型企业存在，一些中小企业作为配套，形成了龙头企业和配套企业之间密切合作的产业集群。纵向形成的产业集群与产业链的长短有关，而产业链的延伸则与产业特性有一定关系，那些能够专业化深化的农产品加工产业容易延长产业链。横向形成的产业集群在形成之初，企业之间更多地表现为竞争关系，也就是产品属于同一种类。当某个区域产生横向产业集群时，第一批企业的示范效应作用特别大，从而有更多的企业模仿出现。由于竞争的原因，产品之间在品种、规格以及所用原料、等级、品牌等方面，甚至在内在质量上都存在差异。随着企业的不断增加，形成一种基础设施共用、专业化供应商存在、专业化劳动力供应等良性互动优势，甚至形成一种以地域命名的产品品牌，进而形成产业集群。

3. 农产品加工产业集群形成的驱动因素

借助国内外学者对产业集群形成机理的研究结果，基于产业集群的理论研究框架，可将影响农产品加工产业集群形成的因素划分为经济地理因素、新经济地理因素和经济政策三部分。

（1）经济地理因素

传统的经济地理理论认为产业集群形成的主要原因是不同区域之间经济地理因素的差异。例如，自然资源丰富的地方以及大港口附近通常会成为产业集群形成与发展的中心地区。在我国，因较好的自然条件而导致工业集群形成的例子也是存在的，如湖北罗田的板栗集群的形成依靠的是自然资源，而中国的东部省份中不少的农副食品加工产业集群则与其不可比拟的地理优势，即距离大的港口比较近有关。以经济地理理论为基础，可将影响农产品加工产业集群形成的因素概括为自然资源禀赋和地理位置。

自然资源禀赋包括两个方面：自然条件和自然资源。自然条件是人类赖以生存的自然环境。包括未经人力改造、利用的原始自然环境，也包括经过人类改造利用后的自然环境，自然环境是自然条件中被人类利用的部分。自然资源主要包括地形地貌、气候和物产等自然因素，这些自然因素是农产品加工产业集群形成的必要条件和物质基础，并对人类的产业活动具有基础性的影响。国际贸易比较优势理论认为，某一地区的自然资源禀赋决定该地区适合于发展什么样的产业，尤其是那些生产条件受自然资源约束的行业，对于与农业联系密切的农产品加工产业集群来说更是如此。农产品加工产业集群所加工的主要对象是农业生物体，它们的生长发育、产量和品质等均受到其生存环境的影响，如阳光、热量、土坡、养分、生物特性等，尤其是农业经济作物，对自然条件要求更为严格。由于自然资源禀赋在空间上分布的不均衡性，区域资源禀赋在质和量上都相差很大，进而形成区域经济活动的差异性，并影响到农产品加工产业集群布局的区域差异性。自然资源禀赋对农产品加工产业集群的作用主要体现在以下几方面：第一，自然资源禀赋是农产品加工产业集群形成的基础。由于各地在自然资源禀赋上各有所长，处在一个非均衡的状态之中。因此，围绕自身的自然资源禀赋形成各地不同的农产品加工产业集群就成为可能。再者，某区域农业产业原料生产的规模、比较优势（包括比较成本、比较土地生产率）、集中度也影响着农业产业集群的规模、竞争优势。第二，自然资源禀赋不断变化的性质，使其对产业集群的影响是动态变化的。自然资源禀赋是一种有限资源，不是取之不尽、用之不竭的。因此，自然资源对区域产业集群的影响也是动态变化的。一旦本地的自然资源禀赋发生了变化，本地的某些产业就将随之变化，或迁移或消失。尽管自然资源禀赋与集群形成之间有密切的联系，但是从另一个角度说，自然资源禀赋只是农产品加工产业集群形成的一个重要的发展环境因素，把集群的形成简单地归结于自然资源禀赋会落入"地理环境决定论"的错误陷阱。不过，农产品加工产业集群与自然资源禀赋并不是一种简单的对应关系，否则产业集群的形成与发展就不值得经济学家花很多时间去研究它。而且，如果我们断定产业集群完全是由自然资源禀赋所决定的，那就无法解释为什么中国的毛纺产业没有集中在盛产羊毛的新疆地区和内蒙古地区，而聚集在远离原料的江浙地区，尤其是聚集在江苏南部和浙江北部的一小块环太湖地区。因此，自然资源禀赋与农产品加工产业集群之间的关系是比较复杂的，在很多情况下，自然资源禀赋与其他因素一道共同影响农产品加工产业集群的形成。

地理位置一般是指经济区位，不少地方就是充分利用优越的地理位置发展了地方产业集群。农产品是通过生物的生长繁殖所取得的产品，包括农、林、牧、渔等大类产品。农产品加工业，就是以农产品为原料进行直接加工和再加工的工业。可以说，自然条件和资源因素是农产品加工产业集群形成的物质基础，农作物的种植和生长都要受到气候、地域等方面的限制；而自然资源条件在空间上一般是比较固定，不易改变的。由于农作物具有这种区域差异性，区域经济活动也会随之不同，从而影响农产品加工企业在区域上的布局，使得加工不同种农作物的企业集中到不同的区域，把农产品资源优势转变成为农产品加工产业竞争优势和经济优势。由于农产品原料具有季节性、容易变质和稳定性差的特点，农产品在加工和运输上成本较高，但是企业总是希望以最低的成本进入市场，这里当然包括运输成本这一重要的成本因素，所以，同类企业比较容易在一个靠近原料、运输成本较为低廉的地方聚集。因此，农产品加工企业最适宜布局在接近原料产地的区域。

（2）新经济地理因素

仅仅考虑经济地理因素，对于产业集群的形成来说是不够的，因为经济地理因素在以下方面难以继续解释：一是在某些纯自然条件方面并不一定非常有优势的地区却成为农产品加工产业集群；二是在两个自然条件非常相近的地方却可能在农产品加工产业集群方面有非常不同的表现。新经济地理学理论抓住了导致产业集聚的最为本质的经济力量——收益递增，其核心思想是：即使两个地区在自然条件方面非常接近，也可能由于一些偶然的因素（如历史事件）导致产业开始在其中一个地方集聚；由于经济力量的收益递增作用，在地区间交易成本没有大到足以分割市场的条件下，就可能导致工业的集聚（金煌等，2006）。基于新经济地理理论，影响农产品加工产业集群的因素包括人力资本禀赋、规模经济与外部性、市场需求条件、市场化程度和基础设施。

人力资本禀赋。舒尔茨从长期的农业经济回顾问题研究中发现，对于现代经济来说，人的知识、能力、健康等人力资本的提高，对经济增长的贡献远比物质资本、劳动力数量的增加重要。首先，对于处于农产品加工产业集群产业链最前端的农业劳动者而言，农业中的人力资本是农业生产力的重要因素，在农产品加工产业集群条件下，现代农业生产要素在农业生产、经营中应用范围越来越广、比例越来越大。只有高素质的农民才能了解现代生产要素的性能，进行理性的选择、合理地组合生产要素，从而降低农产品的生产成本，提高各种生产要素的利用率和产出率。劳动力市场共享是产业集群形成的基本因素之一，它可以使企业节约劳动力要素成本、搜寻成本等，促进企业在空间上的集聚。因为一些现代农业生产工具和现代农业科技成果需要有较高人力资本积累的劳动者去操作和实施，而且由于农业生产专业化，分工越来越细，这要求有较高人力资本积累的农业经营管理者用先进的管理技术来协调组织生产。人力资本积累较高的农业劳动者综合表现为具有较高的文化素质、科技素质、经营管理素质、思想道德素质和身体素质。而且，农产品加工产业集群中农民素质越高，越有利于与农业关联产业进行合作。其次，农产品加工产业集群中的关联农业产业要求具有一定的科技知识、生产经验和劳动技能的知识型劳动者。在不同的地区，劳动力素质和态度往往具有较大差异。一般企业都把经营活动地点选择在劳动力素质较高、能够保证大量熟练工人的供应、劳动者态度也较好的地区，因为这样的区域有利于提高企业的劳动生产率。最后，一个成熟的农产品加工产业集群必然是一个创新体系，这种创新机制在很大程度上也取决于集群体中劳动者素质的高低。

规模经济与外部性。产业集群是规模报酬递增带来的外部经济产物，市场规模扩大可以带来的中间投入品的规模效应、劳动力市场规模效应和信息交换与技术扩散规模效应，地区集中和专业化可以扩大生产规模并产生规模经济，而规模经济将带来更大规模的企业集中，从而形成产业集群。集群内部的中小企业有的发展成为一定规模的公司，有的成为上市公司，并吸引跨国公司的子公司，形成核心力量，以大中型企业为核心，展开上下游企业分工合作、水平分工合作等多种形式，并且日益加强和中介机构的合作。农产品加工龙头企业通过自身的发展，形成内部规模经济。它既是一个生产中心、加工中心，又是一个信息中心、服务中心、科研中心。由于地域上的接近，集群内企业的技术保密成本很高而学习成本很低，企业学习其他企业的技术极为方便，因而技术和信息交流成为一种互利行为。龙头企业自觉或不自觉地把质量管理、新产品生产方法、生产工艺流程设计、设备改良、新技术情报、新产品开发技术等传送到其他企业中，为后面进入的企业创造了生产的基础设施、劳动力市场、中间产品的获得渠道，后来的企业就可以充分利用这种规模经济。所以，规模经济使后来的企业聚集在原有的企业周围，产业集群就形成了。外部性的分析更具有合理性，也更精炼和准确，其结果和规模经济分析是差不多的。先进入某个地区的企业在生产中会产生经济活动的外部效应，如果这个企业规模很大的话，产生的外部性就更大，如为后进入的企业创造了生产和生活用的基础设施、劳动力市场、中间产品的获得渠道，甚至提高生产地点的知名度，后进入的企业就可以充分利用这种正面的外部性，使自己无需经过市场交换就获得利益。所以，充分的外部性就足以使后来的企业聚集在原有的企业周围，产业聚集就形成了。

市场需求条件。市场需求是产业集群产生与发展的动力，我国农业已经进入新的发展阶段，农产品加工业已经从被动发展的"工业依附型"，开始向主动发展的"市场主导型"转变，即市场需求决定农产品加工业的需求。随着人们的生活和消费水平的不断提高，农产品的产业链条越来越长，对农产品加工业的需求也就越来越大，也越来越多元化。为了满足更挑剔的顾客，企业要不断地进行创新，尽可能满足国内其他地方甚至国外客户的需求，生产出高质量产品，并同时能提供完善的各项服务，从而赢得顾客，在该领域获得竞争优势。

同时，也使农业生产者比以往任何时候都更加关注市场的需求和价格的变化，他们根据市场和农产品加工业的需求对其种植和养殖结构进行调整，关联产业也会聚集到农产品加工企业周围，为企业提供中介服务、配套设施、贷款等。旺盛的市场需求能够促使本地企业更早察觉和理解市场上新的需求并做出积极的反应，而且会培育出大量具有较高消费水平且目光挑剔的顾客群体，从而提出更高的质量标准，激发本地企业的创新热情，使本地企业的产品升级和技术更新走在本行业的前列。比如，荷兰之所以成为全球最知名的花卉集群，得益于该国传统上对花的巨大需求偏好；而德国众多的啤酒产业集群也与当地爱喝啤酒是分不开的；美国加州硅谷出现的高科技集群，与美国一直以来重视对高科技的投入有关；意大利拥有全球最知名的鞋业、服装业集群，则与该国注重手工技艺，对传统工艺产品需求旺盛密切相关。需求因素一般作为一个触发因素，刺激某一产业在一个特殊地域集群，如果再加上其他适合的条件，产业集群就会迅速成长起来。从需求条件来看，有了旺盛的市场需求，就会刺激专业农户、关联企业蜂拥而上。需求条件是指该种产业产品以及服务在国内外的市场需求，国内市场的特点对于公司察觉、理解和对国际购买者的需求做出反应十分重要。波特认为本地需求环境是产业集群形成的重要条件，内需市场更重要的意义在于它是产业发展的动力，能够先于国际市场被企业识别。例如，以色列灌溉设备业集群正好反映了该国在水资源匮乏、干燥闷热环境下对食物自给自足的需要；芬兰环保产业集群的发展则起源于对污染治理的需要。同时，波特还认为挑剔顾客的大量存在也是集群形成的重要条件，意大利和法国酒业集群的出现就因为两国都具有挑剔的饮酒民族。许庆瑞、毛凯军认为全球化的市场是集群形成的重要条件，产品或服务有全球化的市场，才有足够广阔的发展空间和基于全球价值链协作的可能性。总之，需求有数量上的需求，也有质量上的需求。数量上的需求固然能够使产业迅速集群成群、发展壮大；而质量方面的挑剔能够保证该地市场领先于全球，反映市场需求的发展趋势，因而能够保证集群的竞争优势与持续发展。质量上的高要求能够创造市场上更大规模的需求，当某地市场领先于世界潮流时，那么该地产品能够出口到世界各地，而非当地市场。

　　市场化程度。统一开放的市场环境和健全的市场机制是产业集群形成发展的关键条件。当市场被条块分割，交易成本会变大，反之则变小。只有当交易成本逐渐下降，分立的小规模市场则趋于融合，企业才会在更大规模的市场区域形成集聚。市场的扩大和企业的集聚，又会导致专业化分工体系的出现。专业化分工与交易成本下降会进一步推动市场的扩张，市场外部性逐渐提升，使得区域对更多的企业产生吸引力，从而形成良性循环累积效应，最终导致产业集群的形成和大规模发展。在产业集群区域，单个企业一般只从事某个产业环节上的生产和研发，因而其必须与上下游企业进行合作。一是各行各业分工的内向发展，为创造新的专业提供条件。产品价值链越长，技术上进行工序分解的可能性越大，垂直方向的劳动分工有可能加长，这样能吸引众多企业聚集在一起。二是分工度会随技术的改进而深化。分工的内向和外向发展相互影响，效率与分工度的交互影响，构成企业的自我繁殖特性。在集群内分工深化的同时，集群间的协作也在发展，这种趋势逐步演化为地域分工格局。由于产品具有互补性，不同产业群相互合作，新的市场机会层出不穷，新的产业集群不断涌现。

基础设施。交通、电信等基础设施建设是农产品加工产业集群对外进行物流、人流、信息流交换的桥梁。交通技术（包括交通工具、交通设施）的发展和完善，必然会节约客货空间转移过程中的时间和费用，加快区域间资源要素的流动，可为农产品加工产业的关联产业布局创造良好条件。空间距离的相对缩短，一方面使一些龙头企业可以把其中的某一加工环节选择在靠近原料产地的地方完成，这样可以吸引更多的相关产业集群。农产品加工产业集群要获得长足的发展，离不开核心主体中的龙头企业的带动力。一般来说，在市场经济中，大企业一般都在多个地点从事多种经济活动。例如，大企业典型的经济职能包括研究开发、采购、生产、市场营销、行政管理、财务等。其中，每一种经济活动都可能拥有一个相对独立的区位，这些具有经济活动的地点，通常称为活动区位。各活动区位之间依靠发达的交通通信网络紧密联系在一起，也就是说交通通信网络发达与否，在一定程度上影响大企业进驻农产品加工产业集群体。另一方面，从农产品加工产业集群的生产要素的供给角度看，顺畅的交通通信网络使经济区间的联系和合作进一步加强，生产要素在空间的移动和聚集更加自由方便，同一农业资源要素可以更大规模地流动集中。这两方面都有利于产业集群规模的扩大。

（3）经济政策因素

经济地理和新经济地理的学者们相对比较容易忽视经济政策对产业集群的作用。然而，经济政策的调整往往对农产品加工产业集群的形成具有重要作用。经济政策因素主要包括开放政策、政府支持力和金融发展。①开放政策。对外开放是我国经济改革以来最为重要的经济政策，随着我国经济政策对经济的逐步"松绑"，我国对开放的步伐逐步加快。开放的政策促进了商品的出口和外资的引入。商品的出口有利于产业集群积极地扩大市场需求，寻找国际市场。而外商的直接投资被证明是产业集群形成的一个重要原因，尤其是在发展中国家（徐康宁，2003）。外商直接投资总是倾向于能够获得最大投资回报的地区，先投资的外国企业对后来的企业具有示范性，加上一些国家对外国投资有鼓励性政策，会在专门的地方提供廉价的土地和基础设施服务，因此，在外商直接投资的带动下，发展中国家的一些地方先后出现了不同产业的集群。②政府支持力。关于政府对产业集群的作用争论颇多，许多学者认为政府对产业的发展颇有裨益，因为它可以通过制定产业政策提升目标产业的竞争力。而另外一些人则坚持"自由市场"观点，认为企业经营之事应交由"看不见的手"来协调。政府的作用不可一概而论，因政府的层级、产业集群所处的阶段以及各地特殊的情况的不同而有所差异。我国处在经济社会转型期，我国农产品加工产业集群的发展还处于相对较低阶段，还需要政府进行一定的扶持。实际上，历史上早已形成的制度结构总会以嵌入的方式成为区域产业集群的重要因素，并决定着产业集群的形态（邓宏图、康伟，2006）。政府将某种推动性产业植入一地区后，将产生围绕推动性产业的集聚。这个过程要通过一定的政策措施才能完成，如政府提供的廉价土地、能源和基础设施供应，采取贷款贴息、无偿资助、资金投入等方式，支持产业集群重点技术改造、技术创新项目建设及公共服务平台建设。政府通过各种辅助性政策措施，一个新的地区表现出较大的市场增长潜力时，为了占领和扩大这一新市场，一些有远见的企业往往考虑在该地区进行生产，衍生出新的集群来，或带来集群的升级。政府要推进质量监管、诚信监督、知识产权保护、公平竞争等方面的制度建设，加强价格协调，为产业集群的发展构建有序竞争的市场环境。③金融发展。金融体制的改革对于企业获得资金支持具有重要意义。金融发展由于在动员储蓄、分散风险、甄别项目、监控企业和平滑交易等方面具有积极的作用，因而其在现代经济增长中发挥着核心作用，其对产业集群的形成也具有一定的影响。

二、农产品加工产业集群的支撑条件

1. 农产品加工产业集群成长路径

目前学术界比较公认的是，产业集群在本质上是一种具有中间性的经济组织。从产业集群组织特性来着，集群体并不是静止的，而和自然界中生物种群共生进化类似，要经历从低级形态向高级形态的不断动态演化，即产业集群具有成长性。产业集群的成长具有阶段性，根据集群生命周期理论，农产品加工产业集群可分为出现和起源、增长和趋同、成熟和调整三个阶段。由于发展条件和产业属性等方面的差异，不同的产业集群会表现出不同的发展模式，产业集群内的行为主体也因此表现出不同的分工和合作。由于分工效率、规模经济、集聚经济和降低交易费用的存在，产业集群的成长演化过程具有一定的共性，即由低级形态向高级形态转变中，不断构建区域创新体系，优化产业组织，调整相关制度，积累社会资本，转变经济增长方式，实现集群升级和集群体竞争力的不断提升。集群形态，即指发展中的产业集群处于某一定历史阶段上的特殊构成和体现。产业集群演化发展的基础是集群形态，也是集群演化成长的一个阶段。农产品加工产业集群的成长正是依赖这样的路径从低级形态到高级形态演化，由一种集群发展类型向另一种集群发展类型转化。

2. 农产品加工产业集群形成的基础条件

根据对国内外典型产业集群的观察和对传统农产品加工产业集群的调查，不难发现，并不是每种产业都适合形成产业集群，如钢铁、啤酒、煤炭、大型化工等产业，规模经济明显，较适合发展垂直一体化的大型企业，而不适合以集群的方式发展；而对于五金、机械加工、食品加工等行业，则可以充分发挥集群内企业分工合作的竞争优势，适合以产业集群的方式发展，也易形成一个产业集群。根据对传统农产品加工产业集群的考察，总的来说，一个适宜于形成产业集群的产业大多满足以下产业条件：

（1）资源优势突出

以农产品原料优势分布为依据，符合优势农产品区域布局或相关要求，重点推行农产品加工专用原料、生态自然条件，成为农产品的最适宜区或适宜区。

（2）市场区位优势明显、产品运输的低成本

产品市场目标明确，产品质量安全可靠，生产成本较低，产销衔接紧密，流通渠道畅通，运销便捷，对产业发展带动性强，市场消费需求和国际竞争优势较强，产品具有明显的价格竞争优势，积极打造知名品牌。产品运输的低成本是形成产业聚集的必要条件，只有运输成本低才能保证最终产品的可贸易性。如果产品运输成本太高，产品就难以打入远处的市场，集中生产是不经济的，集群的规模就受到限制，甚至不能形成集群。不起眼的小商品，如钢卷尺、打火机、纽扣、服装等之所以能够创造大市场，关键原因是其运输成本非常低，其所辐射的市场半径要比其他商品大得多。

（3）产品生产过程技术上的可分性

聚集效应的一个重要因素是专业化分工协作带来的成本下降和生产灵活性，如果生产过程在技术上不可分，则不能实现专业化分工和协作，从而就不能产生聚集效益，集群内企业就得不到分工的好处。同时，技术上的可分性还能降低创办企业的资本要求，一个新办企业可以以较少的资金成立并专注生产某一零部件，而不用花费巨额资金去生产整个产品。这在很大程度上促进了新企业的产生，从而有利于聚集的进一步完成。一般来说，产品的价值链越长，单个企业完成整个生产过程所需的规模越大，引起的协调成本就越大，从而更有可

能实现专业化分工和协作，实现企业聚集，降低协调成本，提高协调效率。

（4）加工规模较大、产品生产所需能力的多样性

由龙头加工企业带动，企业大、中、小加工规模相结合，向大型化方向发展的趋势显著；加工企业集中连片，集群密度较大，农产品加工制品商品率较高，区域内商品总量在全国占有重要份额。如果一种产品的生产需要多种不同的能力，那么这一产业适合于形成产业集群，一个产品价值链中涉及的不同能力越多，单个企业管理的难度就越大，专业化分工的可能性就越大，因此越需要聚集在一起。

（5）产品市场需求的易变性、产品生产的低技术劳动力需求性

市场需求变化快的产业，市场经常处于不稳定状态，这就需要企业具有快速应对市场的能力，而产业集群由于高度的专业化分工和协作，具有"弹性专精"的特点，可以快速应对市场的变化，设计生产出符合市场需求的产品。传统农产品加工产业集群地区劳动力资源极其丰富，有大量的剩余劳动力，工资水平低。且其产业集群多属劳动密集型产业集群，在技术上对劳动力要求较低，可以充分享受到低工资和较高边际生产率之间的巨额利润，提高集群竞争力。

（6）产业化基础较强

以市场为导向，以效益为中心，依靠龙头带动和科技进步，对农产品实行区域化布局、专业化生产、一体化经营、社会化服务和企业化管理，实行市场牵龙头、龙头带基地、基地连农户的经营方式和产业组织形式，使农产品的商品转化率得到最大限度的提高。

三、农产品加工产业集群的分类

1. 产业集群分类

关于产业集群的分类，Peter Knorringa & Jorg Meyer Stamer（1998）在对发展中国家的产业集群研究中，借鉴 Markusen（1996）对产业区的分类方法，把产业集群分为意大利式产业集群、卫星式产业集群和轮轴式产业集群三类；LynnMytelka 和 Fulvia Farinelli（2000）基于产业集群的内在关系把产业集群分为非正式群、有组织群和创新群；Philp McCann（2002）等根据交易费用将产业集群分为纯的集聚、产业综合体和社会网络；Guerrieri and Pietrobelli（2001）根据企业间的关系把产业集群划分为（偶然的）企业的地理集群、马歇尔式（意大利）产业区域、存在某种领导者形式的企业网络。我国学者仇保兴、王缉慈、符正平等人均对产业集群的分类进行过专门的研究。仇保兴（1999）认

为，按照企业集群的结构来分，产业集群的形式主要有：企业群落内部企业之间的关系是以平等的市场交易为主，各生产厂以水平联系来完成产品生产的"市场型"中小企业集群；以大企业为中心、众多中小企业为外围而形成的"锥型"企业集群；以信息联系为主而不是以物质联系为主，以计算机辅助设计和制造业的柔性生产方式来进行生产的"混合网络型"企业群落。王缉慈（2001）则通过对新产业区的研究把产业集群分为五类：沿海外向型出口加工基地、智力密集地区、条件比较优越的开发区、乡镇企业集聚而形成的企业网络以及由国有大中型企业为核心的企业网络。黄程、符正平（2003）则在研究珠江三角洲的产业集群特点后将其分为飞地类集群，以东莞的 IT 硬件制造群落为代表；锥子集群，以江门市蓬江区的摩托车企业集群为代表；原子团集群。

以上根据不同分类标准将集群划分为不同类型，可从不同角度对集群进行研究，有利于深入理解集群。但不同学者对集群的理解和界定不同，这会造成研究对象和比较的混乱，在一定程度上会给实证研究和公共政策制定带来混乱。由于产业集群存在方式是多种多样的，其所处经济发展环境、专业化分工、地理位置、社会历史文化背景、成熟度等方面存在差异，各集群内所包含的企业数量、规模、形式、专业化产业结构、影响因素的作用程度都不尽相同，因此，在研究产业集群时，对产业集群类型进行划分仍具有较为重要的意义。

2. 农产品加工产业集群的分类依据

马歇尔和韦伯的理论是产业集群的两块基石，他们分别从企业的运作和区位角度，提出了产业集群的两个基本属性，即空间属性和产业属性。产业集群不仅要在地理上"集聚"，集群内企业也要有"联系"。地理空间为组织的创新活动构建了一个平台，它作为产业集群的载体，为企业提供了市场、要素条件以及制度文化环境，而在某一地理空间集聚的企业只有充分合作，才能形成范围经济和规模经济的产业聚合效应，所以，集群内企业间的竞争合作程度是衡量集群发展程度的重要特性。产业集群不仅是同类企业在一定区域内的群聚，而且反映了企业相互间的一种共生成长性。产业集群越来越体现出类生物似的成长性，集群内企业知识流动频繁，企业间合作加强，学习机制效应发挥出巨大作用。因此，产业集群对知识的依存度也是集群的重要特性之一。地理集中是产业集群的表象，产业网络是产业集群的本体，知识流动是产业集群得以运行和强化的基础。据此，基于产业集群成长演化的角度，以农产品加工产业集群从低级形态向高级形态转化的三个阶段作为分类的宏观标度，选取集群内企业竞合度（竞争与合作程度）和集群对知识的依存度作为农产品加工产业集群分类的依据。用科学的分类方法和依据对农产品加工集群模式进行划分，能为决策部门选择集群发展的目标模式提供理论支持，也有助于集群地的政府提高对企业集群的认识，明确自身的职责和作用，从当地实际出发，因地制宜地推动和发展具有地方特色、规模适宜的农产品加工产业集群。

3. 农产品加工产业集群的类型

企业间竞合度用以衡量集群内企业分工合作、竞争交易的程度。高级形态集群内企业间的关系一定是紧密合作、良性竞争的。按企业间趋于竞争还是合作，可以把企业间竞合度分为高、中、低三个等级。企业间竞合度高，表示集群内企业趋于合作，竞争交易程度低；反之，表示集群内企业趋于竞争，分工合作程度低。集群对知识的依存度用以衡量企业经营活动对科技知识的依赖程度，以及集群内知识流动是否频繁。据此可将依存度分为高、中、低三个等级。产业集群对知识的依存度高，表示集群内企业产品科技含量高，集群内知识流动频繁；反之，表示集群内企业产品科技含量低，集群内知识流动困难。根据企业间竞合程度和集群对知识的依存度，可以将农产品加工产业集群类型分为资源型、链条型和循环型。

（1）资源型农产品加工产业集群

资源型农产品加工产业集群的形成，符合地理经济学中的资源要素禀赋理论。该类型产业集群的形成动力是集聚地存在丰富的农产品加工原料和其他如传统工艺、优惠政策、区域文化、专业市场等优势资源，农产品加工企业在这些区域内聚集进行生产活动具有低成本优势。资源型农产品加工产业集群是一种初级形态的集群模式，集群内企业多为中小型企业，以加工同质低价值的农业初级产品为主，创新意识和创新能力不足。企业间合作程度低，因为生产的产品无差异，而又面对同样的原料市场和产品销售市场，所以企业间存在激烈的竞争关系。企业在当地政府的领导和行业协会等组织的引导下，以共同体的形式同外界进行贸易、知识和信息的交流。

（2）链条型农产品加工产业集群

链条型农产品加工产业集群的形成符合产业链分工协作理论。该类产业集群的形成动力是产业价值链上下游企业之间紧密协作和专业化生产，因提高生产效率、降低交易成本而产生的集群效益。链条型农产品加工产业集群是比较成熟和完善的集群模式。集群内农产品加工企业多为中小型企业，但存在一家以上大型的核心企业。核心企业处于产业集群的支配地位，众多中小企业处于外围或下属，主要为核心企业进行专业化配套加工或提供销售等专业化服务。集群内企业间存在比较清晰的"链条"关系，上下游中小企业与核心企业是基于产业价值链的合作关系，而核心企业之间存在竞争关系。核心企业经济实力强，负责产品技术难度高、附加值大的加工环节，因此集群内技术创新大多由核心企业单独或与高校科研机构合作进行，其成果再向上下游企业推广。集群内企业间知识流动频繁，学习机制效应明显。集群地基础设施完善，中介服务和金融等中间性组织健全。

（3）循环型农产品加工产业集群

循环型农产品加工产业集群的形成符合循环经济理论。该类型产业集群的形成动力是循环经济作用下集群共同体创造的巨大的经济、社会和生态效益。循环型农产品加工产业集群是高级的生态化集群模式，符合循环经济的"3R"（资源的减量化、产品的反复使用和废弃物资源化）原则。该类集群把农产品加工业与其他相关联产业加以协调，并融合当地的自然和社会基础条件，充分发掘集群所产生的内生资源，是一种良性的循环产业集群。集群内存在三种类型的企业：①生产型企业，主要是以农产品原料为加工对象的企业。②消费型企业，主要是与农产品加工业配套的相关产业的企业，如以屠宰行业中动物羽毛为原料的羽绒制品行业的企业，以纺织业布匹产品为原料的服装生产行业的企业。③分解型企业，主要是以农产品加工企业生产过程中产生的废弃物为原料的企业，如以鸡粪为原料的发电企业和以动物内脏为原料的生物肥料企业。这三类企业在政府政策引导、合理规划和中介服务组织的协调下，实现企业间的物质和能源的循环利用。集群内企业间多为相互依存的紧密合作关系，生产技术先进，产品科技含量高。集群体对知识的依存度高，集群内知识流动频繁且与外界联系频繁，具有较强的创新意识和高水平的创新能力。

（4）不同类型农产品加工产业集群的特点比较

不同类型的农产品加工产业集群在集群驱动力、企业规模、企业间关系、价值链、资源利用方式、技术创新、知识依存度和竞争战略等方面有很大的差异。从集群的等级来说，资源型最低，链条型居中，循环型最高。这也从定性角度证明了演化发展中的产业集群形态对应相应的发展阶段这一观点。处于不断发展中的农产品加工产业集群其形态遵循资源型→链条型→循环型的动态演化模式。

第三节 农产品加工产业集群发展的模式、功能效应和演化态势

农产品加工产业集群是农业产业集群的一个重要发展模式，其竞争力主要源于集聚产业网络组织所生产的规模经济和范围经济效益、外部经济效益、联

合效率以及区域创新网络。农产品加工产业集群主要以工业园区、专业镇、加工示范地、小企业创业基地等为载体形式。

农产品加工产业集群形成后，不是静止不变的，与其他经济组织一样，是动态发展的，有其产生、发展和衰落的过程，其竞争优势也会随时间的变化可能增强或削弱。本节主要探讨农产品加工产业集群发展的模式、农产品加工产业集群的功能效应和演化态势。

一、农产品加工产业集群发展的模式

农产品加工产业集群在发展模式上，围绕产业集聚演变的规律，以生命周期为基础理论展开分析，可分为发展型模式、停滞型模式、转移型模式和衰败型模式。从集群发展的影响因素划分，产业集群发展模式有：空间集聚型模式（如意大利东北部产业集群）、创新推动型模式（如美国硅谷高新技术业集群）、轴轮式模式（日本丰田汽车产业集聚）、内生型模式（如长三角地区产业集聚模式）、嵌入型模式（如珠三角地区产业集群模式）等。从产业生态的视角，可将产业集群发展模式划分为资源型、产业型、网络型和生态型等产业集群模式。从产业集群成长升级的角度出发，以集群企业间竞合度和集群体对知识的依存度为维度，可将农产品加工产业集群模式分为三种类型：资源型农产品加工产业集群、链条型农产品加工产业集群、循环型农产品加工产业集群。

按照不同的标准，产业集群发展可划分出不同的模式。一般可从集群的组织形式、内在作用机制和外在作用机制的角度来划分。

1. 从集群的组织形式角度划分

组织形式通常指的是企业外部的社会经济联系与内部分工协作的方式。就农产品加工产业集群的组织形式来说，主要是指集群内加工企业之间、企业与农户之间、企业与其他机构（如行业协会、专业合作组织、科研机构等）之间的联系与协作方式。

（1）"公司＋农户"型

该模式以农产品加工和经销企业为龙头，企业与农户通过契约形式结成产加销一体化的经济实体。这是农产品加工产业发展过程中的原初模式，其组织结构相对松散，农户与公司之间的联系缺乏制度性约束，公司在收购农户的农产品时会因为市场波动、农产品的质量和规格等方面的因素而使农户的收益得不到必要的保障，有时农户即使当年丰产但收入可能并不理想。这些农户数量众多，但都是散户，力量不集中，因而在与公司或加工企业的利益斡旋中常常处于下风,这在一定程度上挫伤了农户的生产积极性;反过来,农户生产积极性的消退又给加工企业带来原料供应上的难题。如此恶性循环会损害供需双方的利益,不利于农产品加工产业的发展。

(2)"公司+基地+农户"型

这种农产品加工产业集群模式是以农产品加工公司和基地为基础、以农户生产原料为辅助的集群模式。其特点是公司具有农产品加工和精深加工能力,公司自有的生产基地是公司生产原料的基本保障,生产基地与农户在自愿、平等、互利的前提下建立稳定的合作关系,规定各自的权利和义务,保障公司生产原料的长期供应。

(3)"公司+农民专业合作社+农户"型

这是一种对农业产业化利益联结机制的创新模式,农民专业合作社能够促进农民与企业形成紧密的利益共同体。农产品加工企业首先以契约的形式与农民专业合作社相联结,规定农民专业合作社对农产品收获时所应交售的标的物的质量标准、数量、价格,同时规定企业必须按时收购农产品、按时返还货款以及发放红利。然后,合作社把指标再分配给每一个农户,产前、产中、产后的社会化服务可以由龙头企业也可以由合作社提供。收购时,中介组织先收购农产品,进行或不进行初级加工均可,再交售给企业。

(4)"公司+协会+农户"型

"公司+协会+农户"模式以行业协会作为联系公司与农户的纽带。作为介于政府、企业之间的非政府、非营利组织,行业协会代表本行业全体企业的共同利益,向政府传达企业的共同诉求,制定相关行约和标准,并对行业职业行为进行规范和监督,为企业提供相关信息咨询、教育与培训等服务。农产品加工业协会的人员构成,除了政府领导和农委领导以及相关工作人员外,其余都是加工企业和公司的高管,其会员就是这些高管所在的企业。行业协会除了直接使用"协会"的名称外,还可使用"商会"等名称。该协会的职能主要是通过企业间的交流和对接,开展与其他国内外地区同类企业的交流与对接,并且在科学管理、经营等方面开展指导培训,使企业改变单打独斗的局面,形成优势互补、联手协作的联结机制,也有利于加强对会员单位的创新管理。

2. 从农产品加工产业集群形成内在作用机制角度划分

从农产品加工产业集群形成内在作用机制角度划分,农产品加工产业集群模式一般可以分为龙头企业带动型、特色资源带动型、多种资源带动型。所谓内在作用机制,是指集群的成长和发展主要来自集群内部因素的推动,内在因素的相互作用关系促进集群的发展壮大。

（1）龙头企业带动型的农产品加工产业集群

这种产业集群模式突出了龙头企业在集群中的作用，它通常以农产品加工或者流通企业作为龙头，通过多样化的利益联结机制，如股份合作制、签订合同或契约等，来促进农户从事相关专业的生产或养殖，把生产、加工和销售等环节有机地结合起来，实现经营的一体化。龙头企业带动型集群模式，还可以根据龙头企业的多少分为"多核式""双核式"和"单核式"模式。多核式是指在某产业集群内部有多家核心企业或龙头企业，双核式是指在产业集群中有两个龙头企业，单核式则是指在产业集群中有一家龙头企业。

（2）特色资源带动型的农产品加工产业集群

这种产业集群模式是以区域特有的农产品资源为基础，通过产业链的延伸，将生产、加工、物流、商贸、综合服务有机结合而形成的综合园区。这种资源带动型产业集群模式的主要特点是集群内企业数量众多，但规模普遍较小，其存在的主要依据是区域内丰富的特色农产品资源。

（3）多种资源带动型的农产品加工产业集群

这种产业集群模式是以区域的多种农产品资源为基础，通过产业分工，在不同的产业链上形成各自的产业群，这些产业群相互联系和相互支撑。该模式与"多核式"龙头企业拉动型有一定的相似之处，但不同之处在于，多种资源带动型产业集群模式是依靠资源因素使企业集聚的，突出特点是同时将不同生产链的企业集中于同一集群内部，在集群内部形成多个企业加工多种农产品的现象。

3. 从农产品加工产业集群形成外在作用机制角度划分

从农产品加工产业集群形成外在作用机制角度划分，农产品加工产业集群模式一般可以分为政府推动型、市场拉动型和综合作用型。所谓外在作用机制，是指在集群形成培育和发展过程中，外部因素所扮演的角度和作用。

（1）政府推动型的农产品加工产业集群

该模式由国家和各级政府制定促进农产品加工业集群化发展的政策，扶持和支持农产品加工企业进入工业园区，进而形成农产品加工产业集群。此种类型通常是在欠缺某种资源基础、集群的自发生成能力不足或规划在短时期内迅速提升产业竞争力时由政府指导形成。

（2）市场拉动型的农产品加工产业集群

该模式集群形成之初在区域经济范围内存在着一定规模的专业化市场。相当数量的企业围绕专业化市场展开生产销售，企业为了获取集聚效益而自发集中起来，然后通过专业化市场与企业的联动而形成产业集群。

（3）综合作用型农产品加工产业集群模式

这种模式表现为政府和市场在集群形成和发展过程中共同发挥作用，是政府推动型和市场拉动型的综合。按照产业集群发展的一般规律，当一个产业发展接近成熟时，这种综合作用型模式是普遍存在的。但是市场与政府在产业集群形成前后的作用并不是等同的，而且可能会由于用力不均或方向各异使得集群发展受阻，这需要各方加强沟通与协调。该模式产业集群在形成雏形之前通常是市场起主导作用，按照市场的规则由企业自发集聚；而当产业集群成形或即将成形阶段，政府发挥着积极的推动作用，对于集群的规范化发展有重要影响。但是在政府介入之后，市场仍然在产业集群发展中扮演着重要角色。吉林省目前发展比较成熟的农产品加工产业园区，通常属于综合作用型模式。

4. 不同发展模式对比

每一种集群发展模式的诞生都有其特殊的原因或存在理由，现有的每种发展模式既有其优势，也或多或少存在缺点与不足。需要指出的是，各示范区或示范基地对应的发展模式只是相对的，在具体发展过程中存在相互交叉的情况，各种推动力量也存在相互交织的情形。

二、农产品加工产业集群的功能效应

1. 推动区域经济增长

农产品加工产业集群实际上是把产业发展和区域经济通过分工专业化与交易的便利性有效地结合起来，形成一种有效的生产组织方式，这是推动区域经济增长的重要方式。主要表现为：一是产业集群能够提高区域生产效率。大量的中小型农产品加工企业集聚于一定区域，可以进一步加深区域内的生产分工和协作。企业在这种集群内发展，除了可分享因分工细化而带来的高效率外，还由于空间的临近性，大大降低因企业间频繁交易而产生的交通运输成本。此外，在现代产业集聚体内，经济活动主体的合作交易往往能够在社会文化背景和价值观念上达成共识。这种基于社会网络信任基础的合作分工，能减少企业之间的相互欺诈，对于维持集群稳定和提高生产效率起着非常重要的作用。

2. 规模经济效应

单个农产品加工企业生产能力的扩大可给企业带来规模经济，具体表现为：一是同产业的企业利用地理接近性，通过合资、合作或建立联盟等方式共同进行生产、销售等价值活动，可提高经济活动的效益。二是产业集群内的农产品加工企业，便于采用和推广相同的技术标准，提高该标准的认可程度，并且产业集群对新标准的制定也有较大的影响力，有时甚至可参与标准的制定。三是产业集群的知名度也能吸引更多供应商和销售商，扩大企业的交易范围，争取更有利的交易条件，提高企业的获利水平。

3. 区域创新

产业集群形成创新激励效应。产业集群内农产品加工企业的激烈竞争，可对企业自身形成强大的压力，并转而成为多数企业的强烈创新动力，迫使企业加快技术创新步伐，或者提升产品质量和产品档次、改善服务；或者将同质性竞争转变为差异化竞争，开发新的产品品种和工艺技术。产业集群形成创新交流效应。

4. 强化区域品牌效应，提升区域竞争能力

产业集群可以形成持久的联合品牌效应，农产品加工集群也是如此。一方面可以使每个企业都受益，节省企业的宣传和营销费用；另一方面由产品品牌、集群品牌引致的区域品牌比单个企业的品牌具有更广泛、更持续的效应。尤其对于中小农产品加工企业来说，市场营销是其软肋。受资金、人力资源等方面的制约，中小企业往往不能实施大规模、大范围的营销活动，从而使其在企业形象的对外宣传方面显现出弱势。农产品加工产业集群通过把相互关联的中小企业有机的联系在一起，形成以利益为导向、关系紧密的统一体，进而展开合作营销，不仅可以节约成本，还有利于统一的区域品牌形象的建立。所以，通过农产品加工产业聚集而快速发展起来的区域，往往具有更强的创新功能和竞争能力。

三、农产品加工产业集群的演化

从理论上看，产业集群演化机制研究是产业集群的基础理论，只有产业集群形成与演化机制研究清楚了，才能揭示产业集群发展的内在经济规律，才能进一步开展其他相关研究；对农产品加工产业集群演化机制进行研究，可为对农区产业集群开展研究、制定政策打下基础，因此具有积极的理论意义。

从实践看，传统农产品加工产业集群在吸纳农村剩余劳动力、提高农民收入、提升产业结构、促进农村工业化、加快工业化进程方面发挥了重要作用，对区域经济发展和竞争力提升具有积极作用，引起了区域内各级政府和规划部

门的极大兴趣，各地政府都在积极引导和培育本地产业集群。但实践发现，很多主观引导和培植产业集群的行为并没有取得成功，有些地区还导致群内企业外迁甚至衰落死亡，其根本原因就是没有搞清楚产业集群的形成与演化规律，没有按产业集群的形成发展规律办事，主观上的"拔苗助长"只能适得其反。此外，对于一些已经形成的产业集群，如何保持稳定、避免衰落、制定合适政策以提升其竞争力也是亟须解决的问题，而这同样需要对产业集群演化机制进行研究，以制定正确的政策。因此，对农业品加工产业集群演化机制研究，不但具有积极的理论意义，而且具有积极的实践意义。

1. 产业集群演化机制研究

产业集群形成后不是静止不变的，而是与其他经济组织一样，是动态发展的，有其产生、发展和衰落的过程，其竞争优势也会随时间的变化增强或削弱。关于产业集群演化的研究，克鲁格曼、波特认为典型集群的成长周期包括集群形成、持续增长、饱和与转型、衰退、解体或复兴成长等五个阶段。意大利集群理论学家布诺梭则提出两阶段模型，根据对意大利产业集群的研究将集群分为两个阶段：把无政府干预的集群的自发成长称为第一阶段；当集群成长到一定规模后，政府或当地行业协会开始干预集群的成长，向社会提供更多社会化服务，此为第二阶段。Guerrieri & Pietrobelli（2001）则根据意大利的经验，将集群发展分为区域生产专业化阶段、地区生产系统化阶段、区域系统化阶段三个阶段。他指出，在区域生产专业化阶段，企业只是集中于某一地区，这可能是因为该地区有特殊优势（如低成本的劳动力），各个企业争夺共同的市场，企业之间并没有过多的联系；到了地区生产系统化阶段，企业之间的联系增多了，同部门企业开始合作，不同部门也开始形成稳定的组织结构；而在区域系统化阶段，产业集群完全成熟，内部结构复杂而完善，集群内企业和组织联系紧密而稳定。奥地利区域经济学家 Tichy G（1998）借鉴佛农的产品生命周期理论，从时间角度将集群生命周期划分为诞生阶段、成长阶段、成熟阶段和衰退阶段。随后，Ahokangas 和 Rasanen（1999）提出了一个演化模型，从时间维度将产业集群的成长过程分为起源和出现、增长和趋同、成熟和调整三个阶段，运用演化理论分析了集群产生、发展和衰落的过程及其机制，揭示了产业集群不同阶段的发展特点，在很大程度上完善了对集群发展演化过程的研究。我国的符正平（2003）则提出了集群成长的斯密阶段和钱德勒阶段的划分；朱华晟（2004）则对浙江传统产业集群的成长进行了研究，揭示了社会网络机制在集群成长中的作用，并分析了市场竞争的加剧、企业追求利润的动力等一些演化动因；李新春（2002）从企业资源能力获取与创造角度分析了集群的成长；傅京燕、邓杰（2003）则分析了地方政府在集群中的作用。尤其值得一提的是，李二玲（2006）对中国中部农区产业集群企业的网络演化进行了研究，对欠发达地区产业集群的研究提供了有益借鉴。

从上述研究可以看出，国内外对产业集群演化机制的研究主要集中在两个方面：第一，对产业集群生命周期的研究，主要根据对不同地区产业集群的研究，对产业集群生命周期进行不同的划分，并分析其各阶段的特点、影响因素等。我们也可以发现，上述各学者多是对产业集群生命周期的一般形态进行研究，但实际上产业集群并不是以稳定的一般趋势或常态而同向发展的，在其一般趋势发展中还往往伴随着早夭、突变等特殊形态，还会因受环境、市场等因素的影响而向不同方向演化。第二，对产业集群演进动因的分析，多是从相对静态的角度出发，将注意力放在市场竞争、网络机制、资源能力、政府作用等方面来分析集群演化发展的原因，而忽视了集群中企业作为一个经济个体，其天生具有趋利性，追求利润最大化，即追求收益最大化。同时，也没有描述导致产业集中的动态过程，忽略了在不同的条件下，产业集群集中的程度与持续性是不同的，从而没有从更一般的角度揭示其演化的内在机理。实际上，任何产业集群的形成和演化发展，可以使集群产品在企业内部高度分工，形成专业化分工协作体系，降低集群成员的交易成本，从而提高集群内企业的效率，使得集群在竞争中获得更大收益和竞争优势。而企业则往往会根据条件的变化所导致的企业收益的不同，决定是否参与或退出集群，从而使集群的演化成为一个动态发展的过程。

2. 农产品加工产业集群的演化方向

市场需求、技术、竞争对手等条件的变化，会引起农产品加工产业集群相应的变化。在其演化中，会向好的方向的演化，即正向演化，如通过产业集群转型、升级等发展壮大，提高竞争力；也会向不好的方向演化，即负向演化，产业集群遇到风险，导致衰落和消亡瓦解。

（1）农产品加工产业集群的正向演化

农产品加工产业集群的正向演化体现在四个方面：①集群的整合和衍生。为了适应激烈的市场竞争，根据自身发展的需要，在市场和当地政府的作用下，会对群内的企业进行一定的整合。整合包括大小企业间通过专业化的分工和协作，形成完整的价值链和产业链，实现更亲密的合作。通过集群内企业间的整合，集群以最经济合理的原则调整集群内的网络关系，创建统一品牌，统一区域营销战略，建立共同的营销网络，从而提高集群的竞争力。另外，产业集群内一些企业为了减少相似产品的高度竞争，会开发生产出与集群原来产品功能、用途、特性等差异较大的产品，从而使产业集群得以衍生，在原来产业集群的基础上衍生出新的产业集群。②集群与所在区域融合，互动发展。产业集群本质上是产业与特定区域的有机结合，产业集群大多发生在传统农区的特定区域。一方面，集群在发展中会根植于本地特定的资源、历史和文化，从而与当地经济有机融合，相互促进，相互发展；另一方面，集群会不断向临近区域扩展，将附近的资源等不断纳入集群体系，从而带动当地经济发展。③集群向异地的迁移和扩展。在产业集群形成初期，由于偶然因素、历史形成等原因，集群在一定程度上处于封闭状态，集群的发展更依赖于当地的资源。随着集群进入成长期和成熟期，集群与外部的资金、信息、人才等的交往日益增多，其封闭状态被打破；同时，集群内土地、劳动力等成本会随着集群内企业的激烈竞争和可利用资源的减少而快速上升，导致企业利润下降。此时，一部分企业出于竞争和成本的需要，就会向异地迁移和扩展。一般来说，主要采取在异地建立生产基地，企业的一部分设计中心或营销部门、决策总部等迁移到异地等。④集群的国际化。随着全球经济的一体化，全球经济的联系越来越紧密，集群不只是与本区域、国内发生联系，而且逐渐与国际市场紧密联系，一些有竞争力的集群，通过产品的国际化，发展速度大大加快，从而促进集群的发展。

（2）农产品加工产业集群的负向演化

农产品加工产业集群的负向演化体现在三个方面：①集群的衰退。集群在发展过程中，如果遇到市场需求的转移、新技术的产生、集群生产技术落后、原材料上涨等，而集群本身的创新和应变能力很弱，不能适应市场等外部条件的变化，那么在市场竞争中就会处于不利地位，逐渐丢失市场，造成集群的衰退。②集群的瓦解。集群在形成时期往往相互模仿，缺少创新，从而产品差异性小，而面对的客户有限，供大于求，为了竞争，集群内企业相互压价，从而引起企业间恶性的价格竞争，甚至有的企业以次充好，生产假冒伪劣产品，进行不正当竞争。由此，集群内企业间正常的分工协作、竞合机制、信用机制等遭到严重的破坏，严重损害了集群的品牌和声誉，如不进行有效的治理，集群就开始出现瓦解，群内一部分企业就会外迁，而保留的企业由于原有的分工协作、网络体系、品牌等已遭到破坏，很难再发挥集群的集聚效应、规模效应，竞争力就要受到较大影响。如任其发展，集群就有可能出现瓦解。③集群的消亡。集群进入衰退期后，由于市场需求的转移、新技术的产生、缺乏创新等原因，集群的主导产品逐渐丧失竞争力，发展速度呈现负增长，生产规模逐渐缩小，集群内的企业开始倒闭或向其他产业转移，成员数量减少，原有的专业化分工体系不复存在，集群逐渐消亡。此外，国家政策的变动（如新的环保政策的出台、禁止生产某种产品等）、自然灾害等也会导致集群的快速消亡。

第四章　达州特色农产品资源竞争力分析

农产品加工产业集群具有突出的"地方根植性"。富有特色的优势农产品资源是培育农产品加工产业集群的重要基础条件。理性审视达州市情，对达州农产品资源进行再认识，是达州培育农产品加工产业集群的前提条件。本章重点阐述特色农产品的发展和"特色"塑造，构建反映达州特色农产品资源竞争力的指标体系及测定方法，分析达州特色农产品资源竞争力的现实基础。

第一节　特色农产品发展和"特色"塑造

"特色"是事物所表现的独特的色彩和风格。特色农产品是由特色农业提供的。发展特色农业是区域经济发展中的重大战略问题之一。当前，我国农业和农村经济正在进行战略性结构调整，一个重要目标就是通过产业结构调整，逐步形成各具区域特色的产业经济体系，并使之成为带动或支撑地方经济增长的一支重要力量。为此，培育和大力发展农产品加工产业集群就十分重要。发展农产品加工产业集群必定要依托特色优势农产品资源。本节重点考察特色农产品资源的科学内涵和特点、特色农产品的"特色"塑造、特色农业品的发展道路。

一、特色农产品的内涵和特点

1. 农产品及其分类标准

"农产品"是一个内涵丰富、外延广阔的概念，是经济活动中使用频率极高的一个词，如初级农产品、生鲜农产品、有机农产品、绿色农产品、名特优新农产品、无公害农产品、转基因农产品、免税农产品，等等。众所周知，在不同的语言环境中，"农产品"的内涵和外延具有很大的差异性。因此，对"农产品"进行准确界定和科学分类是一件既重要又困难的事情。

国际上比较流行的对农产品的界定和分类标准有两种：HS（编码协调制度）分类标准和SITC（国际贸易标准分类）分类标准。①HS分类标准。由国际海关理事会制定，英文名称为The Harmonization Code System（HS–Code）。HS编码共有22大类98章。国际通行的HS编码由2位码、4位码及6位码组成，分别代表"章""目"及"子目"。本书即采用HS分类法。②SITC分类标准。英文名称为Standard International Trade Classification（SITC），由联合国经济社会理事会正式通过，目前为世界各国政府普遍采纳的商品贸易分类体系。到2006年为止，该标准分类经历了四次修改，最近的一次为第四次修订。该分类法将商品分为为10大类、63章、223组、786个分组和1924个项目。在它的编号中第一位数字表示类、第二位数字表示章、第三位数字表示组、第四位数字表示分组。如果对分组再进行细分，五位数即表示品目，六位数字表示细目。

在我国，2006年开始实施的《农产品质量安全法》首次对"农产品"做出了明确的官方界定，明确指出"农产品是来源于农业的初级产品"，即在农业生产中获得的植物、动物、微生物及其产品。按照习惯和传统，通常把农产品分为粮油、果蔬及花卉、林产品、畜禽产品、水产品和其他农副产品六大类。

（1）粮油

这是对谷类、豆类、油料及其初加工品的统称。按粮油植物学科属或主要性状、用途可将粮油分为原粮（禾谷类、豆类、薯类）、成品粮、油料（草本油料、木本油料及非食用油料、食用油料）、油脂（食用油脂、非食用油脂）、粮油加工副产品、粮食制品和综合利用产品等七大类。又可将其分为主粮和杂粮、粗粮和细粮，等等。

（2）果蔬及花卉

它是蔬菜、果品、花卉的总称。蔬菜按食用器官可分为以下几类。①根菜类，如萝卜、豆薯。②茎菜类，如莴笋、竹笋、莲藕、芋头。③叶菜类，如小白菜、大白菜、大蒜、大葱。④果菜类，如茄子、黄瓜、菜豆。⑤花菜类，主要有黄花菜、菜花。⑥食用菌类，如香菇、木耳。按农业生物学可分为根茎类、白菜类、芥菜类、甘蓝类、绿叶菜类、葱蒜类、茄果类、瓜类、豆类、水生菜类、多年生菜类和食用菌类等12类。果品按果实构造可分为以下几类。①仁果类，如苹果、梨、山楂。②核果类，如桃、枣。③浆果类，如葡萄、香蕉。④坚果类，如核桃、板栗。⑤柑橘类，如柑、桔、甜橙、柚、柠檬。⑥复果类，如菠萝、菠萝蜜、面包果。⑦瓜类，主要指甜瓜、西瓜。按商业经营习惯，果品可分为鲜果、干果、瓜类以及它们的制品四大类。花卉，从字面上讲，是指开花的植物。《辞海》中的解释是"可供观赏的花草"。广义上的花卉是指凡是花、叶、果的形态和色彩、芳香能引起人们美感的植物，这些植物统称为观赏植物。根据花卉的形态特征和生长习性可分为草本花卉、木本花卉、多肉类植物、水生类花卉和草坪类植物。根据花卉的观赏器官可分为如下几类。①观花类（如菊花、仙客来、月季等）。②观叶类（如文竹、常春藤、五针松等）。③观果类（如南天竹、佛手、石榴等）。④观茎类（如佛肚竹、光棍树、珊瑚树等）、观芽类（常见的有银柳等）。根据花卉的经济用途可分为如下几类。①观赏用花卉。花坛用花，如一串红、金盏菊等；盆栽花卉，如菊花、月季等；切花花卉，如菊花、百合等；庭院花卉如芍药、牡丹等。②香料用花卉，如白兰、水仙化、玫瑰花等。③熏茶用花卉，如茉莉花、珠兰花、桂花等。④医药用花卉，如芍药、牡丹、金银花等。⑤环境保护用花卉，具有吸收有害气体、净化环境的花卉，如美人蕉、月季、罗汉松等。⑥食品用花卉，如菊花、桂花、兰花等。

（3）林产品

其是指把开发森林资源变为经济形态的所有产品。可分为两大类：一类是木材及各种木材加工制品，另一类是经济林及森林副产品。木材是林业的基本产品。经济林产品主要有以下几类。①木本油料，如核桃、茶油、橄榄油、文冠果油等木本食用油以及桐油、乌桕油等工业用油；②木本粮食，如板栗、柿子、枣、银杏及多种栎类树种的种子；③特用经济林产品，如紫胶、橡胶、生漆、咖啡、金鸡纳等。

（4）畜禽产品

广义上主要是指肉、乳、蛋、禽、脂、肠、皮张、绒毛、鬃尾、细尾毛、羽毛、骨、角、蹄壳及其初加工品等。从狭义上，通常把肉、乳、蛋、脂、禽属食品和副食品列为畜禽产品，而把皮张、绒毛、鬃尾、细尾毛、羽毛、肠衣属畜产品列为废旧物资，把骨、角、蹄壳列为中药材商品。

（5）水产品

这是指水生的具有一定食用价值的动植物及其腌制、干制的各种初加工品。水产品按生物学分类法可分为藻类植物（如海带、紫菜等）、腔肠动物（如海蜇等）、软体动物（如扇贝、鲍鱼、鱿鱼等）、甲壳动物（如对虾、河蟹等）、棘皮动物（如海参、海胆等）、鱼类（如带鱼、鲅鱼、鲤鱼、鲫鱼等）、爬行类（如中华鳖等）；按商业分类可分为活水产品（包括海水鱼、淡水鱼、元鱼、河蟹、贝类等）、鲜水产品（含冷冻品和冰鲜品，包括海水鱼、淡水鱼、虾、蟹等）、水产加工品（按加工方法分为水产腌制品和水产干制品，包括淡干品、盐干品、熟干品；按加工原料分为咸干鱼、虾蟹加工品、海藻加工品、其他水产加工品）。

（6）其他农副产品

这主要指除农产品的粮油、果蔬花卉、林产品、畜禽产品、水产品的主产品外的烟叶、茶叶、蜂蜜、棉花、麻、蚕茧、畜产品、生漆、干菜和调味品、中药材、野生植物原料等产品。

2. 特色农产品及其基本特征

特色有与众不同或更为优秀之意，本质上是指差异性。在日益激烈的市场竞争环境中，不断保持差异性是建立持久竞争优势的关键。在传统农业发展过程中，只有由于地理环境、技术等因素形成的一些具有特殊形态和品质的农产品才能称为特色农产品。特色农产品是指在特定的自然地理环境条件下，依据独特的农产品加工技术手段，将特定区域内独特的农业资源开发出的特有的农业产出品。特色农产品是特色农业发展的产物。特色农产品既受传统产业的影响，又各具地方特色和区域特征，具有唯一性和区域性。相对一般农产品，特色农产品一般具有明显的地域特色、独特的资源条件、特殊的产品品质和特定的消费市场。

特色农产品是区域内独特的农产品，开发区域内特有的名优农产品转化为特色商品是特色农产品加工的主要目的。作为特色农产品，应具备四个基本特征：

（1）生产的区域性

即块状化的区域分工和专业化的生产格局明显，农业产业化水平较高，特色农业产业链基本形成。不同区域地理环境、气候条件、土壤墒情、日照状况等自然条件的差异，会直接影响农产品品质的形成。因此，特色农产品总是布局在最优生产区域。特色农产品对特定的自然资源条件有较强的依赖性，这决定了特色农产品生产具有很强的区域性特征。

（2）产量的规模性

即产量达到一定规模、产业可延伸性较强，有进行市场开发的价值。在现代经济条件下，特色农产品的生产效益与产品的产量规模紧密相关，只有在一定的产量条件下才能形成商品优势。因此，特色农产品必须以规模为依托。

（3）品质的优良性

即产品品质独特、功能特殊、有一定认知度。与传统农产品相比，特色农产品不仅体现在农产品品质的特殊性上，还体现在品质的优良性上。如果没有特色农产品的优良品质作为保障，就无法形成有效的特色农产品市场需求，也不可能带来较高、持续的经济效益。"名、优、特、新、稀"是特色农产品品质表现的基本形式。这些特色既有可能来自于先天具备的比较优势，也有可能是后天所形成的竞争优势。

（4）市场的拓展性

即目标市场明确，现实市场竞争优势明显，潜在市场需求旺盛。特色农产品最终需要接受市场的检验，只有能充分满足市场需要的农产品才有条件成为特色农产品。

二、特色农产品的"特色"塑造

从一定意义上讲，特色农业资源的开发利用过程，就是特色农业的发展过程，也就是特色农产品的"特色"塑造过程。特色农产品的发展和特色农产品的"特色"塑造要坚持"资源依托、市场导向、产业开发、规模适度、科技支撑、生态文明"的基本原则。除此之外，还要采取适当的策略，探寻有效的路径。农产品生产企业培养和发展自己的"特色"农产品的策略和方法，有以下几种。

1. 改进生产流程：创造特色

农业生产方式、生产工艺流程直接影响农产品的品质。例如，采用污染水源灌溉，既严重影响农产品的品质，也严重影响农产品的安全性；农业生产中农药选用的种类、比例和使用方式，直接决定农产品中的农药残留量的大小；播种时间、收获时间、灌溉时间的安排和选择，修剪、嫁接技术的使用以及生物激素的作用，都会造成农产品的品质差异。在市场中，同一类家禽由于其喂养方式不一样，往往价格也不一样。现实中就有企业开始利用特色的喂养方式来饲养动物。在四川，有人用牛奶来喂养猪，生产出来的猪肉在市场上每斤能卖到60元以上，而且产品供不应求。另外，有部分养鸡农户将养鸡场设在山上，任鸡漫山遍野地疯跑，而且定时为鸡播放音乐，利用这种方式喂养出来的鸡在市场中的价格远远高出普通鸡。因此，在农产品生产过程中，生产企业（或农户）可以通过改造、改进、创新生产工艺流程来打造农产品的特色。

2. 实施差异包装：体现特色

"人靠衣裳马靠鞍。"消费者对农产品"特色"的认同和强化也需要"包装"。"包装"是消费者对农产品视角感受的第一步，也是展现农产品优良品质最直接的手段和载体。农产品包装既要获得消费者视角和心理上的双重认同，也要与农产品的优良品质相匹配；既要体现农产品"土生土长"的原生态形象（原汁原味、原生淳朴、原生品味），也要反映农产品从地域特色鲜明中所承载的区域特色文化背景；既要具有时尚风格元素，也要适应消费者对趣味性的追求。可以说，农产品的包装问题是现阶段制约特色农产品发展的一个瓶颈问题，也是制约我国农产品品牌国际化发展的重要因素。实践证明，独特的包装和广告是"体现"和"强化"农产品"特色"的重要工具。

3. 推进科技进步：孕育特色

科学技术是农产品"特色"的核心支撑。在农产品生产过程中推广运用高新技术，能够使农产品的性能、成分、外观、工艺等发生显著变化，从而提升产品的价值。不断研制新型种子、肥料、生长素、添加剂等，或改变作物生长的光照、水分、土壤等环境，或改进生产工艺、生产方式，都可以使产品与众不同。农产品生产与生物技术、信息技术、新材料技术、先进制造技术、精准农业技术等有密切的联系，良种选育、质量监管、节水灌溉、农机装备、新型肥药、疫病防控、加工储运、电商物流等，可以说，从"田间"到"餐桌"的全过程都需要科学技术的支持。先进科学技术成果的运用和推广，是农产品提升品质、改良营养、确保安全的可靠保障。科技进步是农产品"特色"最可靠的源泉。

4. 创新营销渠道：涵养特色

开拓营销网络、创新营销方式是扩大农产品影响能力、提高农产品在市场上的地位和份额、涵养农产品自身"特色"的重要手段和途径。一瓶矿泉水放在五星级大酒店和放在路边小摊上的价钱是不一样的。蒙牛的"特仑苏"牛奶为了显示出特色，所有的"特仑苏"都不得拆箱，一律整箱出售。一般的农产品交易都在农产品市场，而特色的农产品可以放在会所、酒店的柜台出售。选择在这里销售，既可以提高其地位，减少与其他同类产品的竞争，又可以给消费者耳目一新的感觉。在国外有一个大型的鲜花经营商，在新培育的花积压的情况下，利用邮购的方法，直接将产品寄到客户手中并附上一张汇款单和一张纸条，上面写着："如果您喜欢这束花，请将花钱汇往公司；如果您不喜欢，就请您将花扔掉！"结果产品热销，这位花商也取得了可观的利润。因此，利用独特的营销网络、营销渠道和营销方式可以涵养农产品的"特色"。

5. 完善售后服务：强化特色

研究表明，开发一个新客户的成本是留住老客户成本的 8 倍，所以精明的企业都应该学会留住客户。开发出特色的售后服务是留住顾客的有效手段。在台湾有一位米商，每次都会将顾客买米的时间和种类做记录，之后每隔相应的时间，他就按照客户的习惯将米送至客户的家门口。这种做法，使他很快击垮了竞争对手，占领了市场。现在，会员制在产品销售当中起到了重要作用，优秀的售后服务不仅可以使消费者对产品产生依赖，而且"会员"可以以此显示其身份地位。农产品的"特色"塑造离不开健全、完善、专业、社会化的售后服务体系的支持。

6. 推广品牌文化：提升特色

品牌是农产品的金字招牌，是农产品的核心竞争力。品牌是农产品自身的"特色"经过形成、发展、强化、提升到一定阶段和一定水平的结果。从这个意义上讲，农产品"特色"的塑造过程就是农产品"品牌"的形成过程；同时，农产品品牌一经形成又能极大彰显和强化农产品的自身"特色"，因为品牌能够让企业（或农户）产生获利效应、竞争效应、扩展效应、乘数效应，品牌具有强化消费者的心理认同、引领消费者的消费倾向的强大功能。当前，无论是农产品生产企业还是地方各级政府，都非常关注创建各种层级的"知名商标""著名商标""驰名商标"，非常重视获取"有机农产品""绿色农产品""无公害农产品"以及"资源原产地""质量认证体系"等各种"认证"，这充分体现了农产品"品牌"的巨大价值。

7. 铸就优良品质：保障特色

所有的特色都应该以优秀的品质作为基础，在此基础上才能够发展其特色。消费者对农产品品质的判断往往是从色彩、风味、香气、口感、营养成分、安全性以及外观包装等方面用实用性、营养性、食用性、安全性、经济性等指标来衡量和评估。因此，农产品的品质体现可以分为三类：①营养品质，核心是农产品所含的营养成分。营养品质是农产品的内在品质，是最根本的品质体现。②加工品质，主要是指农产品生产加工的规范化、科学化程度，它直接影响到农产品内在品质的形成，加工品质是农产品的潜在品质。③商业品质，主要是指农产品外观视角性状和安全性状，是呈现农产品内在品质的载体，商业品质是消费者可直接感知的农产品的外在品质。农产品生产企业塑造农产品"特色"应重点在提升农产品品质上下功夫。

三、特色农产品发展的关键环节

2014年1月28日，农业部印发了我国新一轮特色农产品发展规划《特色农产品区域布局规划（2013—2020）》，确定了我国要重点发展的特色蔬菜、特色果品、特色粮油、特色饮料、特色花卉、特色纤维、道地中药材、特色草食畜、特色猪禽蜂、特色水产 10 类 144 个特色农产品，对我国未来一个时期特色农产品发展的一系列重大原则问题进行了规划和部署。由于各区域实际情况千差万别，各区域特色农产品发展之路呈现出各种不同的特点。但从特色农产品产业"做大做强做精"的目标要求着眼，各区域特色农产品发展道路上都存在着一些关键制约因素。主要表现在：一是生产规模小，产业链条短，规模化、集约化程度不高；二是技术含量低，相关的科研投入和技术储备严重不足，优种率低，生产加工工艺落后；三是行业标准缺乏，严重制约了特色农产品的品质管理和市场规范；四是市场发育滞后，特色农产品的优质优价难以实现。面临这些突出的问题，特色农产品发展道路上必须抓紧抓好以下关键环节。

1. 特色农产品品种选育

农产品品种选育与推广意义重大：一是农产品品种选育是农业科技的重要载体，也是体现一个国家农业科技和生产力水平的重要标志；二是能够提高农产品稳产性、适应性、抗逆性、安全性，改善农产品品质，推动优质农业发展，促进农业结构调整和农业发展方式转变；三是有利于促进种业强国建设，增强农产品国际竞争力，从根本上保障粮食安全；四是有利于从源头上控制环境污染，促进人类健康消费，推动农业生产可持续发展。例如，通过培育和种植彩色棉，生产无环境污染的天然棉制品，使服装着色不用化学合成原料或化学试剂，使棉制品的加工符合清洁生产程序，从而在源头上减少环境污染。

农产品品种选育和推广存在的主要问题：育种技术整体上落后，育种机制不健全，突破性品种少，特色农产品优种率低，新品种权保护乏力。据统计，目前我国良种增产贡献率仅为 43%，欧美发达国家已超过 60%，要实现农业部提出的到 2020 年良种覆盖率达到 97%、种子商品率达到 80%、良种增产贡献率超过 50% 的目标还有很大的差距。加强特色农产品品种选育，要在四个方面着力：一是加强种质资源搜集、鉴定、保护与利用。挖掘优异基因，创制优异育种材料，收集保护珍稀资源。二是健全新型新品种选育体系，搭建育种公共平台，建立公正、精准、科学的品种审定体系，加强农业植物新品种权保护。三是加大野生动物资源的驯化和品种创新，提供品种资源储备。加快突破性品种选育，建立品种资源库，通过提纯、复壮等措施保持特色农产品的优良品质。四是搞好新品种展示示范推广，建立特色农产品种苗繁育基地，实施种子工程项目，全面提升品种试验能力，优化品种试验布局，完善品种试验技术和标准，提高良种覆盖率。

2. 特色农产品生产过程

生产是把资源转变为商品的关键环节。特色农产品生产的核心是转变生产方式，推进农业产业化，实现从传统农业向现代农业的历史跨越。农业产业化依托特色农业资源，以市场为导向、以经济效益为中心、以主导产业和主导产品为重点、以优化组合各种生产要素为手段，实行区域化布局、专业化生产、规模化建设、系列化加工、社会化服务、企业化管理，形成种养加、产供销、贸工农、农科教一体化的产业链条，是加速农业现代化进程的有效手段。

特色农产品生产必须告别粗放式、小规模、分散型、低端化的小农经济经营模式才有出路，必须改变传统农业"弱质""低效"痼疾才有生命力。为此，必须抓好以下重点工作：一是立足本地资源优势，优化特色农产品生产的规划布局，培育出特色鲜明、优势突出的主导产业和主导产品。二是建设一批规范化、规模化的生产示范基地，培育和壮大一批市场前景广阔、经济技术实力雄厚、带动能力强的龙头企业。三是着力改善生产基础设施条件，大力发展设施农业，促进农业生产经营专业化、规模化、集约化，积极培育区域特色名牌产品。四是培育农业专业合作组织和各类服务中介机构，健全市场体系，促进农业信息化进程，推进专业化、社会化服务体系建设。

3. 特色农产品标准化

农产品标准化是农业产业化经营和农产品进入市场的基础，有利于从源头上增强农产品的安全性，确保健康消费，增强农产品的核心竞争力。农产品标准化包含农产品生产过程的标准化管理和农产品质量达到标准两个方面的内涵，核心是以技术标准为基础、以质量认证为形式、以标志管理为手段，实现对农产品质量从田间到餐桌的全过程控制和保障。当前，特色农产品标准化存在的突出问题：一是标准化意识还有待强化，农产品质量水平普遍不高，产品之间发展不平衡。二是标准的制定与实施相脱节，标准约束力不强，存在着重制订标准轻实施推广的现象。三是农产品标准化监测体系不健全，检验、监测不及时。

推进特色农产品标准化的重点：一是加快修订和完善特色农产品标准的步伐，从生产环境（土壤、水质、大气等）、生产过程（肥料、农药、生长调节剂等的施用量、施用方法、施用时间、施用次数等技术规程）、产品品质（外观、营养、卫生质量等）、加工包装（保鲜、贮藏、分级、包装等）等方面，把农产品生产的每一个环节都纳入标准化管理的轨道。二是健全和完善以产品质量标准体系、产品安全标准体系、产品检验检测体系、市场信息服务体系、监督管理体系为主要内容的特色农产品质量监控和认证体系，以国家标准、行业标准为主体，以地方标准和企业标准为补充，加快形成既与国际标准接轨又符合国情的农产品标准体系。三是强化标准化意识，普及标准化知识，加大标准化实施力度，加强检验、检测、督查，全面提升标准化生产水平。

4. 特色农产品技术创新与推广

科技是第一生产力，创新是第一竞争力。特色农产品技术创新与推广是确保国家粮食安全的基础支撑，是突破环境资源约束、引领农业可持续发展的决定力量，是发展现代农业的根本出路。党和国家高度重视农产品技术创新与推广，早在 2012 年就以中央一号文件的形式发布了《中共中央国务院关于加快推进农业科技创新持续增强农产品供给保障能力的若干意见》，对农业科技工作进行总体部署，引导我国农业科技取得了显著成就。尽管如此，当前我国农业科技尤其是特色农产品技术创新与推广仍然面临一些突出问题：科技创新能力总体不高，创新成果供给不足，农技推广服务落后，科技资源配置不优，科技创新体制机制不活，科技创新人才不足，科技成果推广转化率较低等。

推进特色农产品科技创新与推广运用的重点：一是加强特色农产品科技创新基础研究，力争尽快在生物基因调控及分子育种、农林动植物抗逆机理、农田资源高效利用、农林生态修复、有害生物控制、农产品安全等方面取得基础理论和方法的突破。二是加快抢占特色农产品科技创新前沿阵地，力争尽快在农业生物技术、农业信息技术、新材料技术、先进制造技术、精准农业技术等方面取得一批重大自主创新成果。三是加大特色农产品科技创新实用技术研究力度，力争在良种培育、节水灌溉、节本降耗、农机装备、新型肥药、疫病防控、加工储运、冷链物流、循环农业、观光农业、海洋农业等方面取得一批重大实用技术成果，尽快突破技术瓶颈。四是着力建立具有地方和民族特色的加工技术体系，培养特色农产品生产技术能手，大力发展农业社会化服务，提升农业技术推广能力。

5. 特色农产品加工

农产品加工业是现代农业的重要标志，是建设现代农业的关键环节，是促进农民就业增收、农业增值增效、农村繁荣发展的有效途径。2015 年中央一号文件做出了"打造农产品加工业'升级版'"的重大战略部署。当前特色农产品加工面临加工专用品种选育和原料基地建设滞后、加工水平低、技术装备落后、公共服务不足等突出问题。

大力发展特色农产品加工业的重点：一是在全面梳理、准确把握、深刻理解国家有关方面已经出台的促进农产品加工业发展的扶持政策的基础上，积极推动政策落实。二是大力推进特色农产品初加工、精深加工、副产品综合利用加工协调发展，初加工着眼于产后减损，精深加工着眼于提档增值，副产品综合利用加工着眼于节能减排。三是创建特色农产品加工多层技术平台，大力开发特色农产品的营养、保健和药用等多种功能，延伸产业链，最大限度地挖掘特色农产品增值潜力。四是积极培育农产品加工龙头企业，稳步推进农产品加工业园区建设，积极培育农产品加工产业集群，建立特色农产品加工人才支撑体系和公共服务体系。

6. 特色农产品营销

特色农产品营销是沟通生产和消费的桥梁和纽带，是农业产业化进程中极为关键的环节，对于开发和挖掘特色农产品市场需求、增强特色农产品市场竞争力、缩短特色农产品流通时间和减少产后损失、推动特色农产品可持续发展具有重要意义。在农产品市场全球化、农产品消费个性化、农产品市场竞争国际化的大背景下，特色农产品营销面临更加动态复杂的市场环境。

当前推进特色农产品营销的重点：一是拓展营销渠道、健全市场营销体系。把定制营销、订单营销、展示营销、配送营销、网络营销等有机结合起来，加强特色农产品专业市场建设，建立农产品物流体系，建设特色农产品市场信息平台，定期发布市场、生产、加工、科技和政策法规等相关信息，实现信息共享。二是创新营销策略，健全营销公共服务平台。整合实施产品营销策略、价格营销策略、包装营销策略、绿色营销策略、品牌营销策略、网络营销策略等多种营销策略，打造农产品加工品集散中心、物流配送中心、展销中心和价格形成中心。三是创新商业模式，培育营销新业态。发展直销直供、电子商务、互联网营销、第三方电子交易平台等新型流通业态，发展大宗农产品期货市场，鼓励骨干企业利用农产品期货市场开展套期保值和风险管理。

第二节　达州特色农产品资源竞争力分析框架

竞争是市场经济的产物。特色农产品资源的竞争力是培育特色农产品加工产业集群的基础。本节主要根据竞争力理论和产业集群竞争力理论，构建达州特色农产品竞争力分析指标体系，分析达州特色农产品资源竞争力的现实基础。

一、农产品竞争力研究综述

1. 对竞争力的研究

现代市场竞争是指对最有价值的生产要素的争夺。只有在配置生产要素方面占优势，才能在市场竞争中具有优势。[①]竞争力简言之就是竞争主体在与竞争对手进行市场竞争的过程中获胜的能力。西方学者最早开始对竞争力进行研究，直到 20 世纪 80 年代，随着经济全球化的推进，竞争日趋激烈，国际上对竞争力的研究才真正达到高峰。20 世纪 90 年代，我国确立社会主义市场经济体制改革目标，市场竞争的重要性日渐显露出来。特别是加入世界贸易组织后，国内市场加速同国际市场融合在一起，市场竞争显得更加重要，直接引发了专家学者研究竞争力的热潮。竞争力涉及竞争主体（包括竞争对手）、竞争目标、竞争结果三个基本要素。由于不同的研究者研究的切入点和研究的侧重点存在差异，他们对竞争力的界定也是见仁见智的。截至目前，国内外专家学者给出了几十种有关竞争力的界定，归纳起来，具有代表性的有四种：

（1）从成本优势角度界定竞争力，通常称之为成本优势理论

代表者有亚当·斯密基于资源禀赋建立起来的绝对成本优势理论、李嘉图的相对成本优势理论和马歇尔的集聚优势理论。在这些理论分析中，市场竞争主要是指产品竞争，产品成本是竞争力的决定性因素。亚当·斯密和李嘉图的成本优势理论认为，竞争力的强弱取决于是否占有和控制世界上的资源产地，是否具有生产上的高效率技术和组织方式等。马歇尔认为当企业集聚时，大量生产要素的集聚所产生的积极影响，可以大大降低生产成本，从而提高竞争力。直到现在，成本优势理论还在不断丰富和深化，学者们认为成本优势是科技创新能力、管理水平、制度因素、人力资源素质等多种因素综合作用的结果。在同类型产品竞争中，成本仍是一个综合性的竞争力指标。

（2）从竞争优势角度界定竞争力，通常称之为竞争优势理论或系统性竞争优势理论

以迈克尔·波特创立的国际竞争优势理论为代表。波特认为，传统经济理论如比较优势理论、规模经济理论都不能说明产业竞争力的来源，因为在产业竞争中生产要素非但不再起决定性作用，其价值也在快速消退中，"规模经济理论有它的重要性，但该理论并没有回答我们关心的竞争优势问题"。他进而指

---

① 郭京福：《产业竞争力研究》，《经济论坛》，2004（14）。

出，必须采用竞争优势理论来解释产业竞争力问题。竞争优势有别于比较优势，它是指各国或各地区相同产业在同一国际竞争环境下所表现出来的不同的市场竞争能力。

（3）从竞争环境角度界定竞争力，通常称之为体制优势理论

以世界经济论坛和瑞士洛桑国际管理开发学院的观点为代表。他们关注体制变迁对竞争力的影响，认为竞争力是指一个国家或公司在世界市场上均衡地生产出比竞争对手更多财富的能力。他们主张从现代市场竞争的基本体制性因素角度如国际化、政府管理、金融体制、公共设施、企业管理、科学技术、国民素质、服务水平等对竞争力作出综合评判。

（4）从竞争动力角度界定竞争力，通常称之为创新优势理论

以熊彼特创立的技术创新理论为代表。该理论认为竞争力优势主要是以技术组织的不断更新为依托。以波特为代表的系统性竞争力优势理论认为，竞争力在于技术创新，更在于国内各方面经济资源和要素分工协作的体系化。以道格拉斯．C. 诺斯为代表的制度创新竞争力优势理论认为，竞争力在于通过制度创新营造促进技术进步和发挥经济潜力的环境，强调竞争力优势是制度安排的产物。[①]

必须指出，竞争力的内涵是随着经济社会的发展而日益丰富的。因此，对待国内外专家学者通过广泛深入研究所创建起来的系统的竞争力理论体系，应该从多角度、多层次进行分析，如从竞争主体角度，依据从微观到宏观的层次性，将竞争力分为产品竞争力、企业竞争力、产业竞争力、区域竞争力、国家竞争力、国际竞争力；从竞争的关键要素角度，将竞争力分为一般竞争力（一般生产要素）、特殊竞争力；从竞争的时间维度，将竞争力分为静态竞争力和动态竞争力等。

2. 对农产品竞争力的研究

在我国，直到世纪之交，面对国际市场带来的巨大冲击和挑战，理论界、农业界才开始关注农业、农产品的竞争力问题。近年来，专家学者从基础理论研究和实证研究两个维度对农产品竞争力进行了较为深入全面的研究，推出了富有创建的研究成果。

在基础理论研究中对农产品竞争力科学内涵的界定方面具有代表性的成果有：傅龙波（2000）认为，农产品竞争力是一个国家的农产品参与国际市场竞争并能够持续获取利润的能力，可以从农业生产效率、农产品质量、农产品价

---

① 张金昌：《国际竞争力评价的理论和方法》，北京：经济科学出版社，2002：40－41。

格、市场营销和满足消费者需求程度等多方面表现出来，并贯穿于农产品生产、加工、销售和各个环节。① 王尉东（2001）认为农产品竞争力包括三个层次：第一层次是企业产品竞争力，包括产品质量、产品价格、市场营销和满足消费者需求表现出来的生存、发展和获利的能力。第二层次是潜在竞争力，即资本、技术等竞争力，第三层次是深层竞争力，即机制竞争力。② 朱希刚（2002）认为农产品竞争力除了表现在农产品价格和质量外，还要花色品种多、加工和深加工产品多。③ 陈卫平（2002）主张把波特的钻石模型作为分析农产品竞争力的理论框架。他还把直接影响农产品竞争力的因素归结为价格因素（成本）和非价格因素（品质、品种、品牌、营销等）两大类。④ 中国农业大学的庞守林（2004）在他的博士论文中把农产品竞争力看成是成本控制能力、生产组织能力、科技开发能力、营销组织能力、产品加工能力和市场反应能力的和谐组合。⑤ 农业部农村经济研究中心杨丽（2011）把国内学者近年来对农产品竞争力的界定归纳为四个方面：一是从国际市场角度，农产品竞争力是一国农产品参与国际市场竞争，开拓市场、占据市场并以此获得利润的能力；二是从国内市场角度，农产品竞争力主要表现为抵御国外农产品对国内市场冲击的能力；三是从竞争潜力角度，农产品竞争力主要包括价格竞争力、质量竞争力和信誉竞争力等方面；四是从竞争力的关键构成要素角度，农产品竞争力是由生产成本和市场营销绩效共同决定的。⑥

在对农产品竞争力的实证研究方面，成果丰硕。例如：王秀清对中国粮食国际竞争力进行了研究。⑦ 彭介林对黑龙江大豆、玉米、大米、畜产品的竞争优势和劣势、竞争力水平的成因和环境进行了分析，并提出了提高主要农产品竞争力的宏观政策取向及措施。⑧ 吴群对江苏农业竞争力问题进行了探讨，提出提高竞争力就是要发展高产优质高效农业，提高农产品在市场上的占有份额，提高农业产业水平，实现农业可持续发展。⑨ 陈旭对广东省农业国际竞争力进行了研究。⑩ 侯超英通过对福建省各地提高农产品竞争力的典型事例的分析，

---

① 傅龙波：《试析我国农产品的国际竞争力》，《粮食与油脂》，2000（7）：16–18。
② 王尉东：《对农业竞争力的思考》，《绍兴文理学院学报》2001，21（5）：75–77。
③ 朱希刚：《提高农产品竞争力》，《农业经济问题》，2002（1）：2。
④ 陈卫平：《农业国际竞争力：一个理论分析框架》，《经济体制改革》，2002（4）：93–97。
⑤ 庞守林：《中国主要农产品国际竞争力研究》，中国农业大学博士论文，2004：1–3。
⑥ 杨丽：《我国农产品竞争力的研究概述》，《农民日报》，2011–03–19（3）。
⑦ 王秀清：《中国粮食国际竞争力研究》，《农业技术经济》，2000（11、12）。
⑧ 彭介林：《黑龙江省主要农产品竞争力分析及对策研究》，《学术交流》，2002（1）：69–78。
⑨ 吴群：《关于农业竞争力问题探讨》，《经济界》，2002（1）：65–68。
⑩ 陈旭：《广东农业国际竞争力研究》，《广东发展导刊》，2002（3）：11–14。

对农业竞争力进行了研究。[①] 王永德（2009）构建了农产品国际竞争力绩效、潜力、实现三层次概念框架，提出了相应的评估指标，认为反映农产品国际竞争力绩效的主导指标是市场份额和盈利性，盈利性的参考指标是效率，反映农产品国际竞争力潜力的主导指标是成本和质量，采用恒定市场份额模型（CMS）对中美农产品国际竞争力进行了实证研究。[②] 李真（2010）基于成本优势理论、资源配置理论和竞争优势理论确立分析框架，对四川省主要优势农产品的国际竞争力进行了实证研究。[③] 李春煜（2012）通过农产品国际竞争力指数、显性比较优势两个指标对我国农产品的国际竞争力现状进行了分析。[④] 纵观这些实证研究成果，有两个明显的弱点：一是这些成果大多是研究区域性范围（省域、市县域）或者单个企业农产品竞争力的成果，从全球视角或者全国视角对农产品竞争力进行实证研究的成果不多；二是因为统计资料的缺失，大多数成果选用了少数几个有代表性的指标进行考察，指标体系的完善性、系统性明显不足。

3. 对产业集群竞争力的研究

产业集群竞争力研究体现了对竞争力研究的深化和拓展。专家学者对产业进群竞争力的研究主要围绕两条主线展开：一是产业集群竞争力的科学内涵和影响因素；二是产业集群竞争力的评价指标和评估方法。

对产业集群竞争力科学内涵的研究，具有代表性的成果有：杨桂丽（2005）认为产业集群竞争力是指某一产业集群在一国或一个地区的整个产业体系中所处的竞争地位，所具有的可持续发展能力以及集群内企业相对于其他企业所具有的更有效满足市场需求的能力。[⑤] 林祝波（2005）认为产业集群竞争力是指该地区的产业集群通过形成区域产业特色，明细产业分工，延长和完善产业链条，加强集群企业间的互动性和互补性，从而降低交易费用和社会成本，减少集群组织内耗，实现优化产业结构，提升产业集群综合竞争。[⑥] 刘恒江、陈继祥（2004）将产业集群竞争力的内涵解释为三点：因素观点、结构观点和能力观点。[⑦] 他们认为产业集群竞争力是以产业集群中的各种资产资源要

① 侯超英：《提高我省农产品市场竞争力的实践与启示》，《福建经济》，2002（7）：22－23。
② 王永德：《中国农产品国际竞争力研究——基于中美比较视角》，北京：中国农业出版社，2009。
③ 李真：《四川省农产品国际竞争力研究》，西南财经大学硕士论文，2010。
④ 李春煜：《中国农产品的国际竞争力评价研究》，《生产力研究》，2012（7）：41－43。
⑤ 杨桂丽：《区域产业集群竞争力的 GEM 模型应用研究》，哈尔滨工业大学硕士学位论文，2005。
⑥ 林祝波：《产业集群竞争力的比较研究》，浙江大学硕士学位论文，2005。
⑦ 刘恒江、陈继详：《民营企业簇群机理的新诠释：涌现性观点》，《商业研究》，2004（21）。

素为基础，利用企业之间的动态网络关系，依靠其层次性的递进结构，形成对优势环境资源的利用能力，使产业集群的整体绩效得到提升，实现集群的强劲竞争优势。谢红珍（2004）认为集群竞争力并不是单个企业竞争力的加总，它是在一个国家或地区内部，生产同类或可替代品的企业作为集群主体，在区域经济和市场竞争中，持续高质量地提供产品或服务的能力。[1] 对产业集群竞争力评价的研究，代表性成果有：陈继祥（2005）所说的集群竞争力评价指标体系包括四个方面：产业集群的生产要素投入指标、竞争效率指标、竞争力的表现和竞争潜力指标。潘慧明（2006）等将集群竞争力的评价指标体系分为三级：一级指标包括企业层面竞争力、集群层面竞争力和政府层面竞争力等；二级指标包括集群内网络关系结构（创新网络等）、企业间的协作程度等；三级指标由空间结构，组织结构等构成。[2] 姜振寰等（2007）认为集群竞争力的评价要分清类型和层次，既可以从经济竞争力、环境竞争力，又可以从隐性潜力、显性实力等方面进行描述和比较，以此来评价产业集群竞争力的优势和不足。肖家祥等（2005）主要依据不同产业集群的特点，基于组合赋权法来建立产业集群竞争力评价指标体系，具体指标包括集群的规模指标、功能指标、市场指标、创新能力指标、效益指标 5 个一级指标，以及包括企业数量在内的 20 个二级指标。[3]

在产业集群竞争力评价研究方面最具影响力的研究成果还是经济学家迈克尔·波特创立的"钻石模型"。迈克尔·波特是第一位从产业集群的角度评价产业竞争力的学者。他在《国家竞争优势》一书中全面阐述了产业集群的竞争优势，提出了评价产业竞争力的著名模型——钻石模型（见图 4-1）。"钻石模型"需要回答人们这样一些问题：为什么在国际竞争中一些国家能够取得成功，而另一些国家会失败？为什么一个国家能够在某些产业取得持续的长久的国际竞争力？他认为影响竞争力的因素共有 6 个方面：要素条件、需求条件、相关支撑产业、企业战略结构竞争、机遇和政府，其中前四个方面是基本影响因素，后两者为附加影响因素，这就是著名的"钻石模型"。两个附加因素——机遇和政府，对竞争优势的影响不是决定性的，同样的机遇给不同的企业会造成不同的影响。能否利用机遇以及如何利用机遇还是受上述四种基本要素的影响，

---

① 谢红珍：《浙江企业集群竞争力研究》，浙江大学硕士学位论文，2005。

② 潘慧明、李荣华、李必强：《产业集群竞争力综合评价模型的设计》，《当代经济》，2006（3）：44-45。

③ 肖家祥、黎志成：《基于组合赋权法的产业集群竞争力评价》，《科技进步与对策》，2005（4）：60-62。

政府政策也是如此。①

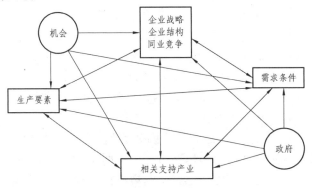

图 4 - 1　波特的"钻石模型"

二、达州特色农产品资源竞争力理论框架

1. 达州特色农产品资源竞争力理论框架的逻辑线索

达州是农业大市，但农业大而不强。2014 年年底，全市农业人口占总人口的 61%，农业增加值占地区生产总值的 20.9%，三次产业结构比为 20.9：52.9：26.2。在推进工业化、城镇化、信息化、农业现代化"四化同步发展"、实现全面建成小康社会目标的历史进程中，农业现代化是最大"短板"。达州地处川渝鄂陕结合部的秦巴山区，秦巴山区作为集中连片的特殊困难区域，是国家新一轮扶贫攻坚重点区域之一。"科学发展、加快发展、追赶跨越"是达州确立的当前和今后相当长时期内坚持的经济社会发展的"总基调"。达州农业资源富集，特色农产品众多，但传统农业占绝对优势。因此，科学遴选农产品资源，突出资源的比较优势，加快形成优势产业，创造出优势的农产品品牌，实现从资源优势向产业优势的转化，进而向产品优势转化，最终向经济优势转化，提升农产品竞争力，是达州农业现代化的必由之路，也是当下最紧迫的历史任务。

农产品竞争力是竞争主体在同竞争对手的竞争中获胜的能力。农产品竞争力包含竞争主体（包括竞争对象）、竞争目标、竞争结果三个基本要素。竞争主体掌握自然资源、资本、技术、人才、信息等各种生产要素，形成成本优势，拥有一定的竞争潜力。竞争主体围绕竞争目标打败竞争对手是一个很长的过程，根本上要依靠自身实力，产品质量和品牌是竞争实力最直接、最形象的展示，

---

① H. 巴泽尔：《产业集群研究的新视角》，《世界地理》，2005（1）：1 - 8。

从这个意义上讲，可以把打败竞争对手、实现竞争目标简称为竞争过程。竞争的结果是优胜劣汰，获胜的一方竞争力得到实现，资源实现优化配置，从这个意义上讲，农产品竞争力具有竞争潜力、竞争实力、竞争张力三个维度或三个层次，农产品竞争力就是竞争主体从竞争潜力向竞争实力再向竞争张力转化的结果。从竞争力形成的动力机制角度看，拥有竞争潜是竞争力形成的基础，拥有竞争实力是竞争力形成的动力和原因，竞争张力是竞争力形成的最终结果。竞争中获胜的一方，其竞争力获得提升，赢得掌控更多优质资源的条件和"权力"，有利于在更大范围内、更高程度上改善经营管理，推动科技进步，提高产品质量，增强竞争实力，巩固和拓展市场，从而实现良性循环。竞争潜力可以通过比较优势理论、竞争优势理论、产业集群优势理论得到解释，竞争实力可以通过"钻石模型"理论、竞争力过程理论、竞争力生命周期理论、竞争力发展阶段理论得到说明，竞争张力可以通过市场营销理论、竞争力指标分析理论和竞争力指标计量理论得到印证。从竞争潜力到竞争实力升到竞争张力，这就是我们的逻辑思路，也就是我们力图构建的理论模型框架。农产品竞争力理论模型如图4-2所示。

2. 达州特色农产品资源竞争力理论框架诠释

（1）比较优势理论

比较优势理论是国际贸易理论的基石，源于英国古典政治经济学家亚当·斯密的绝对优势理论。英国古典经济学家大卫·李嘉图在此基础上提出比较优势理论，认为比较优势是由劳动生产力决定的比较成本差异造成的，并没有考虑其他生产要素的影响。瑞典经济学家赫克歇尔在比较成本的基础上，提出了资源禀赋学说，后又被其学生俄林接受并发展，形成了赫—俄理论。该理论认为各国由于资源禀赋不同，要素的相对价格也不同，因此每个国家应专门生产使用本国最丰富的生产要素的产品，进口稀缺要素密集型产品，然后进行贸易，增加世界福利。

（2）竞争优势理论

波特认为，传统经济理论如比较优势理论、规模经济理论都不能说明产业竞争力的来源，必须采用竞争优势理论来解释产业竞争力问题。竞争优势有别于比较优势，它是指各国或各地区相同产业在同一国际竞争环境下所表现出来的不同的市场竞争能力。比较优势强调同一国家不同产业间的比较关系，前者强调各国产业发展的潜在可能性，后者则强调各国产业发展的现实态势。一国具有比较优势的产业往往易于形成较强的国际竞争优势，比较优势要通过竞争优势才能体现。

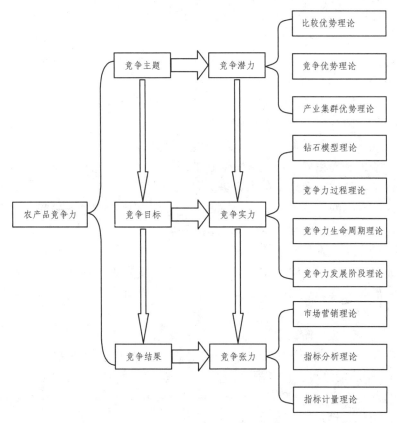

图 4 - 2　农产量竞争力理论模型

（3）产业集群优势理论

随着经济的发展，传统的资源禀赋优势在竞争中的地位会逐渐衰退，真正的竞争优势开始依赖在长期持续的技术创新基础上所能提供的低成本而又高质量的商品和服务。产业竞争优势与特定区域的产业环境密切相关，处于特定产业和特定区域环境中的企业，要取得竞争优势，也必须注重产业环境和地理空间位置的选择。产业集群作为一种产业上相互联系的企业和机构在地域空间上的集聚现象，具有"磁石效应"，会把高级人才和其他关键要素吸引进来，还会增加信息和活动的集中，加速信息流通的速度，提高技术创新的速率，从而使产业的竞争优势得以强化。

（4）"钻石模型"理论

波特认为，产业竞争力是由生产要素，国内市场需求，相关与支持性产业，企业战略、企业结构和同业竞争等四个主要因素，以及政府行为、机遇等两个辅助因素共同作用而形成的。其中，前四个因素是产业竞争力的主要影响因素，构成"钻石模型"的主体框架。这些因素相互影响、相互加强，共同构成一个动态的激励创新的竞争环境，由此产生具有一流竞争力的产业。"钻石模型"构筑了全新的竞争力研究体系，包含比较优势原理，并大大超出了后者的解释范围。

（5）竞争力过程理论

瑞士国际管理发展学院将竞争力的形成机理解释为是竞争力资产和竞争力过程的统一，即竞争力＝竞争力资产×竞争力过程。以往竞争过程创造的产出会转化成现时的竞争力资产。这个理论的含义是：竞争力资产较弱的区域（因为缺乏竞争力过程积累）必须激发活跃的竞争力过程才能实现竞争力资产的扩展。国内学者把这一理论发展为竞争力是竞争力资产、竞争力环境、竞争力过程三者的统一，即竞争力＝竞争力资产×竞争力环境×竞争力过程。强调在竞争力的形成过程中要更加关注竞争环境的影响。①

（6）竞争力生命周期理论

产业发展分为形成期、成长期、成熟期和衰退期四个阶段。产业竞争力在不同的发展阶段具有不同的表现特征。发展壮大产业竞争力应在不同的阶段采取不同的应对策略。

（7）竞争力发展阶段理论

在产业生命周期理论基础上，波特总结出产业竞争力发展的"四阶段理论"，即要素驱动阶段、投资驱动阶段、创新驱动阶段和财富驱动阶段，强调关注产业的发展趋势。

（8）市场营销理论

在现代市场经济条件下，真正的优势不是比较优势而是竞争优势。竞争优势是指把资本、技术、资源与市场组合而形成的优势。地区经济发展不在于你存在什么优势，而在于如何去组织和发挥自己的优势，把比较优势转化为竞争优势。市场营销理论作为建立在经济科学、行为科学、现代管理理论基础之上的、重视"6P"策略（产品策略、价格策略、地点策略、促销策略、权力策略、公共关系策略）的综合性应用理论，在实现把比较优势转化为竞争优势方面具有独特的作用，普遍认为市场营销是把比较优势转变为竞争优势的一种有效手段。

（9）竞争力指标分析理论

中国学者用定量分析中使用的具有数量表征特性的竞争力指标体系来解释产业竞争力的形成机理。竞争力指标有两类：一类是分析性指标（反映竞争力形成原因）；另一类是显示性指标（反映竞争力结果）。竞争力指标分析理论能

---

① 陶良虎、张道金：《产业竞争力理论体系的构建》，《光明日报》，2006－02－07。

够比较清晰地勾画出竞争潜力→竞争实力→竞争力实现的逻辑顺序。

（10）竞争力指标计量理论

产业竞争力计量分析的一般思路是：首先合理选择评价指标，对各指标科学分配权重，构建求和模型；然后按各指标采集数据，经标准化处理后导入求和公式，即得竞争力量化评估水平。竞争力指标计量理论能够精确说明竞争力实现的程度。

三、达州特色农产品资源竞争力分析指标体系建构

1. 构建达州特色农产品资源竞争力分析指标体系的基本原则

客观、真实、准确评判特定区域农产品资源竞争力状况是区域农业经济发展中进行科学决策的重要基础。农业经济异常复杂，各区域发展极为不平衡，资源禀赋差异极大。构建农产品竞争力评价指标体系必须首先遵循客观性、系统性、可行性三大原则。

（1）客观性原则

有两层含义：一是指标筛选、指标评价尽可能按照所选指标的经济含义进行取舍，以克服主观因素的影响；二是设定的指标能够反映区域农产品资源的真实情况，选用的数据指标具有权威性。

（2）系统性原则

有两层含义：一是指标选定的全面性，农业生产、农业经济是一个庞大的系统，指标选用虽不能面面俱到，但在其重大关键环节都应有必要的关键指标来反映。如果仅随机选用少数几个指标进行研究，其结果必然失之偏颇。二是指标研究方法的多样性，既要静态研究，也要动态考察；既要注重定性分析，也要注重定量研究；既要重视精确评价，也不忽视模糊评价。

（3）可行性原则

有两层含义：一是指标确立具有选择性，尽量选择有数据支持或者方便获取数据支持的指标，对没有数据支持的指标做舍弃处理；二是指标选取突出主线和重点，具有可操作性，不追求"大而全""高大上"。例如，世界经济论坛的全球竞争力指数和瑞士洛桑国际管理学院的世界竞争力指数是目前研究宏观层次竞争力指标体系中最权威的，该指数由制度、基础设施、宏观环境、卫生和基础教育、高等教育和培训、商品市场效率、劳动力市场效率、金融市场发展、技术准备、市场规模、商业成熟度和创新12大支柱及其下属113个分项指标构成。这个指标体系虽然完善权威，但并不适用来评估区域农产品竞争力问题，因为太庞杂，没法操作。

2. 达州特色农产品资源竞争力分析指标体系的建构

农产品竞争力的形成过程就是从农产品竞争力潜力向农产品竞争力实力再向农产品竞争力张力传递和转化的过程。如图 4 - 3 所示：农产品竞争力分析指标体系由一级目标层 1 个指标、二级准则层 3 个指标、三级技术层 9 个指标、四级操作层 27 个指标构成。

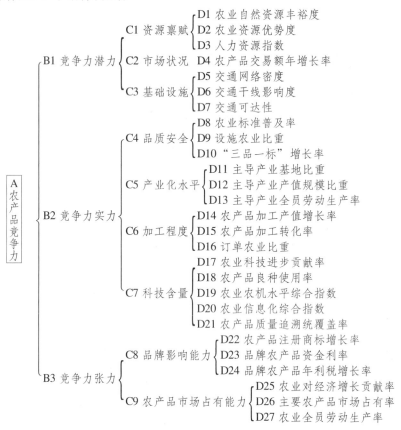

图 4 - 3 达州特色农产品竞争力（A）分析指标体系结构

农产品竞争力是一级目标层指标，记为 A。竞争力潜力、竞争力实力、竞争力张力为二级准则层指标，分别记为 B1，B2，B3。竞争力潜力即潜在竞争力，是形成竞争力的条件和基础，体现竞争力潜力最关键的因素是农产品价格，农产品市场是典型的竞争性市场，竞争性市场最主要的竞争手段是价格竞争，影响价格的主要因素是成本和市场状况，成本包括生产成本和流通成本，资源禀赋是影响生产成本的主要因素，基础设施是影响流通成本的主要因素。因此，可以选取资源禀赋、市场状况、基础设施三个因素体现竞争力潜力，作为第三级技术指标，分别记为C1，C2，C3。竞争力实力是形成竞争力的动力、源泉，是形成竞争力的核心和关键。在市场经济活动中，"价廉物美"永远是竞争取胜的不二法则，因此，农产品的品质和安全性常常是农产品竞争力最直接的象征。只有生产规模达到一定程度才能避免"有市无场"，加工程度直接反应农产品价值增值能力，科技含量直接影响农产品的品质，因此可以选取品质安全、产业化水平、加工程度、科技含量来体现竞争力实力，作为第三级技术指标，分别记为C4，C5，C6，C7。竞争力张力是指竞争力一经形成必然出现的一种向四周延伸、渗透、拓展、扩散、提升的影响力、带动力。竞争力张力既是竞争力潜力不断向现实转化的结果，也是竞争力得以继续强化、提升的基础和逻辑起点。最能体现竞争力张力的因素是品牌影响能力、产品盈利能力、市场占有能力。可以把农产品品牌影响能力、农产品市场占有能力作为评估竞争力张力的核心要素，列入第三级技术指标，分别记为C8，C9。

关于资源禀赋，特色农产品竞争力的形成要以区域的资源禀赋为基础，资源禀赋包括区域内独特的自然资源（主要指独特的地理环境、独特的气候条件）、特色农业资源（数量规模和稀缺性程度）、区域人文历史资源（核心是人力资源）。自然条件和特色农业资源能够造就农产品特殊的品质，人力资源直接影响生产成本，特色农业资源是形成特色农产品的直接依托。因此，可以选取农业自然资源丰裕度、农业资源优势度、人力资源指数作为第四级操作性指标，体现资源禀赋状况，分别记为D1，D2，D3。关于市场状况，它主要是指区域农产品市场建设状况，选用农产品交易额年度增长率来体现市场总体运营状况，记为D4。基础设施包括的范围很宽，道路、电网、互联网等都属于基础设施，这里主要选取道路作为代表，用交通网络密度、交通干线影响度、交通可达性三个指标测度交通优势度，分别分记为D5，D6，D7。农产品品质安全选用农业标准普及率、设施农业比重、"三品一标"增长率（有机农产品、绿色农产品、无公害农产品，农产品地理标志认证）三个指标加以测度，分别记为D8，D9，D10。农产品生产产业化水平选用主导产业基地比重、主导产业产值规模比重、主导产业全员劳动生产率三个指标来测度，分别记为D11，D12，D13。农产品加工程度选用农产品加工业产值增长率、农产品加工转化率、订单农业比重三个指标测度，分别记为D14，D15，D16。农产品科技含量选用农业科技进步贡献率、农产品良种使用率、农业农机化水平综合指数、农业信息化综合指数、农产品质量追溯系统覆盖率五个指标，分别记为D17，D18，D19，D20，D21。品牌影响能力选用农产品注册商标增长率、品牌农产品资金利润率、品牌农产品年利税增长率加以测度，分别记为D22，D23，D24。农产品市场占有能力选取农业对经济增长贡献率、主要农产品市场占有率、农业全员劳动生产率加以测度，分别记为 D25，D26，D27。

需要指出，农业经济系统异常庞大，各个影响因素之间关系错综复杂，每一个指标如果进行层层关联因素分析，最后就会延伸到整个区域经济系统，即每一个层次指标都可以构建一个评估指标体系。这样下去，构建一个测度区域特色农产品竞争力的指标体系就异常艰难。事实上，每一个层次指标都存在关键性的主要影响因素，坚持主成分分析法，有利于抓住主要矛盾，简化工作量。

这里有几点需要特别说明：第一，达州发展现代农业起步晚，农业产业化水平低，农产品加工业发展严重不足，县域经济发展很不平衡，特色农产品竞争力问题还没有引起达州市政府应有的关注，文献中查不出有价值的研究成果，其中大量的是新闻报道、工作总结、会议精神、领导讲话，原始数据资料严重缺乏，所以本书无法就提出的相关指标进一步作计量分析，也无法估量各指标对竞争力形成的影响权重，因此，本书没有构建计量分析的数学模型（即使构建了也没有实际意义）。第二，构建这个理论模型并设计相应的评估指标，一是为了抛砖引玉，引起关注、引起讨论，促进研究的深化，二是对农业部门的工作提供一种思路、一种方法、一种启示。第三，围绕每一个指标构建一套适合达州实际情况的评价体系，并进行准确的计量分析，是一项浩繁的工程，工作量巨大，其复杂性、艰巨性显而易见，这需要今后长时期持续进行深入研究。第四，研究达州特色农产品竞争力既需要综合研究，也需要单项研究；既需要静态考察，也需要动态分析；既需要定性分析，也需要定量研究。需要多视角、多层次研究，需要进行大量卓有成效的比较研究。

第三节 达州特色农产品资源竞争力分析

资源→产业→产品是特色农业发展的内在逻辑。潜力→实力→张力是特色农产品竞争力形成的现实路径。在数据资料严重缺乏、难以开展计量分析的前提下，首先进行定性研究是必要的。本节从定性研究角度对达州农业资源潜力、达州特色农产品资源、达州特色农产品主导产业竞争力进行分析。

一、达州农业资源潜力

达州市位于四川省东北部、秦巴山区南麓、川渝鄂陕结合部，是成渝、关天、大武汉三大经济区的重要连接带，是成都、重庆、武汉、西安等大都市的交汇辐射区域。其下辖 4 县 1 市 3 区，309 个乡镇。全市幅员 1.66 万平方千米，农业资源丰富、比较优势明显。

气候适宜、生态优良。达州市位于中纬度地带，属亚热带湿润季风气候，四季分明，热量丰富，雨量充沛，光照充足，雨热同季，光温同步，生态环境优良。地势东北高西南低，地形复杂高低悬殊。地貌以中低山、丘陵地貌为主，占辖区面积的 98.8%。年无霜期 300 天左右，年平均气温 14.7～17.6℃之间，年平均雨量在 1076～1270 毫米，森林覆盖率 41%。达州现有耕地面积 456 万亩，人均耕地 0.66 亩。达州的自然条件适合大量作物生长，有利于发展综合农业。

土壤富硒，资源品质独特。硒是人体必需的一种微量元素，硒在人体组织中的含量仅为千万分之一，但它决定了生命的存在。硒在国内外医药学界和营养学界享誉为"生命的火种""长寿之王""抗癌之王""心脏守护神""明亮使者""肝病天敌""胃肠道的白衣天使"。世界土壤硒含量平均值为 0.4mg/kg，我国土壤硒含量平均值为 0.29mg/kg。据中国农业科学院专家对全国 2000 多个县考察后绘制的《中国土壤硒元素含量分布图》显示，我国是一个 72% 国土面积缺硒的严重缺硒国家，有 22 个省（包括四川省）缺硒。达州土壤硒含量平均值 0.51mg/kg，最大值 1.74mg/kg。科学研究证实，当土壤中的硒含量大于 0.4mg/kg 时即为富硒土壤，可广泛进行农作物种植。达州打造中国富硒农产品基地具有得天独厚的有利条件。

交通通畅、人力资源丰富。达州是四川对外开放的东大门和通江达海的东通道，是全国公路运输 179 个主枢纽城市和四川 12 个次级综合交通枢纽之一，是国家连南贯北承东启西"十字"铁路公路交通网的节点城市。境内立体交通体系全面构建，综合交通密度 1.2 千米/平方千米。铁路通车里程 617 千米，年旅客发送 988 万人次，货物到发 1988 万吨，襄渝铁路、达成铁路、达万铁路交汇，尤其是 2015 年 8 月 24 日四川打造的 7 条高标准出川铁路大通道规划出炉，按 350 千米时速修建，其中达州是从成都到武汉上海、到郑州、到西安北京三条大通道的节点城市。达州到成都将从现在 3 小时缩短至 1 个半小时，这将进一步强化达州交通枢纽优势。公路通车总里程 19512 千米（其中高速公路通车里程 370 千米），乡镇通客车率 98%，达渝高速（达州至重庆）、达陕高速（达州至西安）、达万高速（达州至万州）、巴达高速（巴中至达州）、南大梁高速（南充至大竹梁平）、营达高速（营山至达州）、巴万高速（巴中至万源）交汇形成高速公路网，已形成达州市中心城区至达州各县市区和巴中、广安 1 小时"同城效应圈"，与重庆、南充、遂宁、广元、安康、汉中、万州在乘时间 2 小时内的"半日往返交通圈"，与成都、西安在乘时间 3 小时内的"一日往返交通圈"。机场开通北京、上海、广州、深圳、昆明,年吞吐量24.8万人次。通航河流16条,通航里程866千米,年营业性客运533万人次,货运535万吨。达州总人口688万,其中农业人口551万,人口自然增长率3.8‰,2014年全部单位职工平均工资38271元。据达州市第六次(2010年)人口普查统计,达州户均人口3.13人,人口密度330人/平方千米,常驻人员中每10万人具有大专以上学历人员3313人,高中学历9101人,初中学历39046人,小学36246人,文盲(15岁以上不识字人口)255740人,文盲率4.68%,全市人均受教育年限7.17年,远低于全国平均受教育年限8.5年的水平。

物流便捷、商贸活跃。达州公路物流港是秦巴地区最大综合性物流中心,占地741亩,总投资5亿元。建有物流信息交易综合平台。现有信息公司32家,货运企业7家,汽车展销业11家,大型商业企业(如苏宁、沃尔玛、美的等)10家入驻。以高速公路为主体、以铁路为干线、以机场为支点、以公路为网络,相互衔接、功能完善的水陆空立体交通网络和综合运输体系能有效降低综合运输成本。2014年全市物流业实现增加值34.6亿元,比上年增长12.3%;电子商务市场交易额10.6余元,增长81.3%;农村消费品零售总额179.77亿元,比上年增长12.5%。

二、达州特色农产品资源概述

1. 达州农业生产规模和总产量(总产值)

近年来,达州市以农业"四区建设"为抓手,大力实施农业"4+8"工程,建基地、育龙头、强品牌,现代农业呈快速发展的态势。

稳定粮油肉类生产,提高农业对经济增长的贡献率。据统计,2014年粮食种植面积55万公顷,比上年增长0.61%,其中水稻种植面积17.45万公顷,比上年下降0.87%;小麦种植面积6.55万公顷,下降2.37%;玉米种植面积10.09万公顷,增长0.52%;薯类种植面积15.42万公顷,增长1.48%;油料种植面积12.8万公顷,增长1.2%;蔬菜种植面积9.15万公顷,增长1.7%。从产量看,粮食总产量282.25万吨,增长0.2%;油料总产量31.95万吨,增长2.9%;肉类总产量50.11万吨,增长2.2%,其中猪牛羊肉总产量分别为35.14万吨、4万吨、1.61万吨,分别增长2%、5.1%、3.1%;牛奶总产量1.92万吨,增长8%;水产品总产量8.9万吨,增长4.54%。2014年达州农业增加值276.2亿元,比上年增长3.8%;对经济增长的贡献率为8.4%,比上年提高1.2个百分点。

特色农业产业基地粗具规模,现代农业发展进程加快。"六带三区两基地"

产业带初步形成，优质苎麻、富硒茶叶、渠县黄花等主导产业，已发展到 250 万亩，其中专业化、标准化、规模化基地 76.5 万亩，建成现代畜牧业养殖小区 2 065 个，发展设施农业 8 万亩。工商登记注册的农民合作组织发展到 1 556 家，带动农户 38 万户，组织成员户均收入 2 万元以上。

龙头企业实力逐渐壮大，农业投资日趋多元化。建成农产品加工集中区 4 个，入驻农产品加工企业 60 家，园区产值达 100 亿元以上，初步实现了农产品加工企业的集聚、集群发展。全市市级以上农业产业化重点龙头企业达到 112 家（其中国家级 2 家、省 21 家），带动农户 75 万户，户均增收 2000 元以上。华西希望集团、广州富力达生物科技有限公司、中博农北京牧场有限公司、四川华橙酒业有限公司、泰国阿玛宁集团等近 100 家有实力的公司先后落户达州投资农业，投资总额达 200 亿元。

农产品品牌创建成效明显，农产品品质提升步伐稳健。达州已成功创建中国驰名商标 3 个，国家地理标志品牌 25 个，四川省名牌和著名商标 50 个，无公害农产品、绿色食品和有机食品认证 180 个。达州是国家重要商品粮、生猪生产基地，被誉为"中国苎麻之乡""中国黄花之乡""中国糯米之乡""中国乌梅之乡""中国油橄榄之都""中国富硒茶之都""中国醪糟之都"。

2. 达州特色农产品选介

近年来，达州在推进现代农业发展的进程中，涌现了大批特色农产品，其中油橄榄、富硒茶、黑鸡（蛋）、蜀宣花牛、苎麻、黄花已经开发为达州农业主要产业和主要特色农产品，我们将在后面专门介绍。这里，我们介绍特色鲜明、具有开发潜力的其他农产品。

（1）粮油

粮油是达州大宗农产品，种植面积大，产量稳定，粮油加工已经成为达州农业中的主导性产业，初步具有产业集群的特征。达州农产品加工龙头企业共 200 家，其中围绕粮油进行加工生产的企业最多，仅 19 家省级龙头企业中就有大竹县顺鑫农业发展有限责任公司、四川东柳醪糟有限责任公司、达州市复兴农副产品批发市场、达州市中贸粮油总公司、四川省立川农业食品有限公司等 5 家企业从事粮油生产加工，占 26%。宣汉桃花米是中国地理标志产品，"云蒙"香米、"蜀竹新"大米、"烟霞"牌富硒大米、"金慧"香米、"家佳乐"大米、"霞优"大米、"川宣"牌菜油、"渠香园"大豆油、"渠香园"菜籽油等一批新的品牌正在成长。

（2）生猪

达州市是国家级生猪战略保障基地。全市除通川区外的其余 6 个县（市、区）均为全国生猪调出大县。现存栏生猪370.7万头，2014年出栏497.7万头，先后引进重庆特驱农牧、北京顺鑫、天王牧业、开江县永发肉食品等十余家国内知名农业企业入驻，从事生猪养殖基地建设和加工。

（3）白鹅

开江白鹅是全国有名的优良地方水禽品种，具有个大、毛质好、肉质嫩、产蛋率高、生长快的鲜明特点，是食品和服装加工的优质原料。全市现存栏白鹅74.9万只，2014年出栏203.1万只。开江白鹅获"国家地理标志保护产品"认定，开江县以德康鸭业·开江现代水禽产业园区为核心，正在着力打造现代水禽产业示范区和"中国白鹅之乡"。投资企业有开江宝源白鹅、德康鸭业集团等。目前，该县已建10个优质白鹅养殖基地，已有华西希望集团、宝源白鹅公司等规模龙头企业开发该产业，全县规模养鸭户达2000余户，5年内年出栏白鹅可达800万只。

（4）马铃薯

马铃薯种主要产地为万源市。万源是四川最大的种薯基地，目前种植面积27万亩，年产50万吨。是四川省第二大马铃薯大县。万源马铃薯荣获"农产品地理标志"认证，获农业部地理标志登记产品，具有品种纯、口感好、品质佳、产量高等特点。

（5）醪糟

其又名甜酒，尤以大竹醪糟最为著名。其味鲜美，是达州传统名小吃，具滋阴补肾、清润胃肠、生津止渴等功效，是休闲饮用、馈赠佳品，远销海内外。大竹被誉为"中国醪糟之都"。四川东柳醪糟有限责任公司年生产4.5万吨，开发出多品种、多规格产品。四川东柳醪糟是达州知名品牌。"东汉"醪糟获中国驰名商标称号，已被国家质监总局认定为国家地理标志保护产品。

（6）食用菌

主要集中于宣汉县、通川区、万源市、开江县，品种繁多、资源丰富，以金针菇、香菇、黑木耳、杏鲍菇为主，种植面积3.5万亩，种植3亿余袋，产量近17万吨，已建成1000亩现代食用菌产业核心园区、2条标准化菌包生产线。宣汉"老君香菇""黄金黑木耳"获国家地理标志农产品认证。

（7）青脆李

国家地理标志保护产品，种植面积6万亩，产量达3万亩，集中在宣汉县、通川区、达川区、万源市。青脆李果大、质脆、味甜、口感佳、风味独特。注册企业有通川区八台青脆李发展有限公司、太平镇水窝子村水果专业合作社。

（8）香椿

获地理标志产品保护，主要分布在大竹县的石河、杨家、竹阳、二郎、双拱、石河、月华、杨家、竹北、周家等乡镇，种植面积 10 万余亩，年产量 5000 吨。椿芽畅销京、津、沪等大中城市，远销日、韩、新加坡等国。2009 年大竹县获得中国经济林协会授予的"中国香椿第一县"称号。大竹香椿不施化肥，不用农药，属纯天然绿色食品，其以"叶面光滑、色泽鲜红、香味独特"等品质深受消费者喜爱。

（9）银杏

主要分布在开江的新宁镇、新太乡、靖安乡、回龙镇、长田乡、讲治镇等 15 个乡镇的 52 个村，已成规模的专业村 41 个，种植农户达 1.6 万户。现有种植面积达 9.8 万亩，年产量 3588 吨，年产值 3500 万元。开发公司有四川银杏实业有限责任公司，开发出银杏茶、银杏果等系列产品。目前，开江县荣获国家珍贵树种培育示范县。规划到 2015 年，全县银杏基地达到 10 万亩，重点建设新太－沙坝－新宁银杏产业带，打造"中国西部银杏之乡"。

（10）乌梅

主要分布在达川区百节、景市、陈家、金檀、桥湾等乡镇。现有种植面积达 8.6 万亩，年产量 7 万吨，年产值 1.8 亿元。开发公司有达县宜华酒业有限公司，主要产品乌梅酒。2014 年达川区在百节初步建成 1500 亩乌梅科技示范园，并荣获"中国乌梅之乡"称号。规划到 2017 年，达川区乌梅种植面积达 10 万亩，乌梅产量达 8 万吨，实现销售收入 3 亿元。

（11）核桃

主要分布在万源市、宣汉县、渠县和大竹县等地。现有种植面积达 27 万多亩，年产量 5568 吨，年产值 2 亿多元。2013 年四川省智民农业科技有限公司落户宣汉从事核桃种植加工，项目投资 1.35 亿元，培育核桃产业基地 50000 亩、采蕙圃 500 亩、苗木基地 500 亩，建设年加工能力 1 万吨的核桃深加工厂 1 个（厂区总面积 40000 平方米）。成都盛果农业有限公司落户渠县，项目投资 10.8 亿元人民币，计划 5 年内建设核桃丰产基地 10 万亩和核桃产品深加工生产线。

（12）青花椒

主要分布在渠县琪市、屏西等乡镇。现有种植面积 8 万亩，年产量 2050 吨，年产值 1.5 亿元。青花椒广泛用于食用调料、香料、油料及药材等行业，具有独特的经济价值。随着餐饮业和食品行业的发展，市场对保鲜花椒的需求日渐增大。

（13）木本药材

主要分布在万源市和宣汉县。现有种植面积 25 万余亩，年产量 1.7 万余吨，年产值 2 亿多元。开发公司有龙森药业有限公司，主要从事"三木"药材的生产和加工，年产量 3000 吨，年收入 4 200 万元。而达州市万源和宣汉海拔幅度为 260 ~ 2 480 米，立体气候明显，非常适合不同品种的中药材种植。

三、达州特色农产品主导产业竞争力分析

1. 油橄榄产业竞争力分析

（1）资源稀缺、品质独特

油橄榄原产于地中海，是一种木本油料树种。开江县种植油橄榄的历史要追溯到 20 世纪 70 年代。油橄榄适生地域狭窄，是一种稀缺资源，四川广元、达州，甘肃陇南，陕西汉中正处在国家规划的四大油橄榄产业带中。研究成果显示，油橄榄全身是宝，尤以橄榄油为贵，其富含单不饱和脂肪酸、多不饱和脂肪酸和多种脂溶性维生素，具有促进血液循环、改善消化系统功能、保护皮肤、抗衰老、防辐射、预防心血管疾病、抗癌等多种功效，是世界公认的最健康的食用油，被誉为"液体软黄金""植物油皇后"。

（2）市场需求旺盛，产品开发前景广阔

据测算，橄榄油国内外的市场价格是普通食用油的 6 ~ 10 倍，可见油橄榄加工增值潜力巨大。假设我国有 20% 的消费人群，该消费群体将近达 3 亿人，按人均年消费橄榄油 1kg 计算，橄榄油年需求量 30 万吨，需要种植 300 万亩。如果我国橄榄油消费水平达到世界人均消费水平（3kg/人年），则油橄榄种植面积需要超过 5000 万亩。据林业部门统计，目前我国挂果油橄榄种植面积不足 10 万亩，栽培面积不足 40 万亩，橄榄油年产量不足 6000 吨，市场缺口很大。

（3）产业粗具规模，产业链基本形成

达州油橄榄主要分布在开江县新宁、新太、普安等 20 个乡镇的 104 个村，现有种植面积 8.3 万亩，年产量（鲜果）2300 吨、橄榄油 300 吨，年产值 1.68 亿元。目前已培育油橄榄品种 120 个，建有我国现存品种最多、品质最好的油橄榄品种资源库。开发公司四川天源油橄榄有限公司是省级农业产业化龙头企业和省级林业龙头企业，主要从事油橄榄种植及橄榄油、橄榄叶系列化妆品、橄榄酒系列产品开发、加工、销售以及进出口贸易。主营产品：绿升牌橄榄油、橄榄酒、曼莎尼娅系列化妆品，现已开发出 7 大系列、63 个品种（餐用橄榄果、生物制药等综合开发利用刚开始起步），初步构建了从科技研发、种苗繁育、种植生产到果品加工、市场销售的完整产业链。

（4）品牌培育势头良好，影响力逐步扩大

四川天源油橄榄有限公司推出的"绿升"牌橄榄油（食用）荣获"中国林产品博览会金奖"、第九届"中国国际农产品交易会"金奖和第二届"中国国际林业产业博览会"金奖，并获得"中国第一个油橄榄原产地证明商标""达

州橄榄油地理标志保护产品""中国驰名商标"。开江县先后被国家林业局评为"全国油橄榄林业标准化示范县",被四川省政府评为"油橄榄基地县",2012年承办了全国粮油标准化技术委员会主办的"橄榄油国家标准修订暨中国油橄榄产业发展论坛",2013年被中国粮油标准化技术委员会授予"中国油橄榄之乡"称号,同年被中国食品工业协会授予"中国油橄榄之都"称号。

2. 黑鸡(蛋)产业竞争力分析

(1)资源要素地方根植性强,产品品质比较优势突出

旧院黑鸡于1963年被中国科学院西南综合考察组在万源市旧院镇首次发现而得名;1982年被认定为四川省地方优良品种,列入《四川省家禽品种志》,2003年被编入《中国家禽地方品种资源图谱》。旧院黑鸡被中国科学院评价为"世界稀有、中国独有、万源特有"的优质家禽良种。旧院黑鸡和蛋富含人体必需的氨基酸、蛋白质,天然富硒,营养丰富,具有药用保健功效,有"滋补胜甲鱼、养伤赛白鸽、美容如珍珠"之称。据测定,16种鲜样氨基酸总含量为22.89%,风干物质样品16种氨基酸总含量为78.22%,鲜样粗蛋白、粗脂肪含量分别为24.02%和0.84%,均高于土鸡,硒含量高达0.09%/mg,2009年被四川省人民政府新闻办、省农办评为"天府十宝"。主产于四川万源、宣汉、重庆城口等地,尤以万源市旧院、大竹、官渡为代表。旧院黑鸡是四川省优良品种、全国地方优良品种,先后获得"有机食品"认证、国家工商总局"注册原产地证明商标"和国家质检总局"国家地理标志保护产品"认证。

(2)产业链完整,养殖加工标准化程度提高

万源市委、政府把旧院黑鸡产业作为当地农民增收致富的支柱产业,制定了发展规划,出台了土地、财政资金等扶持政策;划定原种资源保护区,建设旧院黑鸡原种场,与四川农业大学、西南大学合作围绕种苗提纯、品种选育、疫病防控等开展科学研究,加强品种保护,现已完成肉用品系2系和蛋用品系选育工作;建设高标准有机、绿色、无公害养殖基地,组建养殖专业合作社,实行规模化养殖,落实原占地证明商品管理;培育万源市巴山食品有限公司等旧院黑鸡精深加工及营销龙头企业;建立产品质量安全追溯体系,维护旧院黑鸡(蛋)的品牌声誉。截至目前,建成原种场2个,原种扩繁场5个,养殖专业合作社56个,养殖基地扩展到20个乡镇。现存栏黑鸡380万只,2014年出栏375万只,商品蛋6000万枚,产值4.3亿元。从事养殖、加工、销售的企业近30家,初步形成了一个有一定规模的产业集群。

(3)建成多层次营销网络渠道,产品市场占有率稳步提高

万源市通过完善"龙头企业+专业合作组织+农户"的产业化经营模式,

推广"订单养殖",建设专业市场,设立产品配送中心和销售网点,拓展冷链物流,建成多层次营销网络渠道;通过参加西洽会、渝洽会、世博会、厦洽会、广交会等,提高了产品知名度和影响力;通过实施"公鸡北进、母鸡南下"产品销售战略,在广州、东莞、深圳等沿海大中城市设立办事处,组建公司营销团队,设立营销代理网点,把产品销往沿海大中城市。特别是2015年开展与京东集团合作,通过京东线上平台及物流配送渠道把产品销往全国。据初步统计,现已在全国建立旧院黑鸡连锁直销门市500个、专营酒店300个、超市销售专柜1000个。"千万黑鸡下江南"不再是"梦想"。

3. 富硒茶产业竞争力分析

(1)悠久、绿色、富硒、生态、醇香、味浓:达州富硒茶内在品质的生动诠释

达州是我国的古老茶区,种茶的历史已逾千年,最远可追溯到神农氏。主产区万源、宣汉,大部分地方海拔600~1200米,土壤pH值为5~6,雨量充沛,土层深厚,有机质含量高,富含对人体有益的天然锌、硒等微量元素。达州属四川省唯一的天然富硒区,达州茶叶硒含量在0.242~0.67mg/kg,是人体营养、健康、安全需要的最佳范围。"巴山雀舌"是达州富硒茶的杰出代表,其外形扁平匀直,色泽翠绿,汤色黄绿明亮,香气鲜嫩,滋味鲜爽回甘、叶底嫩绿鲜活,形似山雀之舌,"色绿、香高、回甘、形美"是"巴山雀舌"四绝。

(2)规模化、标准化、集群化、品牌化:达州富硒茶产业一路高歌猛进

达州是四川三大主产茶区之一,是四川省政府确定的重要富硒茶产业带,现有茶叶基地乡镇75个,建成茶叶万亩示范区4个,茶园种植面积40.24万亩,500亩以上规模茶叶基地98个,年产量1万吨,综合产值8亿元。推出了两个茶叶产业标准:一个是地方生产标准《万源富硒绿茶生产标准》,另一个是企业加工标准《巴山雀舌手机合制工艺技术规程》。围绕茶叶生产、加工、营销,形成了以四川巴山雀舌名茶实业有限公司和宣汉县九顶茶叶有限公司等国家级、省级龙头企业为代表,以20多家规模以上茶叶生产企业和200个清洁化茶叶加工厂为依托的富硒茶产业集群,年加工能力1.5万吨。"巴山雀舌"在1991年"中国·杭州国际茶文化节"上被评为"中国文化名茶",2002年万源被评为"中国·四川富硒名茶之乡",2007年被中国食品工业协会授予"中国富硒茶之都"称号,同年"巴山雀舌"被评为"四川省十大名茶",2009年"万源富硒茶"荣获农业部农产品地理标志登记证书,2011年"巴山雀舌"商标被国家工商总局认定为"中国驰名商标"。2015年,在"第十二届中国(上海)国际茶叶博览会"上,"巴山雀舌"和"达州富硒茶"同时被评为"中国

好茶叶·最值得信赖的品牌"，获"中国驰名优秀茶叶"称号。迄今，"巴山雀舌"共荣获国际国内博览会金奖 80 余次。

（3）构建全产业链，"打造全球最大的天然富硒茶区"：达州富硒茶产业吹响打造"茶叶航母"集结号

2014 年，达州市委、达州市政府发布了《达州市富硒茶产业发展总体建设规划》（达市府发〔2014〕10 号），对发展达州现代茶叶产业进行了"顶层设计"和战略规划：实施"一带两核四区十园"的空间布局，即达陕高速沿线富硒茶叶产业带；万源市白羊乡等 46 个乡镇，宣汉县漆碑乡等 30 个乡镇两大核心示范区；开江县广福、达川区龙会、大竹县团坝、渠县龙潭四个片区 37 个乡镇茶叶标准化示范区；集中力建设十个各具特色的精品茶园（万源规划 3 个，宣汉 3 个，达川、开江、渠县、大竹各 1 个），到 2020 年规划建设富硒茶基地 100 万亩，到 2024 年形成 100 亿元产值；实施"区域品牌＋企业品牌"双品牌战略，重点打造"巴山雀舌"区域品牌，统筹区域品牌建设、运营和保护；构建包括良种选育、繁育推广、精深加工，综合利用、茶包装、茶具等关联产业和茶叶衍生品、茶文化建设等在内的富硒茶全产业链，组建茶叶企业集团，把达州建成全国知名的富硒茶生产、加工、贸易和文化中心。2015 年，达州举办富硒茶产业建设项目推介会，推出包括精品观光茶园、中国富硒茶博城、标准茶园、良繁体系、茶叶加工、茶文化建设、产品开发、循环农业等在内的 9 大工程建设项目，项目总金额 117 亿元，当场签约 13 亿元。中国富硒茶博城选址为通川区复兴镇，规划建设 200 亩，预计投资 8 亿元，建成后年交易额将达到 100 亿元。

4．苎麻产业竞争力现状分析

（1）"中国草"种植历史悠久，资源特色鲜明，市场潜力巨大

苎麻有"中国草"之称，为荨麻科苎麻属，系多年生宿根性草本植物，叶可作畜用饲料，茎可作制板、造纸原料，根可入药，皮能抽纱，是中国特有的以纺织为主要用途的农作物，被誉为"天然纤维之王"。达州已有三千多年种植历史。苎麻纤维细长坚韧、质地轻盈、吸湿透气，透气性能是棉花纤维的三倍。而且，苎麻纤维含有叮咛、嘧啶、嘌呤等元素，对金黄色葡萄球菌、绿脓杆菌、大肠杆菌等有抑制作用，具有防腐、防菌、防霉等功效，是纺织各类卫生保健用品的优质原料。中国苎麻产量占全世界苎麻产量的 90％，达州苎麻种植面积占全国的 30％，产量占全国的 40％，所产苎麻纤维原麻单纤支数平均在 2000 支左右，所以达州是全国独有的最大优质苎麻生态区，苎麻产品远销日本、韩国及欧美市场。2007 年，达州苎麻获得"国家地理标准保护产品"称

号。四川玉竹麻业公司创建的"玉竹"品牌被评为"四川省著名商标"。

（2）苎麻产业基础雄厚，产业链完整，产业化发展水平较高

苎麻种植基地规模化，达州苎麻种植区主要分布在大竹、达川区。据统计，2014年种植面积达到45万亩，产量达8万吨，原麻产值2.3亿元，大竹县和达川区分别被国家授予"中国苎麻之乡"和"中国苎麻之都"称号。苎麻加工生产园区化、加工企业集群化。按照新型工业化道路和循环经济的总体要求，达州在大竹建成中国第一个苎麻纺织工业园区，设立苎麻脱胶区、纺织区、印染区、服饰服装区、产品交易中心和公共服务区，让从事苎麻脱胶、纺纱、织布、印染、服装加工企业进入园区相对集中发展，同时积极推进苎麻综合开发利用，目前入园企业达15家，规模以上加工企业9家，四川玉竹麻业、四川金桥麻业、四川智鹏麻业已成为苎麻加工省级龙头企业，年生产精干麻8500吨、纺纱1.7万锭、织布400万米、服装20万件（套）、夏布20万匹，延伸外加工产品有苎麻袜、内衣、床上用品等，实现销售收入3亿元，纳税1000多万元，创汇600多万美元。实现了依托特色形成产业聚集、依托产业集群催生交易市场的良性互动。

（3）依靠科技进步，提高产品科技含量，苎麻产品的核心竞争力稳步提高

达州建立了四川和西部地区第一家苎麻科学研究所，形成了90多人的科研人员团队；四川玉竹麻业等龙头企业与清华大学、四川大学、四川纺织科学研究院等科研院所合作建立"达州苎麻产业院士专家工作站"；达州建立了达州市苎麻加工省级企业技术中心和达州市苎麻重点实验室。这些机构对达州苎麻种植、加工提供了可靠的技术支持和科研成果保障。近年来，达州苎麻产业在优良品种选育、新产品研发、加工机械制造、加工技术流程、废水处理、副产品综合利用等方面涌现了丰硕的研究成果，育种技术、打剥技术、脱胶技术、混纺技术、抽丝技术等获得显著提升。推出新品种12个，在辐射育种、无性繁殖、无融合生殖技术方面达到同类国际先进水平；研制了打剥机，微生物脱胶初加工技术、细菌－化学联合脱胶技术、生物脱胶技术等获得重大进展，成功解决了苎麻产品"刺痒感、着色难、易褪色、易起皱"等世界性难题，部分技术指标超过世界先进水平。72公支苎麻/绢丝高特混纺织纱线研究成功，达到目前苎麻纺织行业的最高支别数，也就是最细的程度；中水回用系统投入使用，整个终端水处理达到了接近自来水的标准，回用率达95%以上，实现了在全国麻纺行业领先。

5. 渠县黄花产业竞争力分析

（1）种植历史悠久，生态环境优良，资源品质独特

　　黄花，又名金针菜，属于百合科，萱草属，是一种多年生草本植物的花蕾。味鲜质嫩，营养丰富，含有丰富的花粉、糖、蛋白质、维生素 C、钙、脂肪、胡萝卜素、氨基酸等人体所必需的养分，其所含的胡萝卜素甚至超过西红柿的几倍。黄花菜性味甘凉，有止血、消炎、清热、利湿、消食、明目、安神等功效。黄花既是著名的观赏花卉，又是有名的佳蔬良药。渠县黄花种植已有 300 多年的历史，曾为皇家贡品；20 世纪七八十年代，被国家作为稀缺农产品，实行统购统销，用于出口创汇。主产地为渠县清溪、望江、屏西镇，这些地方日照时间较长，昼夜温差大，环境空气流畅，田间湿度小，病害相对较轻；其土质多为紫沙黄壤，土层深厚，松紧适度，可耕性好，保水保肥力强，酸碱适中，养分全面，有机质与速效性养分含量较高，最适宜黄花的生长发育。"渠县黄花"因其色泽鲜亮、食味别致、香气馥郁、肉头肥厚而闻名。渠县被中国食品工业协会誉为"中国黄花之乡"，渠县黄花被认证为"绿色食品""无公害农产品"和"国家地理标志保护产品"，曾获西博会"金奖"。渠县确定每年 6 月 18 日为"黄花节"。

　　（2）龙头企业快速发展，主营产品多样化，辐射带动作用显著增强

　　四川省宕府王食品有限公司是一家专门从事渠县黄花种植和加工的"四川省农业产业化经营重点龙头企业"，也是一家从事土特产、农副产品科学研究、产品研发、精深加工的科技型企业。公司现有职工 300 多人，科研人员 60 多人，总资产 2000 多万元。公司是"国家非物质文化遗产"保护单位，主营产品是以"渠县黄花""宕渠呷酒"为主体的"宕府王"牌系列产品。2008 年"宕府王"牌被批准为"四川省著名商标"。公司现有黄花生产线 3 条，可年加工鲜花 2000 吨，销售干花 100 吨。宕府王食品有限公司研发黄花类加工食品，已成功注册"渠县黄花"商标，带动了以清溪、望江、屏西三镇为主体核心区的黄花产业发展。在望江乡武坪村建成黄花良繁母本园 1000 亩，在有庆、屏西、清溪、望江等乡镇建成黄花标准化示范基地 4000 亩。在基地带动下，黄花种植面积扩充到 8.5 万亩，产量 8.5 万吨，一个以黄花为特色的优势农业区域基本形成，并被整体认证为"无公害农产品"生产基地，目前正着力打造 10 万亩优质黄花产业带。

　　（3）着力科技研发，强化普及推广，走科技引领之路，渠县黄花的市场影响力逐步提高

　　四川省宕府王食品有限公司成立"渠县七芯黄花研究所"，与西南大学、四川省农科院等进行合作，围绕黄花品种改良、优良品种选育、保鲜加工、干制冷藏等进行科技攻关，取得了丰硕的研究成果。品种改良和新品种培育，提高了黄花产量；采用新型干制技术，结束了几百年来只能传统干制的历史，实

现了"一季黄花、四季鲜活"的目标,填补了国内空白;采用黄花生物调节技术,实现了黄花四季采摘,走在了同行业前列,延长了花期,提高了产量。公司还推动成立"渠县黄花协会",会员分布在 28 个乡镇 224 个行政村,带动农户 4.1 万户。近年来,渠县黄花协会创建科普示范基地 53 个,举办科技讲座 220 余场,开展技术培训 820 多次,参加人数达到 12.8 万人次,发放科技图书资料 2.35 万册,推动了科学技术的普及。2014 年,渠县与重庆市古蔺县达成《黄花产业发展合作协议》,共建黄花研发中心,就黄花良繁体系建设、标准化生产、病虫害防治、产后初加工等方面展开合作,迈出了渠县黄花生产走出四川的重要一步。

6. 肉牛产业竞争力分析

(1) 自然条件得天独厚,养殖加工产业基础雄厚,产品享誉全国

达州肉牛产业主要分布在宣汉、万源、通川区、达川区。据统计,这些地方有 584 万亩草地草坡,常年人工种植优质牧草及饲用农作物 40 余万亩,常年产农作物秸秆 298 万吨,这些为肉牛养殖提供了优越的自然条件。"蜀宣花牛""宣汉黄牛"是达州肉牛养殖的代表性品种,"蜀宣花牛"是达州培育的乳肉兼用地方优质肉牛新品种,填补了中国南方无培育牛品种的空白;"宣汉黄牛"是国家和地方优质牛种,载入了世界和中国牛种志。达州把宣汉、万源、达川区 3 个县列入牛羊标准化生产基地县,把宣汉、万源、达川区、大竹县和渠县 5 个县列入能繁母牛扩群增量项目县。2014 年全市现存栏肉牛 74.8 万头,出栏 32.6 万头。宣汉县是全省现代畜牧业重点县,还是南方优质种牛和育肥牛主要供应基地县。2014 年,宣汉县肉牛出栏就达到 18.7 万头,万源市肉牛出栏 5 万头。达州牛肉产品享誉全国,灯影牛肉获"中国著名商标"称号。除此之外,还拥有一批知名品牌,如"老川东""川汉子""佳肴"等。

(2) 产业链条长,产业关联度高,产业集群已具雏形

达州肉牛产业涵盖牛种改良、种牛养殖、肉牛养殖、牛肉加工、牛乳制品、牛肉制品销售等产业环节,与科技研发、饲草种植、饲料加工、品牌创建推广、专业化服务机构、科研院所等第二、三产业保持密切联系,具有很强的产业关联性,是农民增收致富的重要途径。达州肉牛养殖规模比较大,养殖户也比较集中。据调查,2014 年宣汉肉牛养殖种公牛 400 头,能繁母牛达 1 万头,肉牛养殖分布在 30 多个乡镇;万源有养殖肉牛 200 头以上的基地村 58 个、肉牛重点基地乡镇 30 个、肉牛养殖基地 40 个、肉牛养殖小区 28 个。达州从事肉牛产业的研发机构、育种场所、加工企业比较多,这些企业分工协作,已经形成规模明显的产业集群。达州建立了四川省畜牧科学研究院川东分院,设立了专门

的育种场。达州肉牛产业不仅培育出了达州市宏隆肉类制品有限公司、四川省天友西塔乳业有限公司、四川川王牧业有限公司、万源市巴山食品有限公司4家省级重点龙头企业（占达州现有省级以上农产品加工重点龙头企业总数的20%），还培育出了大巴山牧业、四川佳肴、裕泰丰畜牧科技、达州市华森牧业、达川鸿顺养殖、达州市峻峰牧业等10余家肉牛养殖及牛肉加工企业。达州肉牛产业可谓"企业扎推"，产业集群呼之欲出。

（3）产业主线强势拓展，主导产地逐步扩散，品牌影响力逐步扩大

达州肉牛产业有两个核心环节即肉牛养殖和肉牛加工，"蜀宣花牛"就是其中的产业主线。"蜀宣花牛"主要产地在宣汉县，集中分布在前河、后河流域的30多个乡镇，以南坝镇、大成镇、桃花镇为重点。"蜀宣花牛"是本地培育的具有完全自主知识产权的乳肉兼用型牛新品种，主要性能指标优于中国北方育成的草原红牛、新疆褐牛和三河牛，其体型中等，整体结构匀称，头中等大小，体质结实，肌肉发达，行动灵活。截至目前，全县畜禽专合组织发展到105个，家庭牧场达到82家，大中型股份制牧业公司已达10余家，已建成标准化规模养殖场435家，规模化养殖比重超过65%，全县存栏5万头，其中母牛0.8万头，养牛收入近10亿元。宣汉县已成为农区养牛第一大县，已向育种区外的贵州、云南、西藏、重庆、河北、上海等省市（区）和省内近二十个市（州）推广5000余头母牛、500余头公牛，向贵州、云南、陕西、重庆、西藏等省市（区）和省内各市州出售20000余头商品牛。据测算，每头成年蜀宣花牛公牛可给农户带来7000多元的收益，如果是母牛，算上奶品销售收益，总收益可达1.8万元。2013年，宣汉县锦宏蜀宣牧业有限公司取得省畜牧食品局颁发的《种畜禽生产经营许可证》，建成千头蜀宣花牛繁育场，目前存栏1200头，成为中国南方第一个蜀宣花牛种牛场。达州市俊峰牧业有限公司、达川区森科农业发展有限公司、达川区世川农业开发公司、达川区江阳乡新学村肉牛养殖场等企业纷纷加入蜀宣花牛的养殖和加工行列。"蜀宣花牛"正向全国不断扩大其品牌影响力。

第五章　培育达州特色农产品加工产业集群

达州特色农产品加工产业要更好更快地发展，走集群化道路是必然选择。培育达州特色农产品加工产业集群是一项系统工程，要讲究战略战术。本章根据达州市情，阐述培育达州特色农产品产业集群的重大原则、发展路径和培育策略。

第一节　培育达州特色农产品加工产业集群的重大原则

重大原则影响发展方向、规范行动准则。坚持实事求是的科学态度，遵循事物不断变化发展的规律，客观分析培育达州特色农产品加工产业集群的重大原则，发展动态、静态优势，是亟待研究的重大现实问题。

一、比较优势原则

1. 坚持比较优势原则，培育特色农产品加工产业集群的重要性

产业集群通常具有产业高度集聚性、群内企业协调共生性、集群内部分工专业性、创新驱动显著性、群内资源共享性等特点，因而产业集群具有降低成本，提高区域生产效率，产生滚雪球式的集聚效应，吸引更多的相关企业进入，依托技术交流和创新、促进集群内新企业的快速衍生与成长等功能。在实践中，产业集群已经成为体现区域产业综合竞争优势的重要标志，培育产业集群已经成为促进区域产业转型升级的客观要求。因此，各区域非常重视农产品加工产业集群的培育。

培育农产品加工产业集群必须坚持比较优势原则。区域比较优势意味着：

区域要素资源独特，生产成本低廉；综合交通条件优越，降低营运成本潜力巨大；行业有较大的市场容量、较大的发展潜力和广阔的发展空间。区域比较优势带来的"经济有利性"常常是产业集群孕育时期企业进入、地域集聚的强大动力，因此培育产业集群首先要依托区域比较优势。在我国，农产品加工产业集群的佼佼者，如云南鲜花产业集群、山东寿光蔬菜产业集群、福建水产品加工产业集群、四川中药材和饲料加工产业集群、河南小麦加工产业集群、吉林玉米加工产业集群、黑龙江优质大米和大豆加工产业集群、内蒙古乳品加工产业集群、浙江羽绒制品产业集群等都是依托区域比较优势发展起来的，因此，达州培育农产品加工产业集群也必须遵循比较优势原则。

2．比较优势原则的内容和要求

（1）比较优势的内容

比较优势是指一个国家或地区与另一个国家或地区在经济发展上相比较而存在的优势，是一种状态优势，具有层次性的特点。在两个国家或地区在进行贸易时，这种优势使双方都能够得到不同的比较利益。比较优势学说最早是由英国古典经济学家李嘉图提出的，国际贸易理论最初就是针对获取这种国际贸易上的比较利益而实施的。对于一个国家或地区来说，实施比较优势战略已远远超出国际贸易的范畴，而且其所获得的利益也远远超过国际贸易领域。因此，比较优势战略实质上已经是一个国家或地区的整体经济发展战略。

该理论表明，第一，产业间贸易是建立在比较优势和要素禀赋基础之上的，劳动力资源丰富国之所以成为劳动密集型产品的净出口国和资本技术密集型产品的净进口国，起决定作用的主要因素仍然是比较优势。第二，产业内贸易则是建立在规模经济和产品差异基础上的，即使两国具有同等的技术水平和相同的资本劳动比率，两国同产业的厂商仍将生产异质产品，消费者对外国差异制成品的需求仍将引致产业内贸易。由于对规模经济的追求，贸易双方一般只能生产种类有限的产品，然后通过产业内贸易来增进双方的社会福利。第三，以比较优势为基础的产业间贸易和以规模经济产品差异为基础的产业内贸易是可以共生并存的，所以规模经济和产品多样化结合在一起就会形成一种新型比较优势，使不同国家之间部门内贸易日益扩大。

（2）比较优势原则的具体要求

首先，要从动态、全局的角度来看待比较优势。在经济全球化的今天，如果仍局限于本国或本地区的比较优势去考虑问题，无疑是一种井底之蛙的表现。各国的资源禀赋都应当被放在一个全局的角度来看待，资源的选取也不再局限于一国范围内，资源要在全球范围内实现最优配置。因此，当我们把西部的资源优势放在世界经济发展的大潮之中，这些优势很可能就微乎其微了。其次，要把比较优势与市场优势相联系。西部的比较优势在于资源优势，但以比较优势为依托的产业结构为何未能给西部地区带来巨大的经济效益，这是一个值得深思的问题。抛开计划经济的因素，从市场经济中寻找原因，我们会发现西部地区的资源性产品多为附加值极低的初级产品，科技含量低，市场竞争力差。最后，要把比较优势与可持续发展战略相结合。西部的许多资源，如矿产、石油、天然气等，都属于不可再生的资源。如果单纯按照比较优势的观点，当地有什么资源就大力发展什么产业，而丝毫不从全局、长远的角度来考虑资源利用与可持续发展的关系，那么经济的发展只能是一种短期行为。

3. 达州坚持比较优势原则培育特色农产品加工产业集群的策略

（1）保持静态比较优势

传统的比较优势理论把比较优势看作静态的、不变的。换句话说，不论一个国家的经济处于什么水平，它的生产成本都有自己的相对优势。即使一个国家所有商品的劳动成本都比另一个国家高，但只要商品的劳动成本对贸易伙伴来说存在差异，该国就能生产成本相对较低的产品，并在贸易中获益。同理，在各种产品的生产上都占绝对优势的地区应集中资源，生产优势相对更大的产品，即"两利相权取其重，两害相权取其轻"。比较优势理论一方面指出了任何地区都有参与区域贸易的可能性；另一方面也指出了区域间交换的特殊规则。在同种商品的生产函数基本相同的情况之下，不同地区比较优势产生的根源在于区域间该类商品生产在要素使用密集程度上的差别和生产要素相对禀赋的差异。产品的成本差决定着产品的市场价格差，在充分竞争的市场条件下，形成区域贸易和区域分工，各区域应当密集使用相对充裕的要素，生产相关产品，从区域外购买本区域生产要素相对稀缺的产品。达州特色农产品发展，在拥有得天独厚资源禀赋优势的同时，还具有后发的技术、资金优势，因而，能够在充分运用本区域的自然条件、社会经济条件，进一步保持并发挥自己的静态比较优势。

（2）创造长期动态比较优势

各区域的经营资源与劳动的比率差异导致比较成本差异，比较成本差异使比较利润率出现差异，因此区域贸亦可建立在比较成本和比较利润率差异的基础之上。达州是一个劳动力比较密集的地区，应充分发挥达州的比较成本优势，加快发展比较优势产业，对外销售该产业的产品，同时在一定程度上缩减该区域比较劣势产业。根据弗农创立的产品生命周期理论，产品的生命周期存在

"创新""成熟"和"标准化"三个阶段。达州特色农产品在"创新"阶段，企业具有比较优势，可以不断改进产品，采取外销形式占领区域外市场。在"成熟"阶段，产品外销量急剧增加，同时，存在技术外溢、仿制品冲击等问题；外销商品的边际生产成本加上运输成本逐渐接近并超过从区域外购进的预期平均生产成本，从而需要相关辅助产业的协调发展，帮助达州特色农产品向"标准化"阶段过渡。

（3）实现内生比较优势

杨小凯等人发展了内生比较优势理论，认为比较优势是人们后天通过分工获得的，并随分工专业化程度的提高而不断提高；专业化生产可以提高劳动生产率，但同时会带来交易次数的增加，这意味着交易费用的增加，形成两难矛盾。在市场经济下，这个矛盾最终会达到平衡，此时专业化程度就是最佳分工水平。在此种分工经济中，人们从事各自不同的专业，减少了人们需要学习的技术量，降低学习费用，进而降低生产成本，形成比较优势。因此，达州特色农产品加工产业优势可通过分工获得，并随着分工专业化程度的提高而不断提高，以期实现内生的、动态的比较优势。

二、规模效益原则

1. 规模效益原则在培育特色农产品加工产业集群中的重要性

（1）降低各种成本支出

各类集群企业在集群内部进行较细致的分工，形成高度灵活的专业化生产协作网络，这样就会大大降低各种成本支出。①降低交易成本。企业通过投入等方式扩大资源的占有，通过内部的劳动分工实现资源的有效配置，其获得资源的交易成本很高。虽然缺乏对资源的占有和单一控制，但是中小企业集群可以减少资源获取和资源转换的障碍，提高资源的创新整合能力，大大节省获得资源的交易成本。同时，由于以市场交易关系取代了内部管理关系，产品交易成本也就降低了。由于集群内各环节企业之间的地理位置的接近性，企业可通过合资合作、建立联盟等方式共同进行购销活动。②降低信息成本。信息的掌握对企业经营来说至关重要。集群内各企业之间交往比较频繁，集群内部人员流动也比较频繁，同类信息高效快速地传播，集群成员可通过共同使用公共设施，减少分散布局所需的额外投资，企业搜索产业信息时在时间和费用上都会大大节省。③降低相关成本。企业的相关成本包括利用基础设施的成本，与生产有关的配套产品的采购、运输成本以及人力资源所耗成本，集群内的企业在空间上集聚且专业化分工明确，可以使以上成本降到最低。

（2）区域内形成外部效应

产业集群产生的外部效应是指产品或服务给其所有者以外的人带来的益处，也即因产业在地域上的集中而导致社会分工深化、企业联系加强和区域资源利用提高所产生的成本节约。集群内大量专业化企业集聚在一起，使区域实现规模生产；企业之间高度的分工协作，使整体的生产效率提高，产品品质提高，市场需求巨大，交易能力增强，使整个产业集群获得一种外部规模经济效应。此外，集群形成后，通过树立"区位品牌"，在消费者中间形成一个良好的品牌形象，增强消费者的购买欲望，扩大市场竞争优势。区位品牌是众多企业品牌精华的浓缩和提炼，具有广泛、持久的品牌效应。良好的区位品牌可以使群内企业包括新进入企业受益。同时，在产品的生产和销售过程中，群内企业可以利用集群的优势选择产品差异化战略，满足消费者对产品的个性化需求，获取市场竞争优势。

（3）推动区域技术进步

首先，推动集群区域内技术创新。集群内各企业由于在生产或其他环节上具有相似性，彼此之间互相熟悉对方与产品有关的一系列信息，并公开对企业业绩进行比较，企业互动程度和学习动力都比较高，集群内个别企业所面临的这种共存压力、不甘人后的自尊需要和对市场需求变化的动态把握，都会激发企业产生胜出同行的强烈竞争效应，从而在区域范围内产生一种整体的创新环境。其次，加快区域内技术扩散。一般来说，集群内部企业之间高度的分工协作关系，使企业间的相互依赖性增强。企业彼此邻近，有利于提高信息和知识短距离传递效率，尤其是技术发展所需要的大量隐含（经验类）知识必须面对面进行交流才能共享；同时，邻近又使企业在相互比较中面临竞争的隐形压力。集团内企业之间地理位置的邻近、业务联系的紧密、信息交流的快捷，以及相互间的频繁接触和交往，增加了经营的"透明度"，并且在文化和价值观等方面也有较强的同一性。这使区域内技术知识的传播速度加快，企业吸纳、消化技术的能力加强。新工艺、新技术迅速传播，新思想、新观念易于被接受，这为技术扩散提供了基础条件。集群内个体组织和总体组织都保持高效的技术扩散系统，从而可以打破市场经济中技术扩散的产权屏障，保持技术信息的良性循环，使集群内具有较高成功率和较长的持久性，有利于技术进步和产品的更新换代。因此，在技术创新和技术扩散的良性作用下，技术进步在整个产业集群区域内会受到强大的推动，对区域内产业优化起到支撑作用。

（4）有利于培育专业化劳动力市场

由于在产业集群中从事相同或关联服务产业的人集中在一起，因而很容易在集群内找到专业化的人力与投入因素，实现企业对劳动力的柔性需求，企业可以以最优的价格得到最专门化的服务。产业集群区域内专业化分工明确，这样有助于培育出一批具有较强专业技能的各类人才，这些人才在同一产业集群内的企业间很容易有效地自由流动，可以大大提高人才掌握专业技能的速度，人才的整体素质也会在集群内有一个整体的提高，劳动力市场会在此条件下有效地运转，从而避免出现企业人才紧缺的情况。即使是新加入集群内的企业，也能得到各种技能的劳动力供给，而且价格一定是最便宜的。

2．规模效益原则的内涵和要求

（1）规模效益的内涵

规模效益问题归属于生产力经济学范畴，它探讨的是以不同的量和不同的组合方式进行经济活动时，各种元素组合的有效性，也就是研究"规模经济"，即最佳经济规模效益下的经济活动。"规模经济"是指消费者或生产者的生产要素按照一定的经营规模可以得到的经济效益，即由于不同的选择，产生生产规模的改变所引起的经济利益相应增加或减少。规模效益理论表明，企业将生产要素等比例增加时，产出增加价值将大于投入增加价值，[①] 即产量增加的比例大于要素投入量增加比例时，这种经营规模才具有规模效益。规模效益产生的实质原因是，由于企业生产规模扩大，单位产品所需的生产成本降低。

国外对农业规模经营的研究可追溯到古典经济学家关于土地报酬递减的研究，对规模经营的研究一般偏重于探讨在经济活动中各种要素组合不同的量和不同组合方式下的效益情况，即研究不同经济活动获得的最佳规模效益。这些支持农业规模经营的主要论点都与规模效益有关。但对于经营规模与效益的大小关系，理论界存在着不同的观点。部分学者认为在农业生产方面规模效益非常有限，除非某些非常特殊的情况存在。但是，另外一些学者如 Atanuetal（1994）研究认为，由于技术传播的速度与经营规模成正相关关系，农场规模对技术采用决策具有正效应，能够间接提高农场收益；速水佑次郎和拉坦（2000）则认为，若大农场和小农场都以相同速度使用现代品种，则在效率方面能获得同样的收获；R. F. Townsendetal.（1998）通过对南非的葡萄酒生产者的调查，研究了农场规模、生产率与规模收益之间的关系，最后认为在南非葡萄酒生产中，没有一个最佳农场规模，但是存在一个最有效的农场规模分布区间；美国密执安大学的瑞定杰和康赛优教授关于菲律宾农地规模与生产率之间关系的研究则表明，小型农田存在规模不经济。

---

① 惠宁：《产业集群的区域经济效应研究》，北京：中国经济出版社，2008。

（2）规模效益原则的要求

①处理好规模效益和效益规模的关系。规模效益模式，即日韩模式，以规模扩张为特色，跨行业、跨地区、跨国家兼并、办厂，"捡到篮里便是菜"；效益规模模式，即欧美模式，谨慎从事，不搞无条件扩容，不打无把握之仗。两类模式各有优劣，各地培育产业集群应立足充分把握本地实际情况，须知没有市场、没有效益的规模是可悲的，分散的五指无论如何都打不赢紧握的拳头。②坚持适度规模经营。习惯上人们都认为扩大生产规模将会增加经济效益，大规模生产具有其独特优势。但由于存在生产要素边际报酬先增加后减少的"边际报酬递减规律"，当规模超过一定限度时，效益不会再提高甚至会减少，边际成本等于边际收益是形成规模经济最优的必要条件。因此，特色农产品加工产业集群必须坚持适度规模经营。③寻求与最低经营成本匹配的经营规模。当经营规模小于适度规模时，必须扩大经营规模；当经营规模大于适度规模时，则应将其分解成相对较小的经营单位。

3. 达州坚持规模效益原则培育特色农产品加工产业集群的紧迫性

规模经营的"适度"是一个动态的概念，要以产品产出的平均成本是上升了还是下降了来衡量。各地确定适度规模也要因地制宜，符合当地实情。从土地经营规模看，各国的适度规模差异很大，美国农场的平均经营规模为195.2公顷，日本、韩国分别为1.4公顷和1.2公顷，而我国仅为0.42公顷；从农产品加工企业的行业分布和技术特点看，农产品加工企业涉及农副食品加工、食品制造、饮料制造、烟草制品、纺织、服装及其他纤维制品制造、皮革毛皮羽毛（绒）及其制品、木材加工及其竹藤棕草制品、家具制造、造纸及纸制品、印刷与记录媒介复制、橡胶制品等行业领域，各领域技术特点各异，适度规模标准各不相同，因此，从事农产品加工的企业适度规模也要"因企制宜"。2014年，达州有各类农产品加工龙头企业200家，平均固定资产1694万元，年销售收入10亿元以上的企业仅有1家，从事种植及其加工的龙头企业年平均销售收入3401万元，从事畜牧养殖及其加工的龙头企业年平均销售收入3167万元，从事水产养殖及其加工的龙头企业年平均销售收入2110万元，境内、境外上市农产品加工龙头企业还是零纪录。其他从事农产品加工的非龙头企业都是家庭作坊式的小微企业。近年来，随着现代农业的加快综合发展，农业适度规模经营取得了一定成效，带动农产品加工企业经营规模有所扩大，但达州农产品加工产业规模狭小的现状并没有得到根本改变，距离适度规模标准的要求还有很长的路要走。

三、绿色生态原则

1. 按照绿色生态原则培育特色农产品加工产业集群的重要性

按照绿色生态原则培育农产品加工产业集群是保护农业生态环境、促进农业可持续发展的客观要求。农产品加工方法涉及三大类：一是物理机械加工，包括粉碎、筛选、搅拌、加热、浓缩、干燥、浸出、压榨、过滤、蒸馏等；二是化学加工，包括水解、中和、沉淀、凝聚、解析等；三是生物加工，包括发酵、微生物的培养利用等。这些加工方法及各个加工环节极易造成对环境的污染、破坏，影响经济的可持续发展。据统计，我国每年产生的农产品生产及加工副产物近 14 亿吨，这些副产物导致的污染事故与事件逐年增加，如秸秆焚烧增加了空气污染指数并影响到交通和航空运输事业；一些加工企业周边污水横流、臭气熏天，严重影响生态环境及景观、居民的日常生活和身体的健康，直接导致面源污染和水体富营养化；畜禽副产物中一部分不宜食用的副产物（骨、肺、腺体、胰脏等）及薯类淀粉生产的薯渣等副产物被排放或丢弃，排入城市下水道、河流、湖泊、废弃井矿、采石场或山洞等，污染水体，导致水生物死亡，还会产生臭气，影响居民生活；蔬菜主产区、大型蔬菜集贸市场及加工厂的菜帮堆积如山，腐烂变质，严重污染土壤、地下水等，耗费大量资金来治理环境污染问题。

按照绿色生态原则培育农产品加工产业集群，客观上要求推广"环境有监测、操作有规程、生产有记录、产品有检验、上市有标志"的全程标准化生产模式。这种新模式的推广、普及能够有效促进生产者优选品种、合理施肥、科学用药，实现农产品质量可追溯；也能够鞭策生产者以市场为导向，把质量安全和经济效益结合起来，把标准化和品牌化结合起来，把产品开发和市场流通结合起来，把经济效益、社会效益、生态效益结合起来，推动农产品优质优价市场竞争机制的形成，强化"保护环境、清洁生产、绿色加工"的可持续发展理念。

2. 绿色生态原则的内容和要求

绿色生态原则要求农产品加工企业在保障绿色生态环境的基础上提供绿色生态产品。它以可持续发展原则为指导，意在寻求自然环境、社会环境和人类的和谐统一。

在绿色生态环境方面有三项具体要求：一是在环境质量上实现保护空气达标和控制噪声达标；二是在污染物控制方面实现污水经过水站处理成中水以及垃圾减量并无害处理；三是在生态指标上实现保护耕地、绿化覆盖率 32% 和人均公共绿地 2.5m^2。

绿色生态食品要求达到"三品一标"即无公害农产品、绿色食品、有机农产品和农产品地理标志。"三品一标"是政府主导的安全优质农产品公共品牌（魏珍，2010）。无公害农产品是指产地环境、生产过程和产品质量均符合国家有关标准和规范的要求，经认证合格获得认证证书并允许使用无公害标志的优质农产品及其加工制品（秦红清、张婷，2008）。绿色食品是遵循可持续发展原则，按照绿色食品标准生产，经过专门机构认定，使用绿色食品商标标志的安全、优质、营养食品（方国海、赵鹏海，2010）。"绿色食品"这个名称，是为了更加突出这类食品出自良好的生态环境。绿色食品是中档食品，分为两级，即 A 级绿色食品（生产条件要求较低的食品）和 AA 级绿色食品（要求质量较高，与有机食品要求基本相同）。有机农产品是指在生产中不采用基因工程获得的生物及其产物，不使用化学合成的农药、化肥、生长调节剂、饲料以及饲料添加剂等物质，遵循自然规律和生态学原理，采用一系列可持续发展的农业技术生产并通过有机食品认证机构认证的农产品（向敏、林胜，2007）。有机农产品是尽可能减少外部投入，利用自然的调控机制，符合动物需求的饲养方式，来适应当地环境和生产高价值的食品（IFOAM，2002）。有机食品是食品的最高档次，在我国刚刚起步，即使在发达国家也是一些高收入、追求高质量生活水平的人士所追求的食品。农产品地理标志是指标志农产品来源于特定地域，产品品质和相关特征主要取决于自然生态环境和历史人文因素，并以地域名称冠名的特有农产品标志。

农产品加工企业必须严格遵循农产品地理环境标准、农业投入品标准、生产技术标准、质量安全标准，这样才能确保在生产加工过程中既能充分保障绿色生态环境，又能大量提供绿色生态产品。

3. 达州坚持绿色生态原则培育特色农产品加工产业集群的关键环节

（1）在农产品加工产业布局规划和现代农业园区建设、农产品加工集中区建设中践行绿色生态理念

一是以绿色生态理念为引领，高起点规划，高标准建设，超前性设计，大力度推进农产品加工产业布局规划和现代农业园区，农产品加工集中区建设，既要"金山银山"，也要"绿水青山"，变"先污染后治理"为"防患于未然"。二是以循环经济理念为引领，按"整体、协调、循环、再生"的原则构建循环经济产业链体系，调整和优化产业结构，变"末端治理"为"源头减量"和"全程控制"，从源头上防止污染产生。三是加强环境保护基础设施和

服务平台建设，实现"污染治理集中化"，为园区废弃物收集、安全储运、分类处理创造条件，实现废水资源集中回收、安全处理和循环利用，实现园区废弃物统一收集、统一储运和集中处理，实现园区资源高效、循环利用和废物"零排放"。四是创新环境保护组织形式和管理机制，为改善生态环境提供可靠保障。

（2）在招商引资、承接产业转移、吸纳项目入园落地过程中严格进行环保评估

达州地处西部欠发达地区，推进新型工业化、城镇化的任务艰巨，面临招商引资的巨大压力。达州具有承接东部地区产业转移的良好条件，又处在承接东部地区产业转移的最好时机。当前达州现代农业园区建设、农产品加工集中区建设如火如荼推进，需要吸纳大量农产品加工企业入驻。在这种背景下，极容易造成放松放宽选择条件、忽视项目环保评估、淡化环境保护的"饥不择食"的状况出现。事实上，"能耗偏高、排放偏多、污染偏重、副产品利用率偏低"等问题已经成为我国各地农产品加工集中区建设中亟待研究解决的突出问题之一。达州必须充分吸取这方面的教训，在招商引资、吸纳产业转移、吸引项目落地的过程中严把环保评估关，宁缺毋滥、好中选优，不断提高农产品加工集中区可持续发展能力。

（3）农产品加工企业严格执行技术规程，实现环保评估控制目标

一是把环保评估控制目标细化到每一道加工工序和每一个加工环节，实现"无缝连接"，建立健全环境保护目标追溯体系。二是改进工艺流程，加强技术改造，推进技术进步。按照"资源化、减量化、可循环"发展方向，构建农产品加工、副产物利用的产业链体系，科学设计副产物利用"循环、增值、梯次"的生产路径，使副产物利用达到"综合利用、转化增值、治理环境"的目标。

（4）构建多元化、常态化的环境保护督查、检查机制

一是强化公众舆论监督，尤其是要鼓励社会公众参与，充分发挥新闻媒体舆论引导和监督作用。通过及时公布环境违法案件查处信息，公开曝光性质恶劣的违法排污行为和典型违法案件并将当事人或企业列入"黑名单"，切实起到警示和震慑作用。二是强化企业环境保护执法检查。尤其要强化环境监察执法手段的运用和强化对企业环境违法行为的查处，增大企业环境违法成本。三是加强环境监察组织建设。健全组织机构，充实人员队伍，保障工作经费、落实工作职责，为落实绿色生态原则提供坚强有力的组织保证，实现环境与发展"双赢"，达到经济、生态、社会三大效益的和谐统一。①

---

① 姜国刚：《东北地区循环经济发展》，《边疆经济与经展》，2007（5）。

第二节　培育达州农产品加工产业集群的路径

　　培育农产品加工产业集群必须选择正确的路径。路子对头、顺势而为即可产生事半功倍之功效，路子错误，无论付出多大努力都只会带来事倍功半甚至背道而驰的结局。本节根据产业集群中各企业之间的关系，阐述培育农产品加工产业集群的发展路径问题。

一、达州特色农产品加工产业集群的横向培育

1．坚持横向培育的重要性

　　横向培育是指农产品加工产业集群的横向形成，即达州农产品加工产生横向产业集群。它的重要性具体体现在以下几个方面。

　　（1）有利于实现范围经济效应

　　范围经济是横向产业集群内的最大优势。范围经济是相对于规模经济而言的，是指同时生产经营两种或两种以上类别产品的成本低于分别生产每种产品的成本之和时，那么组织所存在的这种经济状态被称为范围经济。产品之间的关联性是产生范围经济的前提，在横向产业集群内，这一点尤为突出。在高新技术领域，产品的关联性是以核心技术为纽带的，所以许多表面上无关的产品实际上具有关联性。在横向培育模式下，一种主导企业能够带动很多相关企业在区域内加盟。

　　（2）有利于保持外部的竞争优势

　　企业生产所面临的最大制约就是市场容量不足，生产极易出现过剩。产业内的激烈竞争对企业形成一种强大的外在压力，迫使企业千方百计地去寻求新的花色品种、新的使用功能、新的制造工艺。企业的这种追求竞争优势的行为是通过开展 R&D（研究与开发）活动来实现的，其最终结果则是形成了企业多元化经营和企业规模的扩张。但在集群内，由于通过竞争与产业整合，最终各个集群内的企业都调整到各自的细分市场中开展专业化生产经营，所以微观企业的多元化经营被横向产业集群所取代。

　　（3）有利于实现规模经济效应

　　一方面，经营质量、节约生产成本，使企业获取内部规模经济。对于横向产业集群，集群内的各个企业都生产经营同类产品，但它们在产品的材料、款式、色彩、型号、结构甚至在质量上存在着差异，以适应消费者多样化的需求，提高了整个产业集群的外部适应能力和竞争能力。而对于集群内的每个企业来

讲，由于其技术条件和资源的约束，不可能生产和经营同一商品中的所有产品系列，而只能将企业的特定优势专注于产品系列中的某一种或几种产品，而且能够通过生产经营规模的扩大来提高生产效率。另一方面，节约交易成本，推动企业获取外部规模经济。交易成本包括：市场信息成本，即有关收集和传播市场信息的费用，其中最主要的是关于价格信息的费用；合同谈判成本，即为订立合同而进行谈判所支出的费用；合同履行成本，即为使合同得以履行而必须支出的费用，如制度与执行经济法和进行诉讼的费用；运输成本，即交通运输费用。降低企业交易成本就是增加社会福利。

2. 横向培育的含义和基本特征

（1）横向培育产业集群

横向产业集群是指集群内的各成员之间围绕同类产品的不同方面进行生产服务的关联集群。这种集群在形成之初，各成员之间首先更多地表现为竞争关系，因为它们所生产或经营的产品具有较大的同质性。但随着内部的竞争，各个企业之间在竞争的基础上衍生合作关系，即形成竞合关系。当某个区域产生横向产业集群时，第一批企业的示范效应作用特别大，从而有更多的企业出现模仿行为。我国沿海发达地区的许多产业集群的最初形成就是如此。但由于竞争的原因，产品之间在品种、规格、款式、造型、色彩、所用原材料、等级、品牌等方面，甚至在内在质量上都存在差异。企业的不断增加，会形成基础设施共用、专业化供应商存在、专业化劳动力供应等优势，形成一种良性强化，甚至形成一种以地域命名的产品品牌（如温州皮鞋），从而形成产业集群。

（2）横向产业集群的基本特征

地理上的集聚是横向产业集群最显著的特征。在任意一个区域工业化的起点上，首先会出现生产某一产品的一个企业，出于各种原因（或满足这类产品多层次的市场需求，或弥补城市大企业不愿生产的"空隙"，或因为具有生产这一产品的"特质性要素"等），"创始企业"会获得不错的发展。由于知识的传播性和地缘因素，不久，区域内会出现越来越多的生产同类产品的企业，形成大量中小企业空间集聚的局面，这便是产业集群的初级阶段。由于此时集群内的企业多以横向竞争为主，因此把它称为横向产业集群。在横向集群内，科研、中介等相关机构并不够完善。这时企业选择集聚，更多的是为了分享由集聚带来的外部经济性。企业很少能够获得因产业关联与互动而产生的集群效应，群内企业的集聚仅仅是一种地理上的集聚，呈现"集而不群"的状态。根据企业在产业链中的位置，企业主要分为供应企业、需求企业和同类企业三种类型。集群内部供应商与集群外部相比，在质量、成本、供应效率、供应多样性等方面都占有得天独厚的优势。同类企业主要是指使用相近技术、生产相似产品或提供相似服务的企业。集群内的企业在地理上相互邻近，可以增加相互之间的接触和交流机会，这有利于信任的产生。同时，集群内企业会尽量避免采取机会主义行为，它们共同致力于环境的建设，如培育要素市场、拟定市场规则等。

3. 达州横向特色农产品加工产业集群：案例与启示

（1）案例：达州农产品加工集中区加速培育特色农产品加工产业集群

建设达州农产品加工集中区是达州横向培育特色农产品加工产业集群的重大举措。达州特色农产品资源丰富，生猪、肉牛、黑鸡、白鹅四大畜禽产品和苎麻、富硒茶叶、黄花、油橄榄、中药材、马铃薯、醪糟、香椿八大农副产品地方特色鲜明，极具开发潜力。为了培育主导产业、培育支撑达州经济发展的新增长点，达州以建设农产品加工集中区为载体，引入大型农产品加工销售企业，发展壮大龙头企业，加快建设面向成渝乃至全国的特色农产品供应和精深加工基地。

达州农产品加工集中区建设于 2008 年正式启动，目前已全面进入三期建设。创业大道、食品大道、医药大道初步建成，干道沿线的雨污管网、园区绿化、亮化等工程竣工验收；拥有 6 万平方米标准化厂房的川东北首家微小企业孵化器平台开始营运；安置房、公租房、休闲广场等配套设施陆续建成，"产城一体"框架基本确立；为企业搭建的"孵化器"、质量检测等多个平台成功运行，与西南大学食品科学学院、重庆食品工业研究所合作创建的西南大学达州食品研究院和硕博工作站挂牌工作。集中区先后被国家农业部和四川省认定为"全国农产品加工业示范基地"和"四川省小企业创业示范基地"，成功吸引地奥天府药业、宏隆肉类制品、川府食品、旺门生物科技、江鹰麦香村、黄桷树老酱园、天泰中药饮片、永发天和粮油、源美冷链物流、三圣宫食品有限公司、川维纤维素、金瓯食品、老磨坊食品、川大师金来食品、渝祥食品、精影食品、川渝食品、朵朵润耳饮料、小憨豆、开江豆笋、七星椒、川汉子、蜀食坊、源泰葛根、鸿鑫食用菌、绿色家园生态农业等 26 家企业入驻，绝大多数企业已建成投产，2015 年产值近 100 亿元，预计 2017 年产值将达到 200 亿元，税收突破 20 亿元，可容纳 2 万多人就业。

（2）启示

①达州横向培育特色农产品加工产业集群已迈出艰难的第一步，初步实现了"产业集聚"，各产业如何在科技进步的引领下建立产业间的有机联系、构建和谐有序的竞合关系，是下一步必须迈过的一道坎。美国农业产业横向融合的经验可供借鉴，他们利用动植物分子遗传学和转基因等生物技术，大规模生

产蛋白质、药物、疫苗等物质，用于预防、治疗人类及动物疾病；在塑料薄膜大棚、玻璃温室等"农业生产车间"内，利用阳光或人工灯光进行不间断的农业生产；以高新科技为基础，运用精良生产手段、精细管理过程、精确技术，使资源投入精省，运作尺度精确，收获高产、优质、高效、安全的农产品。只有把达州特色农产品产业向生物农产品、数字农产品、精确农产品、生态农产品、旅游农产品等新型产业形态发展，才能有效拓展达州特色农产品加工产业发展的广阔空间。②如何充分使用"互联网＋"这一技术手段，促进达州特色农产品加工产业结构优化升级，实现一、二、三产业之间相互渗透、融合，是达州横向产业集群要闯过的第二道关口。通过特色农产品加工产业横向融合，可以拓宽特色农产品加工产业链，增加产业的横向增值空间，推动农业从根本上克服传统农业弱质、低价、低效等缺陷，提高特色农产品的生产率和产业的竞争力。③如何选择科学合理的组织方式、构建高效灵活的运作机制是达州横向产业集群成长路上要经历的第三大考验。须知，不同形式集群内部的组织方式和运作机制是不同的，集群网络资本也各具优势，这种由组织方式和运作机制等的差异而导致的集群网络资本的不同，直接决定集群采取何种升级策略。只有因地制宜地采取不同升级策略，才能根本上解决"水土不服"的问题，才能保持集群升级的成功性和持久性。

二、达州特色农产品加工产业集群的纵向培育

1. 坚持纵向培育的重要性

（1）促进专业化的分工与协作

专业化分工是以亚当·斯密为代表的古典经济学思想的精髓。斯密认为分工能最大提高劳动生产效率，而专业化分工正是纵向集群最显著的特征。在纵向集群内部，众多企业通过分工形成较为完备的产业链。在产业链的不同环节，企业各自专精于自己的生产或服务，这有利于生产或服务质量的持续提高。此外，由于企业集聚于某一特定的地理区域，这种分工更有利于企业间协作的开展。正如施蒂格勒指出的，区域化是提高产业经济规模从而获得专业化利益的一种方式。那些关系密切的辅助性、补充性产业若离中心产业很远，则是不可能有效地工作的。在一个市场区域里，不同类型的企业通过空间集聚，可以使上下游企业的沟通更加便捷，反应更加灵敏。这不仅可以强化合作，而且有利于开展联合行动，从而提高合作厂商的技术能力、生产能力与市场能力，形成完备的竞争优势。例如，集群内研发机构与生产企业的合作，可以迅速将科研成果转化为市场所需的产品，使两者互惠互利、共同促进。

（2）形成有序竞争

集群内的企业，不管是处于同一产业链环节的同类型企业之间，还是处于不同产业链环节的异类型企业之间，都存在着相互竞争的关系。这种竞争关系的存在有利于克服垄断厂商固有的缺陷，激发创新，使企业保持足够的发展动力。当然，竞争的密集也可能导致两种后果：一种是竞争的恶性循环，导致柠檬效应，使集群日趋衰落；另一种是竞争的良性循环，使集群更好更快地发展、壮大。对于横向集群来说，集群内众多同业的企业集聚在同一区域内，企业的经营手段、设备技术、产品价格等都较为透明，所以竞争尤为激烈。这种激烈的竞争有可能导致创新的加剧，也有可能导致企业之间你死我活的竞争场面，形成竞争的恶性循环。而在纵向集群内，由于企业之间是以专业化分工与协作为基础的，不同类型的企业存在着共生互补的机制，因此企业之间的竞争是以协作为前提的。即便是同类企业之间的竞争，由于集群内同类型企业的数目不像横向集群那样多，这种竞争更加利于激发企业活力，而出现恶性竞争的可能性较低。

（3）减少交易费用

纵向集群的一个特点是用市场交易关系取代内部管理关系，它使得生产线上的各个环节都被单拎出来变为市场竞争的主体，每一个环节的生产和经营都是根据效率和经济原则而非其他关系进行广泛的分工与协作，最终使得交易成本最小化。而且，集群内的交易费用比大公司内部的垂直融合更有效率，因为通过外包或者由集群内不同独立企业进行分工协作，可以得到更低的价格与更高的效率。此外，由于集群内的企业相互靠近，在长期的交往中建立起较高的信任机制，因而可以减少额外的交易费用，如监督费用等。

（4）减少信息不对称。

所谓信息不对称，是指获得相关知识的差别。信息不对称会导致很多不良的后果，如道德风险和逆向选择。为此，企业之间应该尽可能地减少信息不对称。由于处于纵向集群内的企业相互靠近，因此，信息的获得就较为容易和简单；又因为企业之间通过长期的交往和合作彼此相互了解，因此所获信息的可靠性也较强。此外，集群内的企业还可以通过各种形式扩大信息交流，这不仅可以扩大信息资源，而且可以提升信息技术，使集群内的信息更加通畅和丰富。

2. 纵向培育产业集群的基本要求

（1）集群内各要素要通过买卖关系而联系在一起

处于横向集群的企业会共享终端产品市场，使用相同的技术和劳动力或者需要相似的自然资源。而纵向产业集群则更多地表现为在产业链上互相延伸的企业在空间上集聚。例如，肉牛加工产业集群的构成要素不仅包括众多的牛肉加工企业和大量的肉牛养殖者，而且包括众多的制造肉牛养殖加工设施设备的企业、饲料加工企业等相关企业，甚至还包括地方机构、研究机构、专业化的广告商和出版商，等等。这些要素基于买卖关系而联系在一起，使得集群内产业链不断延伸，推动集群不断发展壮大。

（2）产业集群中的供应链要分工精细

由于纵向产业集群中供应链上的各个企业具有弹性专精的特点，每个企业专注于自身的核心竞争力环节，而将非核心竞争力的环节剥离开来，与产业集群中供应链上下游企业进行分工合作。因此，集群内各个企业分工较为精细和发达，企业所生产的产品多是基于专业化方向的产品，这就为某一种类产品各个生产环节的内分化和衍生提供了必要的条件。一方面，各个生产环节会朝着本地一体化的产业链进行分工；另一方面，集群地域所形成的外部经济性，也吸引着大量集群外部环节的企业介入，造成围绕产业链的相关辅助产业的分工精细化，使产业集群最终实现从大而全的模式向小而精的模式转变。

（3）产业集群内的企业协作要紧密

随着纵向产业集群的发展，供应链上的每个单元企业专业化分工更加精细化，在集群式供应链中每个单元企业与周围企业又形成横向联系和纵向联系，呈现一张纵横交叉的协作网络。但是，由于分工的精细化，集群企业的刚性越来越大，集群内单个企业不能独立地完成产品生产的全部内容，而企业所面临的外部环境却越来越复杂，需求不确定性越来越大，因而产业集群上下游企业必须进行相互协调和协作。因此，在同一地域中就会形成了基于本地一体化的供应链，这样能更好地应对外部市场的快速变化，使集群企业具有极强的市场竞争力。

（4）产业集群发展要动态衍续

产业集群发展升级，客观上要求集群沿着产业价值链从低附加值、非核心环节向着附加值更高环节进行供应链式的组织衍续。而集群内企业的不断衍生和分化，使得从产业集群上游到下游的各个环节价值链趋向完整，即由单个企业向上下游企业拓展，一直延伸到从原材料供应到最终顾客的整条纵向供应链管理，并向着供应链跨链间的网络供应链方向发展。

3．达州纵向培育特色农产品加工产业集群：案例与启示

（1）案例：达州富硒茶加工产业集群

达州是全国三大富硒地区之一，是全国无公害富硒绿茶生产示范基地、国家级茶叶标准化示范区，也是四川省政府确定的重要富硒茶产业带。全市现有茶叶基地乡镇 75 个，茶园面积 40.24 万亩；500 亩以上规模茶叶基地 98 个，年

产量 1 万吨,产值近 8 亿元。目前已建成茶叶万亩示范区 4 个,分别是万源市白羊、青花,大竹河片区及宣汉县漆碑—土黄片区。拥有中国驰名商标"巴山雀舌"品牌,"巴山雀舌"已经成为达州茶叶区域公共品牌,先后荣获"中国文化名茶"和"四川省十大名茶"等荣誉称号,形成了茶叶生产地方标准 1 个即《万源富硒绿茶生产标准》和 1 个企业加工标准即《巴山雀舌手机合制工艺技术规程》。"巴山雀舌"制作工艺被编入《中国技术成果大全》《中国优秀专刊技术精选》。围绕茶叶种植、新品种选育,以及新产品开发、生产、加工、贸易,集聚了四川巴山雀舌名茶实业有限公司、宣汉县九顶茶叶有限公司、万源市生琦富硒茶叶有限公司、万源市蜀韵生态农业开发有限公司、万源市巴山富硒茶厂、万源市大巴山生态农业有限公司、万源市利方茶厂、万源市青花广山富硒茶厂、万源市固军乡中河茶厂、万源市方欣茶厂、万源市固军茶叶有限公司等 11 家茶叶生产加工龙头企业。已初步建立起较为完善的生产、加工、营销体系,规模以上茶叶生产企业 20 多家,清洁化茶叶加工厂近 200 个,年加工能力 1.5 万吨。

2014 年,达州市出台了《达州市富硒茶产业发展总体建设规划》,明确提出将把达州打造成以集富硒茶种植、加工、研发、物流、配套、文化、旅游于一体的"富硒茶"全产业链模式,突出"一产接二连三",到 2020 年规划建设富硒茶基地 100 万亩,到 2024 年形成 100 亿元产值,致力打造"全球最大的天然富硒茶区"。同时,还明确了全市茶叶产业发展"一带、两核、四区、十园"的空间布局及发展重心。截至目前,"十大精品茶园""茶交易体系""中国富硒茶博城"等重点茶产业项目启动实施,对扩大影响、招商引资、促进发展、农民增收等将起到重要的推动作用。

当前,达州围绕富硒茶产业集群,正着力做好"生产、生活和生态"三篇大文章。达州已规划了万源市、宣汉县、开江县、达川区、大竹县、渠县标准茶园建设等 6 个项目,主要是新建、低改建、扩建标准化茶园,占地 100 万亩,总投资 60 亿元。到 2024 年,预计亩产量达到 100 公斤、年产毛茶量 10 万吨以上、名优茶比例达 50% 以上。2015 年 4 月成功举办了富硒茶产业招商推介会,共推出九大类项目:精品观光茶园建设项目 10 个、中国富硒茶博城建设项目 1 个、标准茶园建设项目 6 个、良繁体系建设项目 3 个、茶叶加工类建设类项目 5 个、茶叶市场类建设项目 4 个、茶文化建设项目 5 个、产品开发类建设项目 5 个、循环农业类建设项目 2 个,项目类别充分体现了"一产接二连三"的全产业链模式特征。

(2)启示

①龙头企业的牵引带动是纵向型产业集群发展的关键。达州富硒茶加工产

业集群具有明显的纵向产业集群特征，产业链较为完整。基地具有规模较大、企业密集集聚、龙头企业涌现、品牌产品形成、块状经济轮廓初现等特点，具有良好的产业基础和广阔的发展前景。如何按照"扶优、扶强、扶大"的原则，鼓励和帮助现有资金和技术力量雄厚、市场前景好、竞争能力强的企业采取联合、兼并、参股等形式，组建茶叶企业集团，推进集约化经营，是达州富硒茶加工产业集群发展道路上面临的一个大考验。②政府推动是纵向产业集群发展的重要推力。按照"突出重点、集中连片"的原则规划茶叶种植基地、优化产业空间布局；遵循"区域化、规模化、标准化、清洁化、品牌化"发展思路，推进茶叶加工工业园区建设；运用"一产接二连三"理念引导茶叶精深加工，强化茶叶综合利用，延伸茶叶加工产业链条，打造集种植、加工、研发、物流、配套、文化、旅游于一体的"富硒茶"全产业链条；积极发展茶包装、茶具等关联产业和茶叶衍生品；打造与推广富硒茶品牌、加快产品营销和招商引资等。这些都与政府的推动密切相关。③纵向产业集群也需要横向拓展。统筹区域品牌建设、运营和保护，实施"区域品牌＋企业品牌"双品牌战略，提升区域品牌的影响力和凝聚力；参加省内外茶博会、西博会、农博会等等重大茶事活动；积极探索与文化产业、旅游业、金融业、物流业、房地产业、矿产业、中医药业、信息产业等产业领域的融合路径；加快建设集商品贸易、文化交流、科技研讨、信息传播及休闲旅游为一体的茶叶专业市场；大力发展各类流通、服务中介组织，积极培育茶叶经纪人队伍，等等。这些横向拓展的内容对于推进达州富硒茶加工产业集群的发展具有重要意义。

三、达州特色农产品加工产业集群的混向培育

1. 坚持混向培育的必要性

（1）产业集群本应是一个开放的系统，需要与周围环境进行物质、能量、信息的交换，并不存在严格的"边界"

纵向集群和横向集群之间不存在非常严格的界限，无论何种类型的产业集群都或多或少地呈现出纵横交错的特征。纵向集群不过是从总体上呈现出的一种状态，并不意味着产业链上的某一环节只存在一家企业；相反，它也可能存在着多家同类型的企业。横向集群也不意味着集群内只存在同类型的企业，只是从总体上看同类型的企业占据绝对的主导地位。

（2）任何单一类型的产业集群，都具有自身的局限性

横向产业集群内企业网络的节点要素并不够完善，主要表现为大量同类企业的集聚、群内企业规模都较小、其资源可获得性和R&D状况都较差。横向产

业集群节点间的联结不够紧密，合作较少，企业间的关系多是市场性的弱关系，它们为了争夺有限的资源而展开激烈的竞争。横向产业集群中的新技术资源往往匮乏。由于研究开发活动具有不可分割性，存在起码的最小限度的最佳规模，在此规模以下的企业不可能进行研究开发活动，因此，在横向产业集群中，企业没有实力来进行技术创新。又由于企业间的联结不够紧密，企业合作创新的几率也较小，集群内部也缺乏高水平的研究机构，所以，集群内部新技术资源匮乏。纵向产业集群又存在产业链条过细，主营业务"大而全""小而全"倾向，相关产业、辅助产业发育缓慢，信息传导机制僵化等问题。

（3）横向产业集群纵向升级、纵向产业集群横向升级是产业集群升级的必然走向

无论横向产业集群的发展还是纵向产业集群的发展，最终都要形成纵横交叉的集群网络。当横向集群发展到一定程度后，集群向纵向延伸便成为必然选择。这是因为纵向延伸可克服横向集群的天然缺陷，从而提高集群的整体效率和竞争力。横向产业集群的纵向升级就是分离初级加工业务，延伸产品生产的上下游链条，产生具有领袖作用的龙头企业，形成纵向的集群关系，产生纵向的集群网络资本。纵向升级本质上是集群治理的过程，增强集群企业之间的层级关联，使集群更具凝聚力和综合竞争力。纵向升级具有范围经济效应，倚重于纵向网络资本的构建与重塑，以发挥纵向网络资本的优势力量（见图 5-1）。当纵向集群发展到一定程度后，集群向横向延伸便成为必然选择。当纵向产业集群发展到一定阶段时，就需要重点培养横纵交叉的社会关系，提高配套企业的地位，使之形成与核心企业平等协作的运作体系，产生横纵交叉的集群关系，形成横纵交叉的集群网络资本，这就是纵向集群的横向升级（见图 5-2）。

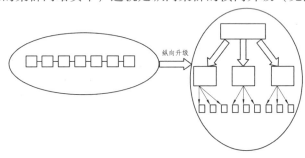

图 5-1　纵向升级

横向升级本质上是集群治理进一步升级的过程。横向升级能够增强集群企业之间的网络关联，取得更大的范围经济与规模经济；通过横纵交叉网络资本的构建与重塑，可以更好地发挥其优势力量，使集群更具综合竞争力和显性升级潜力。

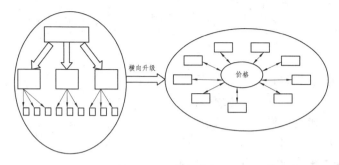

图 5 - 2　横向升级

2. 混向培育的实现途径

（1）纵向升级的实现途径

第一，培养或吸引核心企业进驻集群内部。核心企业的存在可以有效增强集群的根植性和成长性，而核心企业的形成既可以采取内部培养的方式，也可以通过招商引资等手段从集群外部吸引。第二，分离低端加工业务，形成具有规模效应的专业配套企业。原材料的大量专业供给可以节约集群的生产成本和交换成本。第三，推进技术创新步伐。科技创新是集群赖以生存和促进成长的法宝。引进高科技设备，培养研发能力，使产品达到国内先进水平甚至国际标准，提高行业进入门槛，为集群的发展和壮大保驾护航。第四，增设服务机构（如行业协会等）或争取政府政策的大力扶持。行业协会可以针对行业形势调整发展策略，有效组织集群的集体行动，避免恶性竞争。无论是采取自发形式还是借助政府力量，都应尽快成立行业协会；同时，也有助于团结协作的社会关系网络资本的形成。

（2）横向升级的实现途径

第一，培养多赢协作的社会关系。多赢协作的社会关系以集群内企业的平等地位为基础。因此，应大力培养配套企业的研发能力和品牌创造力，使配套企业脱离核心企业的控制，迅速成长为与核心企业平行的集群企业，从而有助于形成牢固紧实、互相依赖、合作共赢的社会关系网络。第二，建设流畅的信息传导机制。集群的形成在某种程度上有赖于信息成本的降低，而流畅的信息传导机制也会使集群的信息知识处于开放状态，有助于提高企业的敏锐度，使各个企业在第一时间获得有效信息，并对行业动态做出敏捷反应。第三，吸收非市场机构的进驻。非市场机构（如高校、专业技能培训机构等）的存在丰富了集群的横向关联，可以为集群提供科研力量支持或技术人才储备，使单薄的集群网络组织变得相对饱满。第四，增强与价值链的互动。时刻关注全球经济尤其是所处行业的发展态势，可以使产业集群与全球价值链保持密切联系。当全球价值链形式有所变化时，集群能及时对自己在全球价值链中的定位做出调整，并主动寻求升级机会。

（3）纵向升级和横向升级有机结合

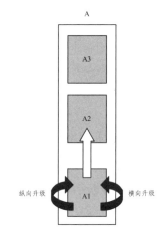

图 5-3 纵向升级和横向升级的直观结合图

纵向升级和横向升级都是隐性升级的具体表现形式，它们并没有直观改变集群在全球价值链中的位置，而是注重集群网络资本的重塑与构建。从图 5-3 纵向升级和横向升级的直观结合图可以更清楚地展现二者对于集群升级的影响。A 代表一条全球价值链。A1，A2，A3 分别代表全球价值链 A 上的三个高低不同的环节，其中 A1 最低，A3 最高。从 A1 到 A2 的升级是显性升级（如白色箭头所示），而 A1 自身内部的升级是隐性升级，分别是纵向升级和横向升级（如两个黑色箭头所示）。纵向升级和横向升级并不改变集群在全球价值链上的位置，但构建与重塑了集群网络资本的形式，从而使集群更具凝聚力和综合竞争力。

3. 达州混向培育特色农产品加工产业集群：案例与启示

（1）案例：达州粮油加工产业集群

达州素有"秦巴粮仓"之称，是全国、全省重要的商品粮油基地。近年来，达州以建设中国富硒农产品基地为目标，以农业"四区建设"为抓手，优化产业布局，深入实施农业"4+8"工程，加快转变农业发展方式，强力推进农业标准化、规模化、专业化发展和产业化经营，通过建基地、育龙头、强品牌、抓项目等措施，促进了现代农业快速发展。截至 2015 年年底，已建成 6 个国家级和省级商品粮油基地，2015 年全市种植优质水稻 255 万亩、玉米 135 万亩、马铃薯 145 万亩、油菜籽 152 万亩，总产分别达到 123.7 万吨、66.8 万吨、39.6 万吨和 26.5 万吨；现代农业产业基地园区 7 个，面积 70 万亩。水稻、玉米重点布局在宣汉、达川、大竹、渠县、开江、万源 6 个县（市）的优势区，优质无公害水稻生产标准化示范基地达到 150 万亩，其中优质糯稻基地 20 万亩，高蛋白玉米和高淀粉玉米种植面积达到 75 万亩；宣汉、达川、大竹、渠县、开江 5 个油菜主产县"双低"优质油菜标准化生产示范基地 85 万亩。采用"公司+基地+农户"或"公司+合作社+农户"等机制，订单粮油面积达到

165 万亩，其中优质专用粮油订单面积 140 万亩。粮油加工业快速发展，大米加工基地布局在达县、通川区、大竹、渠县、宣汉和开江，玉米加工基地布局在开江县、大竹县、宣汉，薯类加工基地布局在万源、渠县，油脂加工基地布局在通川区和宣汉县。以广州富力达生物科技公司、华西希望特驱集团、中博农北京牧场公司、华橙酒业、百川牧业等一批省内外大型企业和以四川永发天和粮油公司、达州富农粮食公司、达州中贸粮油总公司、达州宇立粮油贸易公司、达州粮油（集团）总公司等为代表的一大批本地企业集聚在粮油加工领域，在 5 个农产品加工集中区入驻农产品加工企业 50 家，实现年产值 100 亿元。培育出市级以上农业产业化重点龙头企业 101 家（其中国家级 2 家、省级21 家），其中市级以上粮食产业化龙头企业 18 家。全市粮油规模以上企业年加工优质稻谷 30 万吨、专用玉米 10 万吨、油菜籽 16 万吨，粮油食品工业年产值达到 20 亿元以上。创建了"宇立""立立""云蒙""桃花""绿明""米城大米"等十几个粮油品牌，达州的名优特农产品"中国驰名商标"达到 3 个，四川省名牌和四川省著名商标达到 45 个，有机、绿色、无公害产品达到 148 个。达州粮油加工产业集群步入发展快车道。

（2）启示

①坚持混向培育，让横向产业集群和纵向产业集群各自扬长避短，实现优势互补，是达州粮油加工产业集群快速发展的根本原因。达州以农业"四区建设"为抓手，以深入实施农业"4＋8"工程为重点，强力推进农业标准化、规模化、专业化发展和产业化经营，通过建基地、育龙头、强品牌、抓项目等措施，以建设完善粮油配送中心、加工厂、销售网络为主体，以市场为导向，以产权为纽带，整合粮油经营资源，培育粮油产品，打造名优品牌，培育融集粮油收购、储存、精深加工、粮油产品销售等为一体的集团公司，完善粮油收购、仓储、物流、配送、监测、销售网络等系统，延伸粮油产业链，引导粮油企业向规模化、集团化、现代化方向发展，这些都是混向培育的有效措施。②达州混向培育力度较弱，农产品加工产业集群发育很不成熟，发展水平很低。表现在：达州的粮油加工企业大多数是立足本地优势农产品资源自然孵化出来的，少数是通过"筑巢引鸟"方式招商引资来的；大多数企业停留在粮油初级加工阶段，少数企业开始涉猎深加工和副产品综合利用加工领域；大多数企业专注于加工一个环节，少数企业刚开始把产业链条延伸到基地建设、良种培育、标准化种植、农资配送、仓储物流、检测体系、营销网络、品牌创建推广、科技研发等环节；大多数企业是自发随意分散地分布在粮油产区周围，只有少数企业被政府有计划地引入农产品加工集中区；企业之间竞争强过协作，没有建立起专业化分工体系，核心企业、配套企业、辅助企业、关联企业角色不清晰；

产成品单一、层次偏低、品牌影响力弱，等等。③混向培育不仅是培育产业集群的一种方法，更是产业集群发展的一个阶段（水平更高的阶段），混向培育代表产业集群发展的正确方向，达州要持之以恒。区域经济发展的实践经验表明，产业集群的发展客观上要经历由横向集群到纵向集群再到混向集群的演进过程。在产业集群发展的初期，主要是同类型的企业由分散走向集中。在这一阶段，企业之间基本上不存在太强的产业关联和分工协作关系，即便存在，所形成的产业链也较短，因此，主要表现出横向集群的特征。当横向集群发展到一定程度后，集群向纵向延伸便成为必然选择，因为纵向集群除了具备横向集群的优势外，还具备横向集群所没有的功能，从而有利于克服横向集群的天然缺陷，提高集群的整体效率和竞争力。纵向集群发展到一定程度也需要进行横向再拓展，从而进入混向发展阶段。鉴于达州特色农产品加工产业集群的发展现状，当前必须充分发挥横向培育和纵向培育各自的优势，坚持混向培育，促进集群的优化升级。

第三节　培育达州特色农产品加工产业集群的策略

在现代汉语中，策略指计策、谋略。它包括三方面的内容：一是实现目标的方案集合；二是根据形势发展制定的行动方针和采取的方法；三是具有斗争艺术，能注意方式方法。概括来说，策略就是人们为了实现一定的决策目标而采取的手段、方针或方法。本节着力阐述达州培育特色农产品加工产业集群的手段、方针或方式方法。

一、内生自发培育与外部嵌入培育并重

1. 内生自发培育和外部嵌入培育

（1）"内生式"和"外嵌式"产业集群的特征

"内生式"产业集群又叫内源性产业集群，是指在依靠本地力量的基础上，充分吸收外来资金、技术和管理经验，通过消化、吸收并深深根植于本地要素中，形成具有自我发展、自我创新的产业集群。它具有三个显著特征：一是以内力驱动为主，企业集聚非政府主导或规划所致，而是源于在本地区（乡镇等行政区划单位的地理区域）的自发经营形成；二是滚雪球式发展，农民企业家

利用传统的工业技术，在前期投入小资金占有本地市场，自小而大发展起来；三是本地根植性强，与本地文化息息相关，企业家拼搏精神起决定性作用。"外嵌式"产业集群又叫外源性产业集群，是指主要依靠外来因素，抓住产业转移机遇，利用政策和区位优势，特别是依靠招商引资培育出的产业集群。其特征正好与内生式产业集群相反。

（2）"内生式"和"外嵌式"产业集群的优缺点

内生式产业集群的主要优势：一是生命力顽强。内生型产业集群一般是基于集群成员在地缘上的邻近，血缘上的联结和亲缘上的扩散等社会网络的有机架构及对产业传统的继承与发展产生。其主要依靠具有强烈内生性的传统和当地力量产生，发展所需资源包括资金、技术、人才等要素，先是基于区域内部聚集，进而才发展和扩散开来。因此，其形成与演化具有深深的地方根植性，并且同所在区域的社会网络息息相关。这一历程不仅强化了成员之间的团结、互动和信任，而且促进了各产业之间和产业内部的合作。同时，产业发展的本地化降低了采购和供应成本，方便了上下游企业之间的沟通，促进了集群内的知识流通，为企业在技术创新中的合作创造了条件。正是这种基于社会文化因素同源性所塑造的集群地方根植性，其在成长初期克服了资本、技术等要素短缺所形成的一系列瓶颈因素，从而渡过了最艰难的起步阶段。由于它其较好地实现了本地要素禀赋优势和历史文化因素的有机融合，因此，其在成长发展阶段显示出了很强的生命力和良好的内生升级发展潜力。二是产业链本地化及溢出效应明显。由于集群的内生性使得集群内产业间具有高度的产业关联，众多规模不一的企业彼此之间基于产业的关联效应与扩散效应分布于产业链的不同环节，而高度化和精细化的分工更强化了产业间的密切合作与高度依赖。集群内外市场需求的变化，对产业结构的高度化与优化升级会提出新的要求。产业链中只要有一个环节开始有创新的要求和动力，基于产业之间的高度协作与关联，就会带动整个产业链的创新进程。随着产业结构优化升级进程的推进，产业在技术与创新中合作的可能性为产业集群的升级创造了条件，进而推动集群内生竞争力的提升。高度信任和稳固的合作联系、强大的营销网络和良好的内生发展潜力，使得集群能够获得长期契约，并能有效地获得地方服务机构的支持与服务。地方的根植性与社会文化的同源性，使得集群被看成是一个相对稳定的社区，共享相关的产业专门知识。来自于集群内外的大量交易使其能够获得长期的合同与契约承诺。在此背景下，地方融资机构基于内部信息及对地方企业家和创业者的信任，愿意冒一定风险提供风险资本，这就为集群获取高级资本与技术等要素提供了重要支撑。

内生式产业集群的主要劣势：一是龙头企业发育迟缓，群内企业专业化分工体系难以形成。在此集群中，企业普遍同质，如企业规模相同、产品差异化程度小、企业市场地位无明显差别，不存在大企业控制小企业的现象。集群只是作为一个生产系统存在，企业间无明显分工，主要依赖"低成本优势"生存，"差异化竞争优势"明显不足。二是族群势力影响较大、技术创新动力不足。不少企业没有核心技术，大多停留在低水平的往返式生产上，抗风险能力较差；族群关系是内生式产业集群形成的主要社会基础，虽有利于企业内信任与规范的形成，但使得集群内信息同化，难以产生新信息与新知识；族群企业因"技术锁定"而抑制了集群的技术创新能力。三是政府影响力弱化，难以享受政府规划或政府主导带来的红利。内生式产业集群靠自身积淀、自我积累支撑发展，规模小、实力弱、技术落后，难以进入政府扶持、政府规划的宏观视野，难以吸收到来自外部的"阳光雨露"，难以逃脱"自生自灭"之处境。四是产业链的前后联系不明显，纵向分工程度不高。虽然专业化分工与合作已初步形成，但集群内的产业关联度不高，集群规模难以扩大。传统产业具有相当的经济规模，但只是产业扎堆，没有形成产业集群，企业陷入"小而全"困境，而配套企业吃不饱。五是行会、协会、商会等社区组织发育不足、功能有限、凝聚力不强，尚未形成有机的统一体。虽然许多企业成立了行会、协会与商会，但这些组织在提供行业技术标准、职业规范的自律性管理、价格协调、人员培训、与政府沟通和对外谈判代表等方面尚未发挥应有的作用。

外嵌式产业集群的优势：一是以外力驱动为主。外嵌式产业集群外部推动作用较大，因为有外部规模经济，大量生产和销售同类产品的企业或相关企业集中在一个特定的区域，拥有大量的专门的人才、机构和原材料，这样会产生很高的实用效率，产生外部经济。二是集聚效应明显。由于外生型产业集群不仅可以细化分工和协作，提高效率，还可以大大降低因企业间频繁交易而产生的交通运输成本。产生的集聚效应会吸引更多的相关企业与单位向该集群聚集，而新增的企业与单位又会增大集群效应，如此产生滚雪球效应，推动区域经济快速发展。三是市场风险低。外嵌式产业集群能享有政府规划的政策红利，分散了市场风险。加之产业集群中的合作频繁，厂商的技术能力、生产能力与市场能力都可以在合作中提高，以提高成长与竞争力；在集群内部，不仅有很多的相关企业在此集聚，而且还有很多相应的研发服务机构及专业人才，新企业在此发展可以面临更多的市场机遇，获得更丰富的市场信息及人才支持，从而降低市场风险。

外嵌式产业集群的主要劣势：一是外嵌式集群主要通过价值链上的企业投资在特定区域聚集，其制度环境及技术水平的差异往往妨碍企业家之间的沟通，导致缺乏相互理解和相互信任的基础。二是产业复制"群居链"现象突出，本土化网络联系不强。外嵌式集群很多是"复制群居链"，对当地相关产业前向、后向关联效应差，而这种"群居链"又是可以到处流动的，一旦一个大型企业选择外迁，往往就会带走许多相关小企业，这容易造成当地经济的空洞化。三是比较难以植根当地。虽然在政府引导等外力带动下企业在投资区集聚形成了产业集群，并形成一定的网络，但并没有真正"嵌入"或根植本地。四是外嵌式集群的技术溢出不明显，企业多以独资形式出现，为保护先进技术，企业往往竭力避免核心技术过快外溢。

（3）"内生式"与"外嵌式"产业集群的联系

内生式集群的实质是自主、民族、民本集群，但并不否认和排斥"外力"作用。历史证明，所有的发展最终都来源于各自社会内部的创发，而不是简单地依靠外部移植或复制。因此，内生式产业集群紧紧扎根于本土，通过吸收、消化外嵌式产业集群的有益成分，自主创新。依据国际、国内经济形势变化，利用国际国内两种资源，开拓国际、国内两个市场，实现经济的长期稳定健康快速增长。可见，内生式产业集群是推动一个地区经济发展的最终和持久力量。

外嵌式集群虽然其地域根植性不如内生式产业集群强，但却具有"母细胞效应"，对区域经济的起飞有着决定性的影响。一是快速带动当地经济。对于经济基础薄弱的地区，内生式产业集群的发展往往进程非常缓慢，而引进外嵌式集群，寻求外嵌式发展是一种快捷方式。二是促进技术进步及观念转变。借助外部力量，扩大利用外资，不仅可以解决资本不足的问题，而且可以促进技术进步、产业结构升级和出口扩大，对于转变观念和企业经营机制，对于管理体制创新和制度现代化建设，都具有重要战略意义。三是促进城镇化进程。在地理区位上，外嵌式集群多产生于城市边缘地区或乡镇，在城市化过程中，很多产业集群所在地往往成为城市中心区的重要组成部分，成为很多地区加快经济发展、解决就业、增加税收和财政收入的重要载体。

从长远看，一个国家（或区域）不能永远依赖引进外资来发展经济，而且发展外嵌式产业集群需要具备许多条件，如较为完善的市场机制，良好的资源禀赋如劳动力和土地等，优越的区位条件，如沿海或沿江等交通发达地区。外嵌式集群是加速经济发展的外部推动力，必然会促进和带动内生式产业集群的成长。由此可见，内生式与外嵌式各有所长、各有所短，两者是相辅相成、相互促进的。应该将"内生式"和"外嵌式"集群有机结合起来，互相取长补短，只有这样才能使一个国家或地区的经济发展充满活力，获得充足的发展后劲。

2. 实施内生自发培育和外部嵌入培育并重策略的关键环节

（1）充分发挥各自的优势，扬长避短

"内生式"和"外嵌式"集群各有长短，采用并重培育策略，首要的问题是让它们各自的优势得到充分发挥。针对达州的实际情况，有三个方面的工作重点：一是强化市场营销网络、培育商贸企业集群。市场因素在达州市企业集群综合竞争实力的构架中地位举足轻重，可以设定具有诱惑性的价格吸引全国的经销商，通过薄利多销，最为广泛地占领市场份额。与专业市场（商贸企业集群）互为依托、联动发展，是达州市特色农产品加工产业集群发展的一个重要方向。通过生产性企业集群带动专业市场或者通过专业市场带动生产性企业集群，能够快速聚集相关生产要素和市场信息，孕育良性互动的集聚机制，形成系统竞争的优势。二是强化地方根植性，挖掘内生发展潜力。内生型产业集群形成过程中主要以血缘、亲缘和地缘关系为纽带，较好地结合了本地要素禀赋优势和历史文化因素，具有很强的生命力和发展潜力，地方根治植性强，问题是如何依靠达州的地缘优势、政策优势、低成本优势，使其得到快速拓展和提升。因此，"外嵌式"集群要真正嵌入或根植于当地，把当地企业纳入其产业链或商品链中，实现集群文化与本地文化的有机融合，凸显企业集群的技术溢出效应和学习效应。三是引导企业联合、兼并、重组，加速培育和壮大龙头企业。达州市特色农产品企业集群中的企业绝大多数是小微企业如家族企业，它们是土生土长的，地方植根性极强。但规模小、实力弱、基础差、技术落后、创新力不强、不熟悉国际市场环境，需要比较长的时间来发展，如果没有强大的龙头带领，很难推动产业升级。因此，必须快速培育和打造龙头企业。

（2）延伸产业链、防止同质化，保障有效竞争

随着生产技术的日渐成熟，各企业间的技术同构性强，行业的进入壁垒迅速降低，生产能力迅速膨胀，生产过剩状态也随之出现。如果集群内部缺乏有效的组织协调机构或者协调能力有限，那么集群内部或者集群之间极易出现同业无序竞争现象，甚至造成"柠檬市场"。因此，无论"内生式"还是"外嵌式"农产品加工产业集群，都需要保障有效竞争，其根本的出路就在于延伸产业链、防止同质化。因为，在当前发达国家推进的"再工业化"浪潮中，产业链中端的加工、组装附加值更低；产业链前端的研发、设计、采购、材料和产业链后端的品牌、物流、营销、金融等服务集成环节附加值更高。如果不努力把产业链尽可能向两端延伸，其生存环境必将越来越艰难。如果集群内企业存在规模相同或相似、产品差异化程度低、企业市场地位无明显差别等"同质化"倾向，导致大多数群内企业的附加值获取只能长期处于"微笑曲线"底端，那么这样的农产品加工产业集群的日子注定会"雪上加霜"（如图5-4所示）。

（3）政府引导和市场引导相结合

达州特色农产品资源丰富，商贸物流积淀深厚，人口稠密，市场容量很大，

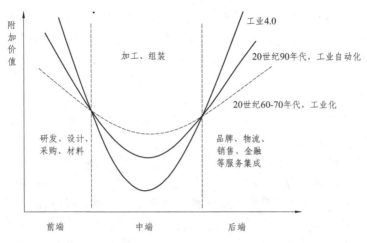

图5-4　工业微笑曲线图

交通便捷，农产品加工产业基础良好，但地处秦巴山区，远离中心城市，区位劣势明显，开放程度低，经济欠发达。因此，在充分发挥市场机制在资源配置中的决定性作用的同时，应更好地发挥政府的作用，把市场机制这只"无形之手"和政府引导这只"有形之手"有机结合起来，使之配合协调。近年来，达州在运用政府引导和市场引导"两只手"培育特色农产品加工产业集群方面进行了富有成效的探索，取得了较好的成效。一是遴选优势农产品资源，实施"4+8"工程，推进区域化布局，提升农业产业化进程和现代农业发展水平。二是培育农产品加工龙头企业，依靠龙头企业牵引农产品种植基地发展，逐步实现农产品生产区域化、规模化、集约化。以东柳醪糟、梨梨生物、顺鑫农业等公司为龙头带动了全市优质粮油基地发展；以旺源苎麻制品、大竹金桥麻业、大竹富达苎麻纺织等公司为龙头带动了全市苎麻生产基地发展；以渠县宕府王食品有限公司为龙头带动了黄花种植基地发展；以巴山雀舌、宣汉县九顶茶叶等公司为龙头带动了全市茶叶基地发展；以天予药业、福瑞药业等公司为龙头带动了全市中药材种植基地发展；以四川妙达、宣汉巴人村食品公司等为龙头带动了全市肉牛养殖基地发展；以顺鑫鹏程、八仙桥食品等公司为龙头带动了全市生猪养殖基地发展；以天源油橄榄公司为龙头带动了全市油橄榄种植基地发展。三是培育农产品加工工业园区，吸引农产品加工企业在园区入驻集聚。全市共建设4个农产品加工集中区，目前共有近100家企业入驻。四是以"三品一标"建设为抓手培育农产品品牌，实施品牌战略。截至2014年年底，全市农产品已创建名优品牌369个，其中中国驰名商标3个，四川省著名商标11个，达州知名商标55个，无公害农产品认证244个，绿色食品25个，有机食品6个，国家地理标志产品25个。达州市相继获得"中国苎麻之乡""中国黄花之乡""中国糯米之乡""中国香椿之乡""中国乌梅之乡""中国油橄榄之都""中国富硒茶之都""中国醪糟之都"等诸多美誉称号。五是以招商引资为契机，积极引进农产品加工龙头企业，提升农产品加工整体水平。以中博农（北京）牧场建设有限公司投资2亿元的万源旧院黑鸡生态养殖基地建设项目、重庆隆生农业发展有限公司与万源宏飞牧业合资2亿元的生猪养殖场及深加工项目为代表的几十个重大招商项目成功落地；以华西希望集团、广州富力达生物科技有限公司、中博农北京牧场有限公司、四川华橙酒业有限公司、泰国阿玛宁集团、四川升达集团、重庆郑胖子农产品开发、浙江玉泉丝绸有限公司、成都地奥天府药业等为代表的近100家农产品加工龙头企业顺利落户并建成投产，极大提升了全市农产品加工企业的整体水平。六是积极搭建农产品推介平台，拓展农产品销售市场。借助广播电视、报刊网络等大众媒体，多形式、全方位进行宣传展示，打好"生态、富硒"牌，提升品牌知名度。组织相关企业积极参与农博会、西博会、渝洽会、川货全国行等展销活动，为企业搭建活动平台，拓展销售市场。

3. 实施并重培育策略应克服两种不良倾向

达州经济社会发展正处于转型升级的关键时期，应对的是发育不完全的内部市场和已经被发达城市资本抢占的外部市场，在尚未完成最终市场化的条件下又要面对全球化的挑战。在这样的背景下，达州采取内生自发培育与外部嵌入培育并重的产业集群培育策略，不失为明智之举。这样做既可依靠区域的地缘优势、政策优势、资源优势、低成本优势等吸引外来企业直接投资，又可以充分挖掘区域历史积淀、文化背景、制度环境等方面的巨大潜力增强外来企业的本土根植性；既可以充分发挥现有本地企业的产业支撑作用，又能为本地企业塑造激烈竞争的市场环境。

培育农产品加工产业集群是一项复杂的系统工程，既要讲科学也要讲艺术。采取内生自发培育与外部嵌入培育并重策略要以妥善处理各种关系为前提，要把握好"度"，在实践中要注意克服两种不良倾向。

一是保守排外的思想观念。思想观念创新是区域经济加快发展的先导。达州地处秦巴山区腹地、远离大都市，以山区丘陵为主环境，长期以来传统农业经济占主导地位，因为工业化、城镇化、信息化严重滞后导致的社会变迁迟滞性和被动性特征等，都是形成保守排外思想观念的重要因素。因此，在采取内生自发培育与外部嵌入培育型并重策略培育农产品加工产业集群时，既要破除悲观失望、消极被动、无所作为的落后思想，树立强化机遇意识和追赶意识，又要破除计划经济体制藩篱下的思维定式，树立强化市场意识和竞争意识，还要破除封闭排外的狭隘思想，树立和强化大开放、大开发、大发展意识。"闭门造车"式培育是保守排外思想的集中体现。二是盲目蛮干的鲁莽行为。培育农产品加工产业集群也要有科学精神，要尊重经济规律、按规律办事，既要有积极的态度，还要有科学的方法。不顾实际情况、头脑发热、意气用事、感情冲动的"勇武"精神是有害无益的。要在符合科学原则、符合本地区实际情况的前提下鼓励大胆试、勇敢闯。"拉郎配"式培育是鲁莽行为的集中体现。

二、初（粗）加工、精深加工与副产品综合利用加工协调发展

1. 农产品加工协调发展的重要性

（1）农产品加工协调发展是农业与市场连接的重要纽带，是农产品商品化必不可少的中间环节，也是农业现代化的重要标志

农业品加工协调发展的核心是农产品初（粗）加工、精深加工与副产品综合利用加工之间要协调。农产品的初（粗）加工是指对农产品一次性的不涉及农产品内在成分改变的加工，农产品的精深加工是指对农产品二次以上的加工，主要是指对蛋白质资源、纤维资源、油脂资源、新营养资源及活性成分的提取和利用。农产品副产物是在农产品生产或加工时产生的非主产品，包括秸秆、米糠、稻壳、麸皮、饼粕、果渣、菜帮、畜禽骨血、薯渣、酒糟、醋糟等。农产品副产物综合利用加工是指利用分离、回收、提取、干燥、生物等技术手段对副产物向食品、能源、肥料、饲料、培基方向综合利用发展。现代农业是一、二、三产业高度融合的产业，没有农产品加工业就没有现代农业。农产品加工业协调发展能使农业生产经营主体按照加工需要组织生产，集成利用现代要素，促进农业的专业化、标准化、规模化、集约化生产；能使农业注入资金、技术、管理、人才、设施等生产要素，增强农业的综合生产能力，促进农业发展方式的转变；能使农业上下游相关产业、相关环节有机融合，带动相关配套产业联动发展，促进种养加、贸工农一体化；能使农产品加工层次、科技含量、质量等级得到提高，品牌优势得到发挥，实现农业增值增效，促进农产品市场竞争力的提升。

（2）农产品加工协调发展是调整农村经济结构、提高农产品资源利用率、提高农产品附加值、增加农民收入的根本出路

我国农产品加工业整体发展水平本来就不高，与发达国家存在较大差距。精深加工不足、副产物综合利用加工严重滞后又是我国农产品加工业中最突出的问题。据农业部门统计，2013 年我国农作物秸秆约 8 亿吨，占农业生物质总产量的 50%；粮油、果蔬、畜禽、水产品加工副产物 5.8 亿吨，其中 60%（远

低于发达国家的 10%）被作为废物丢掉或简单堆放，形成秸秆、稻壳、酒糟、果渣、菜帮、骨血等农产品副产物的几座"大山"，相当于 7 亿亩土地的投入产出和 6 000 亿元的收入被损失掉。目前，我国农产品加工综合利用率不足 40%，其中粮食加工综合利用率不足 30%、油料 20%、畜禽水产 29%、果蔬不到 5%，而发达国家农产品加工综合利用率达到 90%。农产品加工副产物中含有丰富的碳水化合物、蛋白质、脂肪和其他有效物质，是食品、药品、保健品、能源、化工产品等的重要原料。农产品加工业水平低、发展不协调，造成农产品出路少、增值低，导致农民增产不增收，极大地影响农业产业化进程。专家测算，如把我国 8 亿吨的秸秆以 50% 作为能源加工，就相当于再建一个大庆油田；把 30% 的秸秆和 5.1 亿吨粮油果菜副产物的 70% 作为饲料，按照每亩生产干苜蓿 1 吨计，相当于新增土地 5.8 亿亩。按照 2012 年大庆生产 4 000 万吨原油和 33 亿立方米天然气（每吨原油按 4 005 元，每立方米天然气按 2.05 元）及当年的苜蓿产量和价格（每吨 1 000 元）计，产值为 7 469.65 亿元。

（3）农产品加工协调发展是保护农业生态环境、实现农业可持续发展的现实需要

农产品加工发展不协调不仅会浪费资源、污染环境、降低收入，还将增加安全隐患。据农业部门统计，目前我国每年产生的农产品生产及加工副产物近 14 亿吨，由于这些副产物直接排放带来的环境污染问题呈高发事态，越来越成为人们高度关注的重大现实问题。因此，在推进农产品加工业协调发展进程中，必须树立绿色发展理念，要把环境保护、建设生态文明、追求可持续发展上升到关系人民福祉、关乎民族未来的战略高度来看待，坚守"绿水青山就是金山银山"的信念，坚持把绿色发展、循环发展、低碳发展作为基本途径，坚持把实现经济与生态的良性循环、人与自然的和谐共生作为奋斗目标。

2. 达州农产品加工协调发展的关键环节

（1）确保从事农产品初（粗）加工企业、精深加工企业和副产品综合利用加工企业保持恰当的比例关系

达州现有农产品加工产业集群如牛肉加工产业集群、粮油加工产业集群、黑鸡（蛋）加工产业集群、黄花加工产业集群、香椿加工产业集群、茶叶加工产业集群、油橄榄加工产业集群、生猪加工产业集群、干果加工产业集群、薯类加工产业集群、中药材加工产业集群、水产加工产业集群等，绝大多数停留在集群雏形阶段，集群发展很不成熟，没有一个产业集群算得上真正意义上的精深加工产业集群，群内企业也几乎全部处于初（粗）加工发展阶段，很少涉及精深加工领域，副产品综合利用加工更是薄弱环节。如何引导现有农产品加

工企业在向精深加工和副产物综合利用加工环节延伸的基础上，经过集群之间和区内企业之间的分工协作，培育出一定数量的精深加工和副产物综合利用加工产业集群，是达州产业集群培育中的一个重点和难点。

（2）以技术创新为主线，深入实施创新驱动发展战略

农产品加工技术是以物理、化学、生物学和工程科学等为基础的应用性技术，在这些领域，新型灭菌和无菌包装技术、贮运保鲜技术、生物转化技术、功能物质提取分离技术、生理活性物质功能鉴定及保护技术、产品成分检测及食品安全技术等层出不穷。技术创新能推动加工企业加工过程的自动化、智能化和精细化程度不断提高，使加工的深度和广度不断发展，使产品的品质和生产效率得到大幅度提升，引领加工企业不断向食用、饲用、药用、工业用、保健用方向延伸，朝生物医药、生物能源、生物基工业材料等更广阔的领域迈进。例如，粮食加工产业集群依靠技术进步引领，可向米糠制油、稻壳发电，从米糠毛油中提炼谷维素、糠蜡，利用发电燃烧后的稻壳灰继续用来加工活性炭、水玻璃、硅胶等方向延伸和发展，油料加工产业集群在创新驱动下可向生产天然维生素 E、植物甾醇、脂肪酸甲酯和食品级磷脂等方向或环节延伸和发展，畜禽加工产业集群利用技术进步可向动物副产物转化成生物多肽和饲料中可以被吸收利用的宝贵蛋白质资源等方向或环节延伸和发展，果品加工产业集群在冷榨技术、冷磨技术、溶剂浸提技术、水蒸气蒸馏技术引领下可向从酸中提取乙醇、从橘皮中提取精油和果胶等方向发展。

（3）推动加工原料供给向专用化方向发展

在农业生产中采用适合的育种技术、栽培技术、养殖技术、防治病虫害技术等，确保向加工环节提供品种种类适合、品质良好、无病虫害、无农药等有害物质残留的优质原料，已经成为现代农产品深加工业向农业生产领域延伸的一大趋势。目前，几乎所有的名优产品都要求有专用的原料品种和相对稳定的原料供应基地。比如，国外玉米品种已经实现高度专用化，细分为饲用高蛋白玉米、工业用高油玉米、食用甜玉米、蔬菜用玉米等不相同的品种，法国著名的葡萄酒品牌均有自己专用的葡萄品种和种植基地。我国新疆优质番茄酱享誉国内外，使用的番茄原料是种植于特定地区的专用品种，等等。

（4）推动生产过程和加工产品的标准化水平提升

从农产品生产基地建设、种植养殖过程管理到加工原料选择、加工设施制造、工艺技术选用，到添加剂、包装物配置，再到仓储、运输等环节，都要遵循科学规范的标准，不但要符合国家标准，还应努力用国际通用的 ISO（国际质量标准）、HACCP（国际食品卫生安全标准）等标准体系进行自我约束。如何有效推进标准化进程是达州农产品加工产业集群培育中急需解决的重大问题。

3. 达州推动农产品加工产业协调发展的重点工作

达州推动农产品加工产业集群的培育和发展，既要实现精深加工和副产物综合利用加工产业集群培育的重大突破，也要完成初（粗）加工产业集群的技术改造和产业转型升级。当前的重点任务是：

（1）着眼于产后减损，在农产品初（粗）加工能力上实现重大提升

达州绝大多数农产品资源其加工水平仅仅停留在初（粗）加工水平，甚至不少农产品资源连初（粗）加工都谈不上，如因冷藏设施不足、加工环节薄弱，达州清脆李、柑橘、食用菌、黄花、蔬菜等大多仍停留在"现采鲜销"阶段，产后损失较大。如果能够在农产品初（粗）加工能力上实现重大提升，就会带来明显的经济效益，惠及更多的农户和专业合作社。

（2）着眼于提档增值，在农产品精深加工能力上实现重大突破

为此，必须加快调整产业和产品结构，强化技术创新，完善产业标准和配套体系，以产业集聚区为平台，推进企业集中布局，推动以优势产品为重点的农产品加工产业集群实现更大规模、更高水平的发展；必须把壮大龙头企业作为加快农产品加工产业集群发展的重要举措，通过联合、兼并、收购、参股等资本运作方式，走集团化、规模化、集约化经营之路，打造一批产业优势明显、带动能力强、产品市场占有率高的农产品加工企业集团；引进和培育一批市场前景好、行业带动性强、科技含量高、发展后劲足的骨干企业，整体上提升农产品加工业的支撑力和带动力，提高农产品加工业的集中度和竞争力，通过纵向和横向延伸产品链、价值链和产业链，实现农产品多重转化增值。

（3）着眼于节能减排，在副产物综合利用能力上实现重大提升

党的十八届五中全会提出"绿色发展理念"，将生态文明建设摆上重要的地位。国家已将建立资源节约型和环境友好型社会定为基本国策，《中华人民共和国清洁生产促进法》《节能减排全民科技行动方案》《"十二五"节能减排综合性工作方案》和《农业部关于加强农业和农村节能减排工作的意见》，对农产品加工综合利用提出了新的更高的要求。达州培育农产品加工产业集群必须高度重视培育副产物综合利用加工企业，必须搞好副产物综合利用加工顶层设计规划，必须在实现绿色经济发展、低碳经济发展、循环经济发展方面迈出实质性步伐，通过"吃干榨尽"各种加工副产物和农业剩余物，加强资源化利用。

（4）着眼于技术创新，在重大关键共性技术创新能力上实现重大提升

达州现有省级现代农业科技示范园区 4 个，科技专家大院 6 个，农业科技特派员创新团队 8 个，市级科普示范点 20 个，市级技术转移中心 1 家，科技信息服务机构 7 家，知识产权服务机构 1 家，这些为推动农产品加工产业集群技

术创新奠定了良好的基础。当前，要着力建成一批国家、省、市级企业技术中心，工程技术中心和重点实验室；着力扩大企业与更多高校和科研院所合作，建立以"政府为主导、企业为主体、院所为依托、项目为载体"的多层次、多渠道、多形式产学研用全面合作关系；着力整合科研力量，造就一批技术创新领军人才和创新团队；着力对重大关键共性技术进行联合攻关、集成攻关，破解一批技术瓶颈问题；着力搭建技术交流和信息共享平台，切实推进企业科技创新基础设施建设。只有多管齐下、多措并举，才能推动达州农产品加工产业集群在技术创新方面实现重大提升。

（5）着眼于产业集聚，在农产品加工集中区辐射带动能力上实现重大提升

达州要快速提升农产品加工产业的集聚能力和集聚水平，必须在三个方面取得实质性突破：一是要加快推进农产品加工集中区建设，吸引更多企业入驻园区，加快项目建成投产，促进入园企业分工协作，充分发挥农产品加工集中区的示范引领和辐射带动作用；二是要引导企业向优势产区集中，形成一批相互配套、功能互补、联系紧密的企业群落；三是通过加工企业品种筛选、推广和企业的带动，扩大专用原料基地，完善区域化布局、建设标准化体系。

（6）着眼于品牌培育，在农产品加工业市场竞争能力上实现重大提升

为此，达州要在三个方面取得重大进展：一是继续以农业"四区建设"为抓手，深入实施农业"4+8"工程，着力扩大和提升"六带三区两基地"产业带，做大做强特色优势产业，切实提高农业现代化水平；二是持续推进"三品一标"建设，深入实施名牌战略，大力度创建中国著名商标、中国驰名商标，以及省市级著名商标，积极促进品牌升级；三是实施更加灵活、有力的产业扶持政策，构建功能更强大、体系更完善的营销网络平台，强化品牌宣传推广和品牌保护，着力提高达州农产品品牌知名度和社会影响力，提高市场占有率。

三、基础层和支持层相衔接

1. 基础层和支持层相衔接培育农产品加工产业集群的重要性

从产业集群的运行机制角度看，产业集群的基础层主要包括供应商、竞争企业、用户和相关企业等四个因素。其中，供应商是产业集群中生产要素的内部提供者，同行竞争企业是产品竞争或互补企业，用户是产品（中间产品）需求者，相关企业是与资源、生产要素、基础设施等关联的企业。产业集群的支撑层主要包括科研及教育培训机构、金融机构、中介机构、政府等。支撑层为基础层提供知识流、技术流、人才流、信息流等，通过与基础层的交互作用实现产业集群创新和升级（如图5-5所示）。

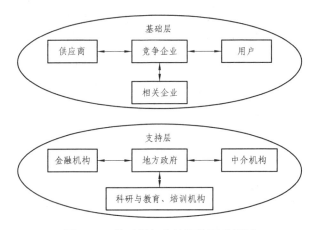

图 5-5　基础层与支持层的互动机制

基础层和支持层相结合对推动产业集群的发展和演进中作用巨大。首先，产业集聚区的各要素之间形成知识、信息、技术等资源在扩散过程中创造价值或知识增值的"价值链"，它既可以减少市场的不确定性，又避开了科层体制垂直一体化刚性；既能促进竞争，又能促进合作。集群区域内各要素之间在相互信任的基础上，进行正式或非正式的接触与合作，从而在促进知识、信息的面对面交流与持续互动中，推动集群的发展和演进。其次，产业集群的技术服务体系主要是从事集群知识创造的技术服务、信息服务和管理支持的服务机构，如研究机构、实验室、生产力中心、企业联合中心技术孵化器等。集群内部技术服务体系的完善有利于集群内部成员接近研究开发资源，推进集群成员共同从事知识开发，并为维持这些知识合作或共享提供技术支持。最后，提升产业集群和企业市场竞争能力。技术更新导致市场需求个性化增多，企业自有资源相对稀缺，必须通过合作拓展获取。产业集群中的群内企业以供应链为纽带进行专业分工，实施协同一体化生产经营，有利于增强企业满足市场需求的程度和提升对市场竞争的应变能力。

2. 相衔接的基本条件

一些地区具备特色农产品产业集群形成的诱因，如自然资源禀赋的优势、政府的作用、农作物的集聚种植等，但是并没有形成特色农产品产业集群，或者在形成的初期就被分解了，这是因为特色农产品产业集群的形成除了具备以上诱因外，还必须具备一些条件，即需要基础层和支持层的链接。

（1）供给条件

第一，集群产品存在技术可分性。特色农产品加工产业集群形成的第一个必要条件是集群内加工企业之间的劳动分工高度深化，存在大量工序型企业和中间产品交易市场。第二，集群产品存在丰富的产品差异化机会。产品差异化包括水平方向和垂直方向的产品差异化。水平方向的差异化是指品种、规格、等级、品牌等方面的不同；垂直方向的差异化是指同种产品内在质量的不同。第三，集群产品的低运输成本。低的运输成本才能保证产品的可贸易性。第四，企业竞争环境的动态多变与速度经济性。企业所处的竞争环境，对时间和空间的控制特征将决定产业组织和生产组织的形式。如果竞争环境相对稳定，则企业可以通过控制产品开发和生产组织的时间来换取企业在空间扩张上的灵活性。相反，如果企业所处竞争环境动态多变，企业的生产组织必须在地理空间上靠近。第五，技术创新的网络性和知识的缄默性。

（2）需求条件

当前对特色农产品加工产业集群形成的需求条件的研究还相对薄弱，如果单纯从供给方面来分析集群产生的条件显然是不全面的。波特认为本地需求环境是集群形成的重要条件，内需市场更重要的意义在于它是产业发展的动力，能够先于国际市场被企业识别。因为市场需求可以给集群带来机会和创新的压力，促使企业更早觉察和理解市场上新的需求并做出积极的响应，使企业能够提早获得国外竞争者无可比拟的竞争优势。需求因素一般作为一个触发因素，刺激某一产业在一个特殊地区产生，如果加上政府政策、基础设施、人才等条件，该产业就将迅速成长起来。

（3）社会条件

社会条件是指由多种主体间多种关系结合而形成的网络关系，即特色农产品加工产业集群的社会网络关系。特色农产品加工产业集群社会网络是以资本渗透、长期合作的合同与协议、企业信誉、人际关系、传统习惯等为纽带联结而成的，因此，这种关系比较稳定。社会网络关系是特色农产品加工产业集群形成和存在的重要条件。特色农产品加工产业集群是以基地为中心，相似的、相关联的或者互补的众多中小企业在一定地理范围内的聚集。它们有通畅的销售渠道、积极的交流与对话；它们共享社会关系网络、劳动力市场、服务和市场机会，同时共担风险。达州特色农产品加工产业集群可以分为生产基地（农户）、龙头企业、农业生产资料企业、种子及种苗公司、中介服务组织、科研培训机构以及政府等七个部分。生产资料企业和种子及种苗公司是特色农产品生产的上游企业，为特色农产品生产基地及农户提供生产资料和种子。特色农产品加工龙头企业是生产基地的下游企业，特色农产品生产基地是其原材料供应者。科研和培训机构为特色农产品生产基地孵化科技和培养人才。科研机构主要进行特色农产品种子的研发、试种和推广以及栽培技术的改良和发明；培训机构主要培养特色农产品栽培人才、经营人才。中介服务组织为特色农产品生产提供技术指导、市场信息、资金支持等方面的服务。政府为特色农产品加工产业的发展提供政策和财政上的支持，主要是对生产基地、加工流通企业、科研培训机构、中介服务组织等主体提供财力上的支持，并为特色农产品加工产业集群的发展创造良好的外部软硬条件。由于产业集群具有外部规模经济，可以节约交易费用，降低区位成本和交易的不确定性，能够实现技术、知识和信息的共享，建立起内部组织结构间的竞争协作关系，提高生产效率，实现集群及其组成部分的利益最大化，因此能够吸引相关产业的不断进入，实现集群的自我扩张与稳定发展。

3. 基础层和支持层相衔接培育农产品加工产业集群的关键环节

（1）积极推动"大众创业、万众创新"，为培育农产品加工产业集群提供可靠的产业基础

农产品加工产业集群在形成机制上具有以下特征：一是产业集群孕育萌发阶段具有自发性，企业起步阶段大多选择技术、资金、环境和管理门槛低的传统产业领域；二是产业集群形成阶段企业具有集聚性，产业集群的形成必须有产业基础，但并不是任何产业都可以形成集群，可以形成集群的产业必须是具有传统优势、比较成熟、能适应市场需求的产业。三是产业集群发展壮大阶段必须有龙头企业带动，企业集聚缺少主心骨，整个集群就难以应对来自外部的竞争，难以稳定、持续地发展。四是产业集群转型升级阶段呈现出动态性，产业集群逐步从地域化集群向信息化（跨地域空间，用信息网络联结的）集群演变，从平面式集群向立体式集群发展，从模仿式集群向创新型集群提升。依据产业集群发展规律，达州培育农产品加工产业集群过程中最为基础的一环就是抓住"大众创业、万众创新"的大好形势和有利时机，鼓励、扶持人们从事农产品加工创业，催生更多数量的农产品加工企业，使农产品加工企业集聚达到一定的数量规模，为集群发展准备雄厚的产业基础。

（2）搞好顶层设计、完善布局规划、优化公共政策，为培育发展农产品加工产业集群提供体制、制度支撑

搞好顶层设计、完善布局规划的重点：一是对有产业基础好、发展潜力大、具备一定成熟度的产业集群，要重点做好规划布局和引导工作。按照区域资源禀赋特点、产业集群发展现状、产业链形成规律，结合中长期经济社会发展规划，选择最具有本地比较优势的产业或产品（达州农业"4＋8"工程），确立目标定位，打破城乡和行政区域界限，统筹功能区块布局，形成区域分工有序、相互协作、前后配套、链接紧密、各具特色的产业集群发展格局。二是要加强

与产业集群相配套的园区布局规划。达州要着力建好已有的4个农产品加工集中区，根据各自的区位条件、资源优势、产业基础，进一步优化主导产业和发展方向，扶持重点产业集群的发展；要加大力度引导产业集群相关企业逐步向产业园区集中，着力提升各类园区的产业集聚能力和可持续经营能力；要适当提高项目招商门槛，坚持以产业集群来聚集、分流项目，真正根据培育特色主导产业的需要，确定园区的发展规模和基础设施配套水平以及组织管理模式。

优化公共政策的重点：一是抓紧制定和完善与优势产业发展相匹配的产业导向目录、考评办法及激励措施。二是对优势产业集群实施有针对性的产业扶持政策。如鼓励和扶持企业技术研究和开发，加快推进产业整合和提升；加大对优势产业链拓展有特殊作用的基础性行业、装备和提供共性技术支撑的扶持力度；强化投入产出控制，依据各行业投资强度和产出效益的不同，实施不同的激励政策，引导和规范企业投资行为；继续加大扶持成长性较好、拥有自主技术和核心能力的行业及企业；鼓励企业实施制度创新和股权开放，鼓励实行资本强强联合；支持企业创造条件争取上市、发行企业债券、推进资产重组、实施股份制改造等，加快产业组织结构调整。

（3）整合公共资源、改善发展环境、打造区域品牌，为培育农产品加工产业集群提供要素保障

整合公共资源的重点：一是推进产业技术研发服务体系建设。着力构建、完善特色农产品设计中心、加工行业策划研究中心、特色农产品展示中心、农产品加工技术孵化中心等公共技术服务平台。二是推进市场营销体系建设。建设为产业集群服务的专业市场，提高信息化水平，扩大国内国际业务交流，发展电子商务，推广"互联网＋"，拓展现代物流。三是推进信用担保体系建设和行业协会体系建设。四是推进人力资源体系建设。

改善发展环境的重点：一是强力推进基础设施建设，着力改善农产品加工产业集群发展的硬环境。二是健全市场体系，整顿市场秩序，规范市场行为，保障公平竞争，着力改善农产品加工产业集群发展的市场环境。三是转变政府职能，优化服务方式，提高服务质量，建设服务型政府，着力改善农产品加工产业集群发展的服务环境。

打造区域品牌的重点：一是要深入挖掘达州品牌产品和品牌企业的文化含量和文化底蕴。二是要制订达州农产品加工产业集群品牌梯队培育规划。三是增大农产品加工产业集群品牌建设的扶持政策力度。

第六章 达州特色农产品加工产业集群发展现状评估

评估与评估理论目前已被广泛应用于社会科学研究的各个领域,科学的评估指标体系的建构可以为我们更加全面、直观而又精确地把握事物发展的现状与特点提供科学依据和方法指南,同时也可为事物的进一步发展和改进提供方向性指导。本章在梳理评估理论和评估方法的同时,建构了特色农产品加工产业集群的评估指标,并对达州特色农产品加工产业集群发展的主要特点、基本经验、面临的机遇、存在的主要问题及其成因进行分析和评估。

第一节 农产品加工产业集群发展评估基本原理

目前,评估理论和评估方法的发展已比较成熟。就评估方法而言,依据不同的标准可以分为不同的类别。对特色农产品加工产业集群的评估我们采取定量评估与定性评估相结合的方式,从集群创新能力和竞争力两个大维度开展评估。

一、农产品加工产业集群发展评估的科学内涵

1. 农产品加工产业集群评估的含义与类型

通常认为,评估是由评估主体对被评估对象即评估客体的价值进行评价和判断一项行为或活动。彼得·罗西在《项目评估——方法与技术》一书中认为:"评估的广义定义包括所有探讨事件、事物、过程或人的价值的

努力。"① 艾尔·巴比则认为："评估研究是一种应用性研究，它研究的是社会干预的效果。"② 学界对"评估"尚无一个统一的界定。但总的来说，评估的基本内容是对评估客体的价值进行判断和评价，或对社会干预效果进行考察和研究。因此，我们认为，农产品加工产业集群发展评估是指由评估主体借助一系列评估工具对一批既相互独立又相互关联的农产品加工中小企业及相关支撑机构在一定区域范围内的集聚程度、竞合状况、发展阶段等进行的评价和判断活动。其评估主体既可以是政府部门或企业自身，也可以是第三方专业评估机构。当然，任何单一的评估主体都难以避免自身的局限性，因而在对农产品加工产业集群进行评估时，可以由政府进行召集，以相关领域的专家学者为主体，鼓励企业参与的专业评估团队进行评估，以保证评估的客观性和公正性。

根据不同的标准，可以将农产品加工产业集群评估分成多种类型。

（1）根据评估者的工作内容，可以分为累积性评估和形成性评估

形成性评估是指在项目运行过程中，为使项目效果更好而修正其本身轨道而进行的评估，主要提供项目进展情况方面的信息。形成性评估的主要目的是为了明确活动运行中存在的问题和改进的方向，及时修改或调整活动计划，以期获得更加理想的效果。农产品加工产业集群形成性评估是对农产品加工企业及相关机构的建设和运营情况进行评判，以保证既定目标的达成。累积性评估考察项目对目标的完成情况。这类信息对资助机构决定是否重新立项或继续向项目拨款非常有用。同时，累积性评估还为我们了解项目有效性或企业运作情况提供了非常有价值的信息。形成性评估和累积性评估为使用者提供了不同的信息，形成性评估提供有关项目进展情况的信息，理论上有助于机构的发展和项目的改进；而累积性评估则主要提供有关项目完成目标情况的信息，是对项目结果的整体评判，有助于对是否重新立项或追加投资进行决策。大多数关于评估的文献也都提出，形成性评估在项目运行阶段进行，而且不一定能显示项目是否成功；累积性评估用于根据其目标来评估项目的成果。

（2）根据被评估项目所处的阶段，可以分为过程评估、结果评估和效率评估

过程评估是回答项目的操作、实施以及服务送达问题。结果评估回答项目结果和影响等问题。过程评估要评估的是农产品加工产业集群建设的过程、活动和项目的操作状况。如果项目正在进行中，则称之为项目调整。过程评估致力于解决那些与产业集群如何运作相关的问题，包括农产品加工产业集群发展

---

① 彼得·罗西:《项目评估——方法与技术》(第6版)，邱泽奇等译，北京：华夏出版社，2002：4。
② 艾尔·巴比:《社会研究方法》(第10版)，邱泽奇译，北京：华夏出版社，2005：356。

状况和项目目标一致程度、产业集群的组织情况、项目管理绩效、项目资源使用情况以及其他类似情况。结果评估是评价在一定社会环境中的产业集群的建设产生了哪些预先设想的对环境的改进。效率评估的典型问题包括：相对于付出的成本而言，项目是否产生了足够的效益？项目创造的收益是否比其他致力于相同目标的干预或送达系统所消耗的单位成本要低一些？解决这类问题的技巧有两类密切关联的方法：成本—收益分析和成本—绩效分析。前者分析研究项目成本和结果之间的关系，成本和结果都以货币方式表现。后者检验项目成本和结果之间的关系，但结果是以单位成本所获得的结果来表现的。效率评估最适用于农产品加工产业集群建设比较成熟稳定的阶段。

（3）根据评估相对于项目的时间，可分为前评估、中评估和后评估

前评估是指对农产品加工产业集群项目引进、计划或政策开始实施之前所进行的评估，也称预评估、事前评估。由于是在实施之前进行，因此实际上是对项目、计划或政策可行性分析的评估。前评估的作用在于：一方面可以决定项目、计划或政策是否实施；另一方面，前评估取得的数据可以作为基准线，在项目、计划或政策完成后进行对比。中评估是指在农产品加工产业集群项目、计划或政策开始后到完成前之间的任何一个时点进行的评估，目的在于检查项目、计划或政策的设计和前评估的质量，或者评估实施过程中的重大变更及其影响，或诊断实施过程中的困难、问题，寻求对策与出路。后评估是在农产品加工产业集群项目、计划或政策结束后，根据原目标和实施情况的比较而进行的全面、系统评估。这种评估是以评估相对于项目开展的时间来划分，时间不同，评估的内容也不同，因此评估的目的、要解决的问题也就不尽相同。

（4）根据评估者的来源，可以分为自我评估和外部专家评估

自我评估即由一定区域内的农产品加工企业和相关机构或者区域政府进行的内部自我评估；专家评估是指政府部门或者集群企业聘请科研单位或专门评估机构的外部专家进行的评估。自我评估的优点在于评估者对组织内部结构、运行机制、项目实施的过程较为熟悉；对当地的社会经济背景、文化风俗习惯较为了解；评估的成本较低；评估的结果或建议容易在执行过程中得到实现。其缺点在于评估的结果往往缺乏客观公正性，公众不容易相信自我评估的结果。而且，由于自我评估者的日常工作较多，难以集中精力进行评估，评估的专业性不强，因此评估较为粗略。外部专家评估往往较为客观公正，评估结果易于被公众接受；专家的专业评估知识也可以增进评估的科学性与规范性。而且，专家评估往往是集中一段时间进行评估，效率较高。但是专家评估也有缺陷，不仅成本较高，而且外部专家对产业集群的运行机制、项目实施的过程

和当地的社会经济文化背景并不清楚，专家评估的结果或建议也不容易在项目、计划或政策的执行过程中得到真正落实。正因为如此，一些地方在进行评估时往往将两种方法结合起来。

（5）根据评估者的组成情况，可以分为独立评估和参与性或合作型评估

独立评估是由农产品加工产业集群的评估者全权负责制订项目评估方案、实施评估以及发布评估结果。一般来说，主办机构委托独立的评估者，只规定评估的目标和内容，其他的则由评估者自由执行。参与性或合作性评估是按照团队项目组织的，包括评估者和项目群体中一个或多个代表组成小组，参与其中的项目方和评估者合作完成评估计划、实施和评估过程。评估者的弹性很大，从小组领导或顾问到只是被叫来提供资源的人都可以是评估者。参与性评估的一种著名方式就是 Patton 的"以实用为导向的评估"。Patton 的方法强调和某些特定的个体密切合作，他们利用评估结果来保证评估可以反映他们的需要，并产生他们能够且会实际应用的信息。①

2. 农产品加工产业集群发展评估理论

（1）绩效问责取向的评估理论

该理论强调评估方案的优点和价值，认为评估最重要的目的在于改进与问责。该理论要求评估既要能帮助方案得到改善，又要能审视方案的优点和价值。这一评估为各利益相关者提供机会，使其能够向评估者反映他们最关心和重视的问题，并及时提供有关信息，以促进决策的产生和绩效记录的形成。基于这一理论，农产品加工产业集群评估中要考查和说明的问题均与利益相关者密切相关。例如，农民的利益需求是什么、农民能否从产业集群建设中获益、农产品加工企业的年利率如何，以及产业集群建设的社会效益等问题。该评估模式重视、鼓励利益相关者参与，鼓励利益相关者对方案的价值作出判断，以此来帮助方案人员做出符合利益相关者需求的决策。这种评估模式的主要优点在于能鼓励方案人员通过评估来改进方案，使其符合受益人的需求。

（2）以委托人为中心的研究或响应式评估理论

委托人是指那些对方案给予支持、开发和具体实施方案的人，而且他们需要评估者的意见和建议来进一步认识和改进方案。委托人具体包括行政主管、方案的开发者、纳税人、资金赞助者等。由于农产品加工产业集群建设通常是由当地政府组织为促进当地经济发展、提高政治绩效而以行政力量进行规划建

---

① 金斯伯格：《社会工作评估——原理与方法》，黄晨熹译，上海：华东理工大学出版社，2005：29。

设的行为，在产业集群建设中，在议程提出、规划方案制订、项目引进、企业建设、市场开拓、产业评估等各个环节，政府都发挥着极为重要的作用，因而在农产品加工产业集群评估中，委托人通常是当地政府部门，由政府委托相关领域的专家学者组成评估团队，对农产品加工产业集群建设情况开展评估。这种评估模式强调评估者要关注和满足委托人的评估需求，评估者应与委托人保持密切的合作和互动，并及时对委托人的问题做出回应。以委托人为中心的响应式评估理论的哲学基础在于：评估者必须促进公平和公正。该评估理论关心和要考查的问题来源于方案所在的社区、受益人团体和外部方案领域的专家。根据该评估理论，方案或项目具有很强的开放性和弹性，因此，评估的最终结论也是多元的，甚至存在一定的冲突。评估是对各种方案进行综合说明，收集并陈述利益相关者和专家对方案实施的意见，而并非只是得到唯一的最佳方案。

（3）以实用为导向的评估理论

该理论认为，评估的目的是为了寻找解决问题的方法。评估的重点不是找问题和报告问题，或者只是传授其他人有关项目的知识，而是一种对评估的接受者来说更加有用的项目评估方法。所以，这种评估的重点在于获得评估结果的使用者想获得的信息。其意图是使评估的使用者可以通过评估结果对项目做出判断和改进，或者两者兼得。所以，重点在于这些评估材料在各种不同背景下的实用性。以实用为导向的评估是评估者和优先使用者目标团体共同合作，对相关评估方案做出选择的一个过程。优先使用者目标团体是指利益相关者中特殊的一部分群体——方案的预期使用者。评估的目的在于通过与评估结果的预期使用者合作，保证评估结果被接受和使用，使方案评估产生切实的影响。评估者要考查和研究的问题可以是评估者和目标使用者关心的任何问题，如在农产品加工产业集群建设中，方案的实施过程、得到的成果、产生的影响，以及方案的成本和效益等都是该评估理论所要关注的问题。其优点在于预期使用者的积极参与能促使评估结果得到更深刻的理解和广泛的重视，并保证评估的结论得到更充分的利用。

（4）民主审议评估理论

该理论强调民主原则，认为评估的目的在于在评估过程中通过实现民主参与来获得可辨明的评估结论。因此，该评估的运作环境应有一个明确的民主架构，并要求评估者支持民主原则，以获得有价值的评估结论。在该评估过程中，评估者要主动去确认并安排感兴趣的利益相关者，保证他们能公平地参与评估。同时，在产生初步评估成果、讨论评估结论的草案，以及对评估结论的审议过程中，评估者都应该将利益相关者纳入其中，并保证他们有充分发表意见的机会。在农产品加工产业集群评估过程中，民主审议评估首先要考虑的是一些有关民主审议评估的适当性问题，如哪些人的利益可以作为代表、有无主要的利益相关者的代表、有没有人被排除在外、利益相关者之间是否存在权力失衡等。这种评估模式的优点在于它寻求一个公正的评估，在评估的每一个阶段都努力确保各利益相关者能公平地参与其中。该评估会对收集到的所有利益相关者的意见进行认证分析和考量，再做出最终的判断，力求不会忽视任何利益相关群体的意见。虽然这种评估有许多优点，但是这种与利益相关者进行民主对话的模式，在实际中应用仍然比较困难。

（5）赋权评估理论

赋权评估要求服务对象即从事农产品加工的相关企业和机构，参与评估的设计和评估实施方式的确定，并参与项目评估的分析。农产品加工企业自一开始就参与项目评估，而且和专业评估者一起合作，而不是只作为被评估的对象。赋权评估的倡导者认为，评估过程是民主的，因为它推动了那些项目的参与者参加项目的评估。金斯伯格把赋权评估分为四个阶段：第一阶段设定议程，第二阶段规划，第三阶段实施，第四阶段评估结果。参与者参加评估的每个阶段。[①] 彼得·罗西认为，在这类评估中，评估者与项目方的关系是参与性或合作性的。另外，评估者的角色还包括对参与其中的项目各方能力发展的咨询和帮助，表现在能够让他们自己实施评估，有效地利用评估结果来获得支持和改变，在一定意义上，对项目的影响因素进行控制。赋权评估吸收了在项目背景中没有权利的项目方，基本包括项目对象或广义受益者。

（6）需求评估理论

需求评估是一种主要的评估方式，它不评估项目的结果和成效，而是集中判断人们对所考虑的项目存在多大程度的需求。有时这种评估由机构员工进行，有时则根据合同规定由专家进行。因而在运用需求评估理论对农产品加工产业集群进行评估时，其评估的主要内容在于当地的社会经济条件以及农户是否具有建设产业集群的内在需求，它以社会和民众的利益需求为导向。金斯伯格阐明了需求评估的目的：所有需求评估的主要目的都是确定一个社会问题的性质、范围和地点，并辨识可行、中肯的问题解决方法。简而言之，所有需求评估的最终目标是要通过辨识社会问题和提出问题解决方法来改善人类的生活状况。他还指出了需求评估的四大用途：传授人们关于社会需求的知识，证明项目需求的合理性；提供信息，帮助实现其他用途，如帮助公众、资助者和董事会成员更好地了解社会需求及其范围；制定预算和进行其他规划活动；提供那些可

---

① 金斯伯格：《社会工作评估——原理与方法》，黄晨熹译，上海：华东理工大学出版社，2005：42。

用来推广某一特定服务的信息。[①] 彼得·罗西认为，需求评估用系统的方法来识别社会问题，确定社会问题的程度，并准确地限定所服务的目标人口和他们需求的性质。从项目评估的角度来看，需求评估是一种手段，评估者借此确定是否真的存在实施项目的需求；如果确实存在这种需求，那么什么样的项目服务最适合满足这种需求。这样的评估对于新建项目的有效设计是最重要的。不仅如此，这种评估对于既有项目同样适用，因为在很多情况下，不能仅仅认为需要实施项目或该项目所提供的服务就能很好地满足社会需求。[②]

（7）"三 E"评估理论

所谓"三 E"，即经济（Economy）、效率（Efficiency）与效果（Effectiveness）。经济是指以最低可能的成本供应与采购维持既定的服务品质。它关心的是投入的数量，而不关注其产出的服务品质。例如，农产品加工产业集群建设在特定时间内究竟花了多少钱、建设成本是多少、花费是否与预算一致等。效率是指投入与产出之比率。效率指标通常包括服务水准的提供、活动的执行、每项服务的单位成本等。例如，农产品加工产业集群单位开支的产出是多少。效果则是指项目实现目标的程度。例如，产业集群建设目标的实现程度等。效果指标通常只关心目标或结果。

（8）"三 D"评估理论

所谓"三 D"，是指诊断（Diagnosis）、设计（Design）、发展（Development）。诊断是产业集群的管理者能够正确识别组织或项目所面临的新的管理问题，能够考虑到主要相关利益群体的需求与利益。设计是指产业集群管理者能够通过适当的策略解决这些问题，能够设计解决这些问题所需要的恰当的结构与战略。发展是指一种解决产业集群实施过程中所遇到的问题的能力，以及相应的作为学习过程的管理变革或创新。"三 D"评估理论的优势在于它特别注重通过评估提升企业自身的能力建设，通过评估帮助企业组织不断学习与完善。然而，这一评估理论的局限在于它难以定量，更多的是定性方面的评估，难以在不同企业组织之间进行比较。由于难以比较，因此也无法根据评估的结果实施奖罚。

3. 农产品加工产业集群发展评估的意义

为了提高农产品的竞争地位，促进农业经济和区域经济的发展，全国各地都加快了农产品加工产业集群的建设进程，学界也在农产品加工产业集群的研

---

① 金斯伯格：《社会工作评估——原理与方法》，黄晨熹译，上海：华东理工大学出版社，2005：38。

② 彼得·罗西：《项目评估——方法与技术》（第 6 版），邱泽奇等译，北京：华夏出版社，2002：89。

究方面取得了许多成果。但是就目前情况来看，我国对农产品加工产业集群的评估还没有引起足够的重视，在各省市也没有建立统一的评估体系和标准。科学客观地评价产业集群质量，观察产业集群在激烈的市场竞争中所处的地位，探索提高产业集群的市场竞争能力，需要设计一套科学、完整，能够从多方位多角度反映集群特质的指标体系。为此，产业集群综合评价指标体系的建立迫在眉睫，对农产品加工产业集群发展状况进行评估具有极大的现实价值和实践意义。

（1）评估有利于集群产业更有效地了解自身发展状况，为技术的改进和质量的提高提供依据

我国农产品加工产业集群目前存在着严重的遍地开花、质量不高的现状，如管理手段落后、技术水平低下、创新能力严重不足、产业之间合作力不够、市场空间难以拓展等问题。这在很大程度上是因为科学、规范而合理的评估机制没有建立起来，导致对农产品加工产业集群的发展状况难以作出科学判断，对产业集群的创新力、竞争力和合作力等无法有效分辨，对产业集群的投入、产出、效率、效益等难以准确说明。而科学规范的农产品加工产业集群评估模式，特别是科学的评估指标体系的建立，可以帮助集群企业更好地认识到自身的发展状况，知道还有哪些不足，明确建设和改进的方向，从而有助于提高农产品加工产业集群的整体发展水平。

（2）对农产品加工产业集群的科学评价，也为政府政策的制定提供了科学依据

在我国，许多省市农产品加工产业集群的建立基本是政府主导的行为，政府对农产品加工产业集群的认识程度将直接影响到集群产业的发展水平。目前，我国许多地方政府为了响应党和国家的号召，推动农业经济的发展，以及提高自己治理绩效，都纷纷加大了对农产品加工产业集群建设的投入力度。但是，从现实情况来看，政府的盲目投资不仅没有提高农民的收入水平，促进农业经济的快速发展，反而误农、害农。要改变这种状况，建立健全农产品加工产业集群建设的评估体系就显得极为迫切。对农产品加工产业集群的科学规范评估，一方面通过对农产品加工产业集群的前评估如可行性论证，可以帮助政府更好地了解当地的资源禀赋、市场条件、发展前景，避免盲目投资、跟风建设、资源浪费，从而为政府制定更加有效的惠农政策提供科学依据；另一方面，对农产品加工产业集群发展状况进行评估，可以使政府及时了解集群产业的发展动态，为政府决策和后续投资提供支撑依据。

（3）对农产品加工产业集群的科学评价，也可以为集群外部的企业判断是否应该进入农产品加工产业集群领域提供确凿依据，是企业辅助决策的有效工具

在农产品加工产业集群的发展中，处于集群外部的企业是否愿意加入和进行投资起着至关重要的作用。没有外部企业的进入，产业集群便不可能发展壮大，其影响力和竞争力也会持续低下。如何吸引外部企业对农产品加工产业的资金投入，是政府决策者必须要思考的重要问题。企业是以利润为导向的，利润最大化是其使命和存在的目的。因此，要想吸引更多的企业，特别是一些在农业技术方面比较有实力的企业进入产业集群，科学的农产品加工产业集群评价评估机制便必不可少。评估机制的建立和有效执行，可以让外部企业看到产业集群建设的市场前景和利润空间，从而发现投资机会。

二、农产品加工产业集群发展评估的基本内容

1. 农产品加工产业集群评估指标体系的构建原则

虽然对农产品加工产业集群评价评估指标体系的建立势在必行，但是评估必然带有较强的主观性，评估活动的开展不仅耗时耗力，而且需要较高的成本。好的评估能够使评估机构、被评估机构和其他利益方都收益，而不好的评估则会造成资源的巨大浪费。所以，开展对农产品加工产业集群的评估更需要把握好评估的原则。

（1）科学性原则

科学性是对农产品加工产业集群开展评估以及评估指标体系建立的根本指导原则。指标体系的建立是否科学，是否客观真实地反映了农产品加工产业集群发展的客观规律，直接影响到评估活动的效率和效果。因此，农产品加工产业集群评估指标体系的建立必须建立在科学的基础上，在指标体系的设计过程中，不能主观臆断，而应该建立在实事求是调查的基础上，并要请相关领域的专家对其可行性进行论证，力求指标的全面客观。

（2）可比性原则

农产品加工产业集群评估指标的设计应该口径一致、相互可比，评价指标体系应充分考虑到数据的可获得性和指标量化的难易程度，坚持定量与定性相结合。

（3）操作性原则

评估活动能否得到有效开展，取决于评估指标是否科学、评估指标是否具有可操作性。没有可操作性的指标设计，是缺乏实际意义的。因此，在设计农产品加工产业集群评估指标体系时，应该充分考虑其可操作性。

（4）系统性原则

评估指标作为一个"体系"，应具有系统性，相互之间具有连贯性，并相互依赖、相互依存。指标过于分散和独立则不利于我们更全面、更客观地了解农产品加工产业集群的状况。

（5）简明性原则

对农产品加工产业集群评估指标体系的设计，在保证指标的客观性、全面性的同时，还应尽量避免相同或含义相近、或相关性较强的变量重复出现，做到简明、概括、实用。

2．评价指标体系的建构

（1）集成创新能力评价体系

集成创新是企业利用各种信息技术、管理技术与工具等，对各个创新要素和创新内容进行选择、集成和优化，形成优势互补的有机整体的动态创新过程。集成创新不仅将创新看成是交叉职能联结的过程，还把它看成一个企业内、外交流路径所织成的复杂网络。对农产品加工产业集群的集成创新能力进行评估，是提高农产品加工产业集群创新能力，进而提高其市场竞争能力和农产品质量的重要手段。农产品加工产业集群集成创新能力的评价评估指标体系主要包括创新投入、创新管理、创新产出、持续创新、创新支持能力等五大指标。

①创新投入能力。在一定程度上说，资源投入的多少及其利用程度直接影响到其产出和效益。农产品加工产业集群的创新投入能力与创新的产出能力存在函数关系，在创新资源投入比较匮乏的产业集群内也很能产出高质量的创新产品。因此，创新资源投入能力是技术创新活动得以进行的最基本的先决条件，也是衡量产业集群技术创新能力的一个重要指标。农产品加工产业集群的创新资源投入能力主要体现在技术创新人力资源投入、技术创新经费投入以及技术创新物质资源投入的能力三个方面。具体包括以下指标：

A．研发设备价值比率，是指在农产品加工产业集群内的企业，其设备总值中专门用于产品研发的设备占总设备的比重。研发设备价值比率可以反映农产品加工产业集群创新能力的物质保障程度。

B．科技活动经费比率。农产品加工产业集群企业开展科技活动的总支出占该企业营业收入的比例，它是农产品加工产业集群创新能力的资金保障。

C．科技活动经费比率年增长率。产业群企业科技活动经费支出总额占主营业务收入比例近3年平均增长率，反映产业群企业创新资金投入增长水平。

D．科技活动人员的比例。产业群企业技术研发人员占从业人员年平均人数的比例，反映产业群企业在技术创新活动中的人力投入。

E. 信息采集能力。这是对农产品加工产业集群信息掌控能力的重要衡量指标，产业集群的信息采集能力越强，越有利于企业开展创新活动；没有一定信息资源的支撑，或缺乏对最新信息的了解，产业发展只能亦步亦趋，难有作为。

②创新管理能力。农产品加工产业集群的创新管理能力是对产业集群在创新过程中的管理组织能力的反映，有利于提高产业集群的整体素质，对于增强产业集群的活力也具有极为重要的作用。其衡量指标主要有以下几个方面：

A. 产业群企业间技术合作状况。合作是提高产业竞争力和进行产业创新的途径之一，产业集群的技术合作程度是反映集群企业创新合作程度的定性指标。

B. 技术创新战略和技术创新体系建设情况。通过对农产品加工产业集群的技术创新体系建设情况进行调查，并对集群产业的技术创新战略进行考察，对其合理性、科学性进行论证，从而做出定性判断。

C. 市级以上部门认定的独立研发中心或机构（工程技术中心）情况。独立的研发中心和研究机构是开展创新活动的组织载体和人力资源保证。研发中心和研发机构为农产品加工产业集群的创新管理提供了活力。

D. 创新企业占产业群企业的比重。农产品加工产业集群内具有创新能力的企业占有的比重越高，产业集群的创新管理能力也就越强。

E. 全员劳动生产率。生产率是效率的反映，二者成正比例关系，它反映了农产品加工产业集群的创新管理能力及其创新管理效率。

③创新产出能力。对农产品加工产业集群创新产出能力的衡量指标主要有：

A. 专利授权数。产业集群内的加工企业所获得的市级以上的专利授权数的多少体现了集群企业的创新活力情况。

B. 技术贸易额，即当年技术贸易总额。

C. 新产品产值率。产业集群所开发新产品的产值在该产业集群内占当年总产值的比重。

D. 产品开发周期。反映了产品的更新换代，也是对产业集群创新活力和能力的反映。

E. 主导产品是否拥有自主知识产权或关键技术。对自主知识产权或关键技术的掌握程度反映了产业集群的核心竞争力。

F. 企业万元产值能耗。能耗越低越有利于产业集群节约成本，也说明其技术创新产出能力越强。

④持续创新能力。产业集群的持续创新能力是产业集群创新活动的动态性表现，产业集群的创新持续时间越久，在一定程度上说明其持续创新能力越强。其衡量指标有：

A. 近3年人均上缴税费年递增率。上缴税率的年递增率越高，产业的持续创新能力也越强。

B. 近3年人均产业总产值年递增率。

C. 对外贸易依存度。反映了农产品加工产业集群对国际市场的依赖程度，是衡量该产业集群对外开放程度的重要指标，也是其持续创新能力的反映。

D. 技术、技能培训人数占从业人员年平均人数的比例。产业集群对从业人员的技术、技能培训为产业的持续创新提供了人力资源基础，通过该项指标可以反映产业集群的持续创新能力。

E. 万元产值物耗降低比例。当年较上年度企业万元产值物耗降低比例。

⑤创新支持能力，主要是指产业集群的创新活动有无外部力量的支持，如地方政府、法律法规、科研机构等。其衡量指标有：

A. 地方政府对该产业投入占财政支出的比重。地方政府的财政支持是产业集群持续发展的重要力量。一般而言，地方政府对产业集群的财政支持力度越大，越有利于集群产业的发展。

B. 集群企业知识产权受保护的程度。产权如果不受法律法规的保护，产业集群便没有持续创新的动力。

C. 高校、科研机构与集群企业进行产学研合作的程度。该产业集群与地方高校和科研机构有无技术上的合作也是衡量其创新能力的重要指标。

具体评价指标如表6－1所示。

表6－1　产业群集成创新能力评价指标体系

总目标	创新要素	指标
产业集群创新能力评价	创新投入能力	研发设备价值比率 信息采集能力 科技活动经费比率 科技活动经费比率年增长率 企业技术研发人员占从业人员年平均人数的比例
	创新管理能力	集群企业间技术合作状况 技术创新战略和技术创新体系建设情况 市级以上部门认定的独立研发中心或机构情况 创新企业占产业群企业的比重 全年劳动生产率
	创新产出能力	专利授权数 技术贸易额 新产品产值率 产品开发周期 主导产品是否拥有自主知识产权或关键技术 企业万元产值能耗

总目标	创新要素	指　标
产业集群创新能力评价	持续创新能力	近三年人均上缴税费年递增率 近三年人均工业总产值年递增率 对外贸易依存度 技术、技能培训人数占从业人员年平均人数的比率 万元产值物耗降低率
	创新支撑能力	地方政府对该产业投入占财政支出的比重 集群企业知识产权受保护的程度 高校、科研机构与集群企业进行产学研合作程度

（2）产业集群竞争力评价体系

①产业集群竞争力的特征。产业集群竞争力是指"以产业集群的各种资产要素（包括企业、资源、基础设施和技术条件等）为基础，以企业间的动态网络关系及其层次性递进为运行方式，具有对环境的利用能力和规避能力，在全球市场竞争中能为产业集群的整体绩效带来实质性功效的强劲竞争优势"[①]。从定义中我们可以看出，只有当产业集群内各种要素，如企业、资源、基础设施和技术条件等符合一定条件时，产业集群才会形成一定的竞争力。因此，产业集群竞争力具有动态性、辐射性、根植性和开放性等四个特征。第一，动态性。产业集群的竞争力及其评价标准受国家政策、经济发展环境、技术革新速度等方面的影响，处于不断变化的过程之中。因此，产业集群要想保持自身较强的竞争能力，就需要不断进行技术革新，而不能故步自封、一成不变。第二，辐射性。产业集群的竞争力还体现在其对集群区域或本行业的辐射效应。外部辐射能力越强，产业集群的竞争力也就越强。第三，根植性。产业集群对资源的集聚程度要求较高，农产品加工产业集群的选址一般在农业资源比较丰富、地理区位较好、离市场距离较近、运输成本较低的地方。第四，开放性。随着经济全球化的不断深入发展，产业集群还要具有开放性，以集群优势在资金、技术、人才、信息等方面与国内外相关行进行业有效互动，将产品的销售也纳入全国乃至国际的市场体系。

②产业集群竞争力的影响因素。产业集群的竞争力主要受两方面因素的影响，即显性因素和隐性因素。前者是指外在于产业集群的，可以直观衡量的因素，如产业集群的规模大小、市场占有份额、创新活力和能力、市场投资能力等。显性因素可以用来衡量产业集群满足市场需求的能力和争夺市场份额的能

---

① 陈柳钦：《产业集群竞争力问题研究》，光明网，http://guancha.gmw.cn/2008 - 12/11/content_868217.htm。

力等。隐性因素是相对于显性因素而言的，它是内在于产业集群的因素，如产业集群的品牌价值、产业文化、制度能力等，具有不可直接衡量性，但它在一定程度上却反映了产业集群的可持续发展能力。

③产业集群竞争力评价模型的构建。虽然对产业集群竞争力的有些衡量指标，特别是一些隐性指标还难以做到准确量化，但是我们还是应尽量从科学性、准确性、可操作性等方面构建对农产品加工产业集群的量化指标体系，用以衡量农产品加工产业集群的竞争力。结合四川省达州市的特色农产品加工产业集群竞争力评价指标建设情况，以及我国其他地区对产业集群竞争力的测量指标，我们大致可以从以下几个方面确定农产品加工产业集群的竞争力测评指标。

第一，规模竞争力。产业集群的规模大小可以从外在对农产品加工产业集群的竞争力进行衡量。一般而言，产业集群的规模越大，其就越具有较强的竞争力；相反，其竞争力也相对越弱。二者呈一定的正比例关系。对农产品加工产业集群规模的大小，我们可以从以下几个要素进行测评，如该产业集群所能容纳的就业人数、资本额、利润额、平均劳动力资本额、资本利润率、利润增加率、利润增加值、利润增加值率等。

第二，市场竞争力。对农产品加工产业集群市场竞争力的衡量，主要是看其产品的市场占有率。该产业集群所生产的农产品在地方市场或者国内市场乃至国际市场所占有的市场份额越高，说明该产业集群越具有市场竞争力。对农产品加工产业集群的市场竞争力测评指标主要有：集群产品销售收入占同种行业或产品销售收入的比重、新产品产值和新产品产值增长率等。

第三，创新竞争力。农产品加工产业集群的创新能力和活力是其竞争力的重要体现，创新能力越强的产业越具有较强的竞争力。对产业集群竞争力的测评指标主要有：集群的技术收入比例、技术开发支出比例、研究开发人员比例、高学历人员比例等。

第四，投资竞争力。产业集群的投资能力及资金动作周期长短是影响产业集群竞争力的重要因素。可以从中长期投资比例、投资回收期、投资收益以及投资收益率来考虑。同时，产业集群内部投资环境也是影响投资竞争力的重要因素。

第五，效益竞争力。效益是对投入和产出水平的衡量，用较少的投入得到较高的产出的产业一般具有较高的竞争力。可通过集群的销售利润、净利润总额、工业增加值等指标进行分析。

第六，成长竞争力。它反映产业集群发展变化的趋势。一般用近几年来产业集群总工业产值增长率来衡量。

第七，集群网络竞争力。集群网络是基于共同的社会文化背景和共同信任基础上结成的非正式关系，也可以是发生在市场交易或知识、技术等创造过程中的正式关系。集群网络竞争力有三个衡量指标：知识共享程度、管理沟通渠道网络化程度、内外部环境的互动性等。

第八，集群价值链竞争力。价值链主要是用来分析集群内部各环节价值活动以及寻找竞争优势。将价值链概念运用于产业集群内部，价值链分析方法就成为制定产业发展政策和提升区域经济竞争力的有效工具。产业集群内部生产企业价值链是否完整、销售与供应商价值链是否完整都是集群价值链竞争力的重要指标。

第九，空间集聚竞争力。产业集群发展到一定阶段，其树立的产业集群品牌形象可吸引更多的企业入驻集群。可以用单位平方公里内的企业数量，以及原有和新增企业的个数来衡量（见表6-2）。

表6-2　产业集群竞争力评价指标体系

总目标	创新要素	指　　标
产业集群竞争力评价	规模竞争力	容纳的就业人数、资本额、利润额、平均劳动力资本额、资本利润率、利润增加率、利润增加值、利润增加值率
	市场竞争力	集群产品销售收入占同种行业或产品销售收入的比重、新产品产值和新产品产值增长率
产业集群竞争力评价	创新竞争力	集群的技术收入比例、技术开发支出比例、研究开发人员比例、高学历人员比例
	投资竞争力	中长期投资比例、投资回收期、投资收益以及投资收益率、投资环境
	效益竞争力	销售利润、净利润总额、工业增加值
	成长竞争力	工业产值增长率
	集群网络竞争力	知识共享程度、管理沟通渠道网络化程度、内外部环境的互动性
	集群价值链竞争力	集群内部生产企业价值链是否完整、销售与供应商价值链是否完整
	空间集聚竞争力	单位平方公里内的企业数量、原有和新增企业的个数

三、农产品加工产业集群发展评估的方法

农产品加工产业集群的评估方法主要有两种，即定性评估方法和定量评估方法。

1. 产业集聚程度的定性评估方法

定性评估方法是指不采用数量值的方法，而是根据确定各种因素内在特征来得出基本判断的一种方法。定性评估方法是一个价值取向问题，在对农产品加工产业集群的定性评估中，产业集群的竞争力、创新力等涉及诸多的相关因素，如社会因素、经济因素、科技因素与文化因素。到底以哪一种因素来加以测评，这就是价值选择的问题。采用定性评估方法有助于指出产业集群之间在价值上的相关性，有助于产业集群的合作与交流。

在对农产品加工产业集群使用定性评估方法的过程中，比较常见的方式有钻石模型评估方法、区位竞争评估方法、不完全竞争模型评估方法等。

（1）波特的钻石模型评估方法

"钻石理论"是由美国著名经济学家迈克尔·波特首先提出来的，波特的钻石模型是用于分析一个国家的某种产业为什么会在国际上具有较强的竞争力。"钻石"不仅仅指的是单独一个企业或产业，还包括多种表现形式，它既可以指一个工厂或企业，也可以指一项优质产业，还可以是拥有强大生产力、持续盈利的行业或者集团公司的某个行政实体，小到村庄、乡镇、行政区，大到整个国家。

波特认为，一个"钻石"的形成需要四大因素和两大辅助因素的相互作用和相互配合，他们共同促进了一个国家或地区在某一行业的成功。四大因素分别为：第一是生产要素，主要是指一个国家或地区的生产要素状况，包括人力资源、天然资源、资本资源、基础设施等。波特从生产要素特征的角度进行了详尽和新颖的分析，他把各种要素按等级划分成基本要素（或初级要素）和高级要素两大类。基本要素包括自然资源、气候、地理位置、人口统计特征等。高级要素包括通信基础设施、复杂和熟练劳动力、科研设施以及专门技术知识。波特认为高级要素对竞争优势具有更为重要的作用。第二是需求条件，即某个行业产品或服务的国内需求性质。波特十分强调国内需求在刺激和提高国家竞争优势中的作用。一般来说，企业对最接近的顾客的需求反应最敏感。因此，国内需求的缺点对塑造本国产业的特色、产生技术革新和提高质量的压力起着尤为重要的作用。而国内消费者行为的成熟程度、需求层次的高低、对供给的苛求程度等也对产业竞争优势的形成构成影响。第三是关联和辅助性行业。关联和辅助性行业是否完善、是否具有国际竞争力，也关系到核心产业能否建立自己的竞争优势。辅助性行业是产业集群发展的上游供给产业，关联产业则是指在价值上与产业集群具有相似性和趋同性，且能开展相互协调和相互合作的产业，也指在产品上具有互补性的产业。关联和辅助性行业是产业集群发展的支持性要素，在产品的技术开发、产品的制造、物流、市场开拓和各种类型的服务方面具有广泛合作和相互镜鉴的前景。第四是企业战略、结构和竞争企业的表现。其是指一国内支持企业创建、组织和管理的条件，以及国内竞争的本质。波特用这四个方面的特质构成了一个菱形，并认为当某些行业或行业内部门的菱形条件处于最佳状态时，该国企业取得成功的可能性最大。波特菱形同时还是一个相互促进、相互增强的系统，任何一个特质的作用发挥程度都取决于其他特质的状况。

在四大基本要素之外还存在两大辅助性因素，即政府与机会。他认为机会是无法控制的，政府政策的影响是不可漠视的，因而这两个因素具有一定的变数。

波特的钻石模型是一种理解国家或地区全球竞争地位的全新方法，现在已经成为国际商业思维中不可或缺的一部分，成为企业和政府思考经济、评估地区的竞争优势和制定公共政策的一种新方式。

（2）区位竞争模型评估方法

集群模型的来源之一就是在产业组织学研究中极具影响力的区位竞争模型。区位竞争模型主要包括霍特林模型、古诺模型和伯兰德模型。霍特林模型认为企业的区位选择主要取决于两种效应，即需求效应和竞争效应。需求效应容易产生"向心力"，促使企业向市场的集聚。而竞争效应则产生了"离心力"，即企业越来越远离市场中心，逐渐离散于市场的外围，竞争的程度随着对市场的远离而逐渐减弱。霍特林模型对生产同质产品的两寡头企业间的竞争进行了研究，认为在存在寡头竞争的市场中，地理位置对买方的布局具有重要的影响，位置和价格都是影响企业竞争的重要因素，企业也可以通过改变地理位置和调节价格的方式相互间展开竞争。古诺模型主要对生产同质产品的两寡头企业间的产量竞争状况进行了讨论。而伯兰德模型则讨论了生产同质产品的两寡头企业间的价格竞争。

（3）不完全竞争模型评估方法

不完全竞争模型作为产业经济学集群分析的基本框架，是在"空间不可能定理"基础上发展起来的。不完全竞争模型用于对产业集群的评估基于以下基本假设：

①在对产品价格的影响上，企业由被动转为主动，企业作为价格决策的主体而存在，它可以根据顾客和企业的空间分布进行价格调整。而产业集群也在企业间的相互依赖性，以及企业与居民间、居民和居民之间的相互依赖性中得以产生。

②企业对价格的影响以及对价格的制定是在规模收益递增的背景下产生的，而价格本身也是对产品差异性的反映。

③一些数量有限的、比较大的经济实体，如一些大的企业、比较具有影响力的地产开发商和地方政府部门，他们的竞争战略的选择都是依赖于其市场势力或垄断能力的，彼此的依赖度越高，其战略的相互作用也就越强。

④在对不完全竞争模型的福利和效率的评价方面，一般而言，在完全竞争市场下比较容易产生市场资源配置的最优化；而在外部性存在，或存在的寡头垄断的不完全竞争模式下容易导致市场失灵，其市场结果则是资源配置的无效或低效率。

2. 产业集聚程度的定量评估方法

定量方法是指利用一切可获取的信息或统计资料，通过客观和准确的计算或度量，对结果作出一定判断的方法，如政府官员答复问题的平均时间。在产业集群的发展评估中，定量方法通常用来对潜在的产业集群进行识别，及时发现同质性和相互依赖度比较高产业，促进集群发展。同时，产业集群的定量评估方法还有助于对某一地区产业集聚的情况做出很好的测评，对产业各环节之间的买卖者的联结关系也能很好地识别。定量评估方法主要包括空间基尼系数法、集群指数法、雷达图法、集群竞争力评估法、层次分析法以及投入产出法。

（1）空间基尼系数法

空间基尼系数法是衡量产业空间集聚程度的指标的一种，由克鲁格曼（krugman，1991）提出，当时用于测算美国制造业行业的集聚程度。

公式表达：$G = \sum\limits_{i=1} (s_i - x_i)^2$

其中，G 为行业空间基尼系数，S_i 为 i 地区某行业就业人数占全国该行业就业人数的比重，X_i 为该地区就业人数占全国总就业人数的比重，对所有地区进行加总，就可得出某行业的空间基尼系数。

空间基尼系数也可以用产值和增加值进行计算，计算方法和采用就业人数的计算方法相同。空间基尼系数的值介于 0 和 1 之间，其值越大，表示该行业在地理上的集聚程度越高。

空间基尼系数法的缺陷是：空间基尼系数大于 0 并不一定表明有集群现象存在，因为它没有考虑企业规模的差异。例如，"如果一个地区存在一个规模很大的企业，有可能就会造成该地区在该产业上有较高的基尼系数，但实际上并无明显的集群现象出现"[1]。利用空间基尼系数来比较不同产业的集聚程度时，会由于各产业中企业规模或地理区域大小的差异而造成跨产业比较上的误差。

---

[1] 苏海亮、罗芳：《中部六省区制造业地理集中度分析》，《资源开发与市场》，2011（11）。

空间基尼系数没有考虑到具体的产业组织状况及区域差异，因此在表示产业的集聚程度时往往含有虚假成分。

（2）集群指数法

由于空间基尼系数评估方法在实际应用过程中存在上述缺陷，所以为了解决这个问题，格拉斯·艾尔提出了一种新的定量评估方法，即集群指数法。该方法充分考虑了产业组织的差异情况。格拉斯认为，在完全竞争的情况下，即存在大量中小企业时，这个指数与基尼系数是完全一致的；而在有垄断即大企业存在的情况下，这个指数则要求用 $(1 - \sum_i x_i^2)$ 去除基尼系数，以消除因企业规模过大而使基尼系数失真的结果。集群指数法在空间基尼系数法基础上有很大的改进和完善，该方法也在产业集群的评估中得到了广泛的应用。

（3）雷达图法

雷达图分析法（Radar Chart）亦称综合财务比率分析图法，又可称为戴布拉图、蜘蛛网图、蜘蛛图，是日本企业界对综合实力进行评估而采用的一种财务状况综合评价方法。雷达图分析法是从企业的生产性、安全性、收益性、成长性和流动性等五个方面，对企业财务状态和经营现状进行直观、形象的综合分析与评价的图形。因其形状如雷达（见图6-1）的放射波，而且具有指引经营"航向"的作用，故而得名。

雷达图法主要从成长性、生产性、流动性、安全性和收益性四个方面对产业集群发展状况进行评估。

（4）集群竞争力评估法

集群竞争力评估方法在对产业集群的评估过程中主要从六个维度进行，即资源、组织基础、供应商、公司结构、战略与竞争、当地市场和外部市场等。该评估方法通过对上述六个指标维度进行打分，从而算出每一个企业的得分，再通过加总得出整个产业集群的分数。

（5）层次分析法

"层次分析法（Analytic Hierarchy Process，简称AHP）是将与决策总是有关的元素分解成目标、准则、方案等层次，在此基础之上进行定性和定量分析的决策方法。"[①] 该方法是美国运筹学家匹茨堡大学教授萨蒂于20世纪70年代初，在为美国国防部研究"根据各个工业部门对国家福利的贡献大小而进行电力分配"课题时，应用网络系统理论和多目标综合评价方法，提出的一种层次权重决策分析方法。

---

① 毛成龙等：《运用区间层次分析法进行财务报表综合评价》，《财会月刊》，2011（6）。

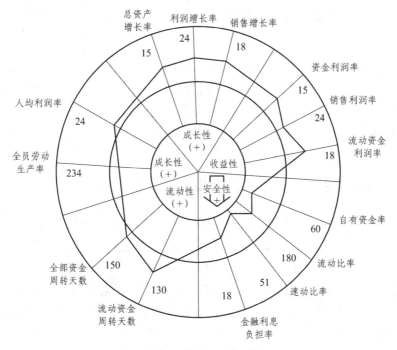

说明：图片来源于百度百科

图6-1 雷达图

（6）投入产出法

投入产出法，作为一种科学的方法，是研究经济体系（国民经济、地区经济、部门经济、公司或企业经济单位）中各个部分之间投入与产出的相互依存关系的数量分析方法。哈思那恩则把该方法引入到对产业集群的评估中，对某地区的产业集聚程度进行评估（见表6-3）。

表6-3 产业集聚程度评估方法比较

方 法	优 点	缺 点
空间基尼系数法	简单直观	指标单一
集群指数法	消除基尼系数失真	指标单一
雷达图法	指标全面、计算简单	缺乏理论基础
集群竞争力评估法	确定最有潜力的企业	主观，不全面
层次分析法	应用广泛	打分主观
投入产出法	客观、准确	只能反映交易成本

第二节　达州特色农产品加工产业集群发展现状

达州丰富的特色农产品资源，为农产品加工产业集群的建设提供了优质的资源条件。达州在特色农产品加工产业集群建设过程中，已形成一定的产业化水平，品牌培育成效显著，农民也具有一定的组织化水平。达州特色农产品加工产业集群建设取得的良好经验具有借鉴价值和深化推广意义。

一、达州特色农产品加工产业集群的发展现状

近年来，达州市委、市政府坚持以农民持续稳定增收为核心，以农业"四区建设"为抓手，加快转变农业发展方式，着力实施农业"4+8"及"六带三区两基地"工程，积极推进农业标准化、规模化、专业化生产，通过建基地、育龙头、抓项目、强品牌等措施，初步形成了"产业集中区+基地+龙头企业+专合组织+品牌建设"的产业集群发展模式，特色农产品加工产业集群呈快速发展态势。

1. 农产品产业集中区和产业基地建设粗具规模

近年来，达州市致力于特色农产品加工产业集群基地的建设，产品质量得到重视，并有所提高。在扩大产品知名度、提升产品市场竞争力方面也取得了较好的成绩。在充分利用资源优势的基础上，形成了粗具规模的产业区和产业带，促进了特色农产品资源的品牌化、规模化、效益化，推动了农村和农业经济的发展，农民的生活水平也逐年提高。近年来，达州充分利用独有的自然禀赋与资源优势，坚持"区域化布局、规模化经营、标准化生产、社会化服务"的发展理念，致力于特色农产品加工产业集中区和集群基地的建设，产品质量得到提高。全市依托资源和特色农业产业优势，按照"设施一流、功能配套、服务高效"的要求，规划和建成了开江、渠县、大竹、通川区、宣汉等农产品加工集中区5个，华西特驱希望集团、川虎酒业公司、华橙酒业公司、天源油橄榄公司、顺鑫农业公司、宏隆肉类制品公司（川汉子）、玉竹麻业等50家重点龙头企业入驻农产品加工企业，园区产值达200亿元以上，初步实现了农产品加工企业的集聚、集群发展。

在扩大产品知名度、提升产品市场竞争力方面也取得了较好的成绩。全市按照"一牌三化"的要求（即品牌化、专业化、标准化、规模化），突出富硒、

绿色、生态、有机特色，加快特色产业基地建设。"六带三区两基地"产业带初步形成，优质苎麻、富硒茶叶、渠县黄花等主导产业已发展到 250 万亩，其中专业化、标准化、规模化基地 60 万亩，建成现代畜牧业养殖小区 2350 个，发展设施农业 6 万亩。建成了以宣汉方斗、达川区双庙、开江长岭雪峰、大竹县庙坝、渠县渠南中滩、通川区蒲家、万源八台等一批现代农业产业园区。

达州还是全国、全省重要的商品粮油、生猪、肉牛、中药材、茶叶生产基地。重点培育优质粮油、畜禽、苎麻、薯类、油橄榄、中药材、蔬菜花卉等七大特色产业，大力推进规范化特色农产品基地建设，取得了明显的成效。已建成 6 个国家级和省级商品粮基地县，5 个生猪基地县、7 个肉（奶）牛基地县、3 个水禽基地县、3 个茶叶基地县、2 个苎麻基地县，大竹的醪糟、豆干、香椿，渠县的黄花、呷酒，万源的黑鸡、富硒茶叶，开江的板鸭、豆笋、油橄榄，达县的安仁柚和"米城"贡米，通川区的蔬菜、水果、食用菌，宣汉的灯影牛肉及其他牛肉制品等名特产品，在省内外都小有名气。

全市已建成优质粮油基地 230 万亩、商品蔬菜基地 25 万亩、水果基地 52 万亩、中药材基地 29.8 万亩、富硒茶基地 25 万亩、黄花基地 7.5 万亩、苎麻基地 49 万亩、烟草种植基地 5.7 万亩、食用菌基地 3.2 万亩，其中 2012 年全市新建成现代农业产业基地 1.08 万亩。优质粮油产业重点布局在七个县、市、区的重点乡镇，畜禽产业中生猪养殖加工重点布局在七个县、市、区的重点乡镇，肉牛养殖加工重点布局在万源、宣汉、达县，奶牛养殖重点布局在宣汉，黑鸡养殖加工重点布局在万源，白鹅养殖加工重点布局在开江，苎麻产业重点布局在大竹县、达县，薯类产业重点布局在达县、开江、万源，油橄榄产业重点布局在开江、达县，中药材产业重点布局在达县、万源、渠县，蔬菜花卉产业重点布局在达县、通川区、渠县。截至目前，县域特色农业发展中主导优势产业基本形成。

2. 龙头企业实力逐渐壮大

达州市特色农产品加工龙头企业数量也不断增加。截至 2014 年，全市有农业产业化企业 200 家，其中国家龙头企业 2 家、省级龙头企业 19 家、市级龙头企业 91 家、县级龙头企业 88 家。达州拥有的农业产业化经营省级重点龙头企业数量占全省总数 359 家的 5.8%，在全省 21 个地市州中排在第 11 位。龙头企业经营规模逐步扩大，带动作用不断增强。2014 年年底，全市龙头企业实现年销售收入 101.7 亿元，利润 9.2 亿元。大竹的四川东柳醪糟有限责任公司 2014 年资产总额达 2.38 亿，较 2013 年的 2.12 亿增长了 11.9%，年实现产值、销售收入 5.88 亿，带动农户 44200 户。大竹的四川玉竹麻业有限公司 2014 年资产总额 0.765 亿元，员工 1000 人，年实现产值、销售收入达 5000 万元以上，实现利税 220 万元以上，带动种植户 5.2 万多户。四川省万源市巴山食品有限公司，拥有固定资产 2500 万元，员工 200 余人，带动养殖户 2 万多户。开江的四川（达州市）山参葛业有限责任公司，拥有各类固定资产现值 1 亿元以上，职工 100 多人，带动种植户 500 余户。

近年来，全市农产品加工业呈快速发展态势，农产品加工率上升到 45%。加工领域不断拓宽，规模不断扩大，产品档次不断提高，市场竞争力不断增强，带动农户增收能力不断提升。全市已初步形成了以粮油、畜禽、苎麻、茶叶、中药材等为主的农产品加工产业链。农村土地流转更规范，"大园区、小业主""龙头企业 + 专合组织 + 家庭适度规模经营"等经营模式更为普遍，利益联结紧密，农民从农产品精深加工产业链中获利更多（见表 6-4）。

表 6-4 2014 年度四川省农业产业化经营发展情况调查统计表

企业级别	龙头企业数量（个）	资产情况（万元）		企业销售收入或交易额（万元）			
		资产总额	固定资产	生产加工型企业		市场交易型企业	
				销售收入	销售利润	交易额	交易利润
国家级	2	42 285	17 139	79 810	5 441		
省级	19	203 031	101 509	165 476	11 464	380 000	5 800
市级	91	393 697	165 885	445 716	46 720	28 501	4 265
县级	88	86 468	54 300	326 482	28 600	8 240	820
合计	200	725 481	338 833	1 017 484	92 225	416 741	10 885

3. 科技与生产联系紧密，品牌培育成效显著

达州市特色农产品生产加工广泛利用现代科学技术，注重科技在农业发展中的作用，在农产品的加工生产过程中逐步推广和利用保鲜贮藏、超高温瞬时杀菌、冷冻速冻等新技术，对特色农产品资源生产技术水平的提高和产品的更新换代起到了促进作用。达州市各特色农产品加工企业还积极寻求与专业科研机构的合作，提高其科技水平。如渠县宕府王食品有限公司与西南大学合作，采用现代物理杀酶脱毒技术与食品生物保鲜技术，开发出"四季黄花"，使黄花加工技术迈上了一个新台阶；大竹玉竹麻业有限公司将丹麦的生物酶和日本的表面活性剂这两项当今世界最先进的技术引进、吸收，开发出新型脱胶技术，

在全国首次突破了苎麻衣着用料、床上用品刺痒感的技术瓶颈，大大提升了公司苎麻产品的品质。此外，公司在污水处理方面采用"物化—LESSON 生化—深度处理"组合工艺，污水排放达到国家一级排放标准。由于该用了上述新技术，该企业在全球金融危机等重大不利因素的打击下仍能健康成长，成为达州苎麻产业目前仍在坚持生产的最后一家生产企业。

达州市在努力提高特色农产品生产加工水平的同时，十分注重品牌培育，全市农产品品牌建设快速发展。全市已创建国家地理标志保护产品和地理标志证明商标 11 个，四川省名牌和四川省著名商标 30 个，有机、绿色食品和无公害农产品认证 82 个。万源的四川省巴山雀舌名茶实业有限公司"巴山雀舌"商标和开江的四川天源油橄榄有限公司"绿升牌初榨特技食用橄榄油"先后被认定为"中国驰名商标"，大竹的玉竹麻业、金桥麻业的苎麻产业，还有"巴山红"香椿、渠县黄花等也先后荣获"四川省农产品知名品牌"。富有特色的农产品品牌建设，推进了特色农业产业化发展。

4. 产业化经营的组织模式逐步成型，农民组织化程度明显提高

"农民专业合作经济组织指在农村从事某项专业生产或经营的农民，为了克服孤立的个体劳动和分户经营的局限性，在坚持家庭承包经营的基础上，按照自愿互利、民主管理、协作服务的原则，以约定共营的形式组建的民间自助服务性合作组织，其突出的特点是自我组织、自我管理、自我服务、自我受益。"[1] 农民专业合作经济组织是降低生产和入市成本、增强抵御自然灾害风险和市场风险、加强信息咨询和技术服务、开展行业行为自律、促进农业龙头企业发展，并作为代言人向政府及有关部门反映诉求，引导农民有序地进入市场，提高农民进入市场组织化程度的有效途径。

目前达州农业产业化经营基本上形成了"龙头企业 + 专合组织 + 基地 + 农户"的组织模式。由于各县域农业资源的特殊性，生产经营中形成了农工商综合经营型、龙头企业带动型、政府引导型、农业大户促成型、农村合作经济组织带动型和专业市场带动型等多种经营类型。截至 2011 年年底，全市各类农民专业合作组织发展到 1844 个（其中工商登记注册的农民专业合作社 550 个，省级示范专合组织 28 个），有组织成员 16.42 万个，固定资产 26.16 亿元，年销售收入 23.2 亿元，带动农户 60 多万户，户均增收 5500 元。2012 年新发展规范化农民专业合作社 116 家。

---

① 方强、周瑞金：《我国农民专业合作社存在问题及对策分析》，《广东农业科学》，2010 (6)。

二、达州特色农产品加工产业集群发展的主要特点

1. 切入点和突破口：农业特色优势资源开发产业化发展

实现从传统农业向现代农业转变的历史性跨越是达州从农业大市向农业强市转变的根本出路，特色优势农业资源的开发和产业化发展是完成向现代农业转变的重要突破口和切入点。推进农业特色优势资源开发产业化发展必须立足于区域资源优势，突出地域特色，围绕市场需求和社会需求，坚持以科技为先导，相对集中地高效配置各种农业特色优势资源，形成规模适度、特色突出、效益良好和产品具有较强市场竞争力的农业生产体系。其中的关键在于以当地优势资源为依托，因地制宜地进行合理的产业布局，实现从资源优势向产品、产业优势进而向经济竞争优势转化；基本要求是通过布局区域化、生产专业化、经营一体化、服务社会化、管理企业化，全面推进农业现代化。实践经验证明，农业特色优势资源开发产业化发展是发展现代农业、调整农业结构、提升农业产业化水平的有效切入点和突破口。

2. 形成基础：富集的农业特色优势资源

达州市素有"秦巴粮仓"之称，特色农业资源丰富。达州是"中国苎麻之都""中国油橄榄之都""中国富硒茶之都""中国黄花之乡"，以及全国、全省重要的商品粮油、生猪、肉牛、中药材、茶叶生产基地。已建成6个国家级和省级商品粮基地县、5个生猪基地县、7个肉（奶）牛基地县、3个水禽基地县、3个茶叶基地县、2个苎麻基地县，大竹的醪糟、豆干、香椿，渠县的黄花、呷酒，万源的黑鸡、富硒茶叶，开江的板鸭、豆笋、油橄榄，达县的安仁柚和"米城"贡米，通川区的蔬菜、水果、食用菌，宣汉的灯影牛肉及其他牛肉制品等名特产品在省内外都小有名气。生物资源众多，现有野生植物5000多种，动物300多种，森林覆盖率达31.8%。大巴山秀丽的山水风光、巴人文化、红军文化、川东民俗风情文化等自然文化资源极具开发潜力。达州农业特色优势资源开发产业化发展具有良好的基础。

3. 形成动力：龙头企业的带动

在农产品加工产业集群建设过程中，龙头企业发挥着强大的引领作用。达州市按照引进、发展、巩固、壮大的工作思路，通过扶持农业产业化经营龙头企业来助推支柱产业发展，取得了明显成效。集中力量扶持达州市润乾实业有限公司、鑫源食品有限责任公司、宏隆肉类制品有限公司、万源市巴山食品有

限公司等肉类生产、加工龙头企业；扶持宕府王食品有限公司、天源油橄榄有限公司、中贸粮油总公司、山参葛业有限公司等粮油加工龙头企业，培育壮大了粮油加工优势产业；扶持天友西塔乳业有限公司，培育壮大了乳液加工优势产业等。

达州市目前拥有省级以上龙头企业 21 家，其中国家级龙头企业 2 家，省级龙头企业 19 家，以农产品深加工为龙头的农业特色优势资源开发产业化发展正是达州应着力培育的战略性支柱产业。龙头企业在现代农业发展中具有重要的桥梁作用、纽带作用和带动作用，没有玉竹麻业、金桥麻业，大竹的苎麻基地很快就会减少甚至消失；没有佳肴食品、西塔乳业、利根葛业、巴人村、樊哙老腊肉厂等龙头企业带动，宣汉的黄奶牛、葛根、生猪等产业就有可能缩水。

4.　重要保障：开放的市场环境

达州市农业产业集群的兴起与发展主要取决于三个有利条件：一是独特的资源禀赋；二是宽松的政策、制度；三是开放的市场环境。前两个条件为达州特色农产品资源的开发利用提供了良好的基础，而后一个条件则为产业的集聚提供了重要保障，三者共同促进达州特色农产品资源产业集群的形成和发展。

达州市虽地处秦巴山区，但同时也是川渝陕重要结合部，是我国重要的铁路交通枢纽城市。达州交通便捷，商贸活跃。国道 210、318 线纵横全境，达渝高速公路直达重庆。达州火车站是成局的客货特等枢纽站，有开往重庆、成都、万州、贵阳、西安、北京西、天津、上海、杭州、沈阳、长春、哈尔滨、拉萨、乌鲁木齐、济南、南京、苏州、长沙、汉口、郑州、福州、广州、东莞等全国各地主要城市的列车，是川东北、渝东北地区铁路枢纽，西南地区重要铁路客运、货运集散地，辐射周边巴中、南充、广安、重庆万州等地。

交通的便捷促进了达州经济的开放，同时也为达州特色农产品加工产业集群的发展提供了便利的条件。随着达州对外开放力度的加大，达州的经济更加活跃，达州的特色农产品也走出达州、迈向全国乃至国际市场。在日益扩大的市场需求的刺激下，在龙头企业的带动下，达州地区的特色农产品加工产业集群在数量、类型和品质上都有了显著提升，众多集群在市场竞争中开始成熟起来，产业集群发展整体上进入了转移和升级阶段，特色农产品产业集群也随之快速发展起来。

在产业集群形成过程中，究竟哪些因素在起决定性作用？是资源禀赋、社会文化，还是政府推动？不同的产业集群有不同的决定因素，但市场力量主导集群形成是达州产业集群成功发展的重要特点。

5. 政策引导：政府在推动产业集群发展中发挥了重大作用

产业集群一般发生在包括资源、人力、文化等自然条件较好的地方，是自发产生的。但随着各地对产业集群发展的规律和作用认识的加深，各级政府出台了有利于产业发展的系列文件，提出了加快产业集群的各种措施，从而使我国的产业集群区域越来越多。

达州既拥有良好的资源禀赋，也得到了政府的积极推动，因而达州特色农产品资源的开发利用具有独特的优势。达州市政府在推动本地产业集群发展中主要发挥了两个方面的作用：一是出台系列政策引导和鼓励集群发展。如2011年12月达州市出台的《达州市"十二五"现代农业发展规划》对达州市现代农业的发展和特色农产品的产业集群建设做了整体规划。二是主导工业园区以集群方式发展。达州准备在以后几年内建成一批特色鲜明的现代农业示范园区。苎麻、富硒茶叶、黄花、油橄榄、中药材、马铃薯、糯稻（醪糟）、香椿八大特色农产品各建一个核心面积2万亩、连片面积10万亩以上的现代农业示范园区。每个园区要做到集中连片、设施装备优良、技术模式先进、产品优质安全、经营机制创新、管理服务到位、风险防御能力较强、增效增收显著。

三、达州特色农产品加工产业集群发展的基本经验

在农业产业发展的过程中，农业产业的集聚是一种必然的趋势，也是提升农产品竞争力的必要手段。而农产品加工产业集群的发展是促进现代农业发展的重要方式，在其发展过程中，各地形成了自己的模式，具有一定的规律和可借鉴的经验。同样，达州在特色农产品加工产业集群发展过程中，也取得了显著的成效和可供借鉴和推广的经验。

1. 丰富和独特的资源优势为达州特色农产品加工产业集群的发展提供了重要的物质基础

通过对一些发达国家农业产业集群发展历程的考察，我们发现，它们都是依赖其所拥有的丰富农业资源，在一系列外力作用的推动下形成的独特企业生态系统群。而丰富的农业资源则为农产品加工产业集群的发展提供了竞争优势和物质基础。"分析发达国家农业产业集群的演化发现，地域、气候、土壤、水源等先天禀赋因素对农产品的产量、品质、成本、类型等影响很大，直接影响农业产业集群的形成，是农业产业集群形成的必要条件和物质基础。例如，法国香槟省的葡萄酒产业集群、美国的玉米带产业集群都是在阳光充足、雨水充

沛和气候宜人的地区所形成的。离开了优越的资源禀赋条件，农业产业集群就丧失了生存和发展的基础。"①

达州特色农产品加工产业集群的发展就取决于其独特的资源禀赋。正如上文所述，其地处大巴山区，是"中国苎麻之都""中国油橄榄之都""中国富硒茶之都""中国黄花之乡"，以及全国、全省重要的商品粮油、生猪、肉牛、中药材、茶叶生产基地等。这些独特的资源优势，为达州特色农产品加工产业集群的发展提供了物质基础。

2. 强大的资源整合能力是达州特色产品加工产业集群得以发展的重要动力

丰富的资源优势能否转化为具有竞争优势的产业集群，则需要一系列动力机制的推动，特别是对资源的有效整合能力，这是农产品加工产业集群得以建立和发展的根本推动力量，是把该地的农业资源优势转化为在市场上具有竞争力和竞争优势的产业集群的重要动力。"拥有资源要素，培育动力机制，并不断地将资源要素转化为竞争优势，是农业产业集群发展的内在逻辑。动力机制分为内源动力机制和外源（激发）动力机制。内源动力机制是一种自发的内在力量，表现为'根植性'、规模经济、外部经济和学习效应等，是农业产业集群发展的内在动力。"② 达州特色农产品加工产业集群发展的重要动力正在于其通过引进先进的农业科学技术、发展农业产业合作社、实行"公司+合作社+农户"的经营模式等，实现了对农产品资源的有效整合，同时还通过丰厚的经济收益调动了广大农民的积极性，从而使特色农产品加工产业集群得以快速发展。

3. 政府力量的推动为达州特色农产品加工产业集群的发展提供了支持

农产品加工产业集群的发展离不开政府的有意规划和推动，政府力量的支持和政策的鼓励为农产品加工产业集群的发展提供了源源不断的动力。"政府行为和外部竞争环境是影响集群外部竞争优势的重要因素，它们衍生出来的作用关系构成集群的外源动力机制。"根据对其他国家发展现代农业及农业产业集聚的经验来看，虽然它们多以自发为主，是在农业发展过程中自然而然形成的，但同样不可忽视政府的规划作用，没有政府的有意规划和良好政

---

① 周新德：《国际农业产业集群发展的基本规律和经验》，《调研世界》，2008（5）。
② 周新德：《国际农业产业集群发展的基本规律和经验》，《调研世界》，2008（5）。

策环境的支持，很多产业集群的发展就会遇到巨大的阻力和困难。达州特色农产品加工产业集群的发展正是在政府力量推动之下，或由政府直接鼓励和指导建立起来的。

作为特色农产品加工产业集群发展的重要外源动力，达州市各级政府通过提供良好的基础设施、创造合理的制度环境、提供相应的政策扶持、采取有效的解决措施、提供有效的公共服务等，为达州特色农产品资源的开发利用及产业集聚的发展起到了不可或缺的作用。

（1）提供良好的基础设施

达州市各级政府在特色农产品加工产业集群的发展过程中非常注重基础设施的建设和完善，通过乡村公路建设、水利设施的完善、市场的拓展、农产品基地的培育、农田的整治和规划等措施，在一定程度上降低了农产品的生产成本、流通成本，促进农业生产进一步向优势区域集中，并使不同区域的资源优势转化为经济优势。

（2）创造合理的制度环境，提供相应的政策扶持

达州政府通过一系列的制度设计为农产品加工产业集群的发展提供了优良的制度环境和政策支持。不仅吸引了大量的外资投入，而且还增进了产业集群内厂商之间的信任，丰富了本地的社会资源。同时，合理制度的设计也有利于厂商之间开展有序的竞争及利益双赢的合作。

（3）提供有效的公共服务，促进产业集群的成长与升级

达州市政府通过广泛收集、引进先进的市场经验和发达的技术资源，制定了产业集群的行业发展标准，要求集群产业必须遵守，否则会受到政府管制和法律制裁。这样，就可以强化集群产业厂商的产品质量意识，使它们开始注重提升农产品质量和本地农产品的知名度。政府部门还通过建立公共培训机构，邀请专家为集群厂商讲解集群管理之道，促进集群产业的管理。政府还主动联系高校农业科研机构，促成高校科研部门与产业集群的合作，实现技术的联合攻关。通过一系列措施的实行，达州特色农产品加工产业集群逐渐树立了自身良好形象，区域品牌也得以建立。

（4）制定针对性较强的有力措施，解决农业产业集群中共同面对的一些难题

例如，"土地分散和农业经营规模偏小，不利于现代农业技术的推广应用和农业区域集群的形成。从各国的发展经验来看，推动土地的适度规模经营对农业产业集群的发展起到了积极的促进作用"①。近年来，达州市政府在土地资源

---

① 周新德：《国际农业产业集群发展的基本规律和经验》，《调研世界》，2008（5）。

规划和整治方面采取了重要措施，为农产品加工产业集群的发展解决了一些难题。如《达州市土地利用总体规划》（2006—2020）按照加快现代农业建设、推进农业产业化发展的要求，将农业基础设施较完善、质量较好相对集中连片的223389公顷基本耕地列为重点保护和整治对象，并通过土地利用总体规划编制，协调了基本农田与各类建设用地动态的空间布局关系，不仅把较优质的耕地列为基本农田，还超划基本农田保护区预留地8760.55公顷。同期，围绕"面积不减少，质量有提高"布局总体稳定的总要求，对先期原划定的基本农田进行了适当调整。

4. 外部环境竞争对达州特色农产品加工产业集群的形成和发展发挥了不可小视的作用

外部环境的作用方式主要包括外部市场竞争、区域品牌建设等。外部市场环境包括国内市场竞争和国外市场竞争。外部竞争压力和竞争性市场需求可刺激农业产业集群的进步和发展。国外一些著名的农业产业集群通过参与外部市场竞争特别是国际市场竞争，提高了集群及其企业的竞争力，获得了国际竞争优势。

品牌是国外农业产业集群获取竞争优势的关键要素，是国外农业产业集群成功的重要标志。世界著名的农业产业集群如法国的香槟产业集群、荷兰的花卉产业集群等，都有一个共同特点，即创建出了具有世界影响力的集群品牌。知名的集群品牌能创造出惊人的综合价值，能促进企业的迅速集聚和产业集群的进一步发展。

第三节　达州特色农产品加工产业集群发展的机遇、问题及成因

达州具有良好的区位优势和资源禀赋，国家为区域经济和社会的发展也提供了优越的政策扶持，达州特色农产品加工产业集群建设面临着一系列良好的发展机遇。但是，由于达州特色农产品加工产业集群发展时间较短，还存在一些突出的问题需要解决。这些矛盾和问题如果不能得以有效解决，就将阻碍达州特色农产品加工产业集群的深化发展。

一、达州特色农产品加工产业集群发展的机遇

1. 党中央"一带一路"建设战略规划中的产业导向机遇

国家发展改革委、外交部、商务部于 2015 年 3 月 28 日联合发布了《推动共建"丝绸之路"经济带和 21 世纪海上"丝绸之路"的愿景与行动》，进一步从时代背景、共建原则、框架思路、合作重点、合作机制等方面阐述了"一带一路"的主张与内涵，明确提出了共建"一带一路"的方向和任务。同时，圈定了 2 个核心、2 个国际枢纽机场、7 大高地、15 个港口、18 个省份来共同推进"一带一路"战略规划的实施。由此，打造重庆成为西部大开发的重要支撑，推动成都建设成为内陆开放型经济高地的发展目标顺势而生。在"一带一路"战略规划的合作重点中，要抓住交通基础设施的关键通道、关键节点和重点工程，优先打通缺失路段、畅通瓶颈路段，配套完善道路安全防护设施和交通管理设施设备，提升道路通达水平。推动打造愈发成熟便利的铁路交通网络将成为达州主动融入"一带一路"建设、促进城市发展的切入点。"一带一路"战略规划将为达州特色农产品加工产业的发展提供更加畅通的交通环境、开拓更为宽广的外部市场，从而促进达州特色优势农产品走出达州、迈向全国。

2. 四川省五大经济区、四大城市群规划中的产业导向机遇

在四川省五大经济区、四大城市群规划中，达州、广安、遂宁属于川东北经济区和川东北城市群，资阳属于成都经济区和成都平原城市群，内江、泸州属于川南经济区和川南城市群。按照四川省五大经济区规划，川东北经济区产业发展的重点方向是：以化肥为代表的天然气化工业；以丝麻、纺织、茶叶和中药材、食用菌、油橄榄、优质粮油为代表的特色农产品及其加工业；以红色旅游为特色的旅游业。可见，以特色农产品加工集群带动川东北经济区的产业发展是四川省城市群建设的重大部署。由此，达州特色农产品加工产业集群的培育与发展将会具有更为宽松的政策环境。

3. 重庆市产业布局规划调整的产业导向机遇

当前，重庆市的支柱产业和重大产业集群主要集中分布在汽车摩托车制造、石油天然气煤化工、钢铁有色金属和材料加工、能源、金融、商贸物流交通运输等方面，涌现了石化、煤化、汽车、装备、材料、电子芯片、软件及外包、信息家电等产业集群。依据重庆市经济社会发展"三一四"战略部署和重庆市产业布局规划，重庆产业调整和产业转移的步伐会明显加快，都市发达经济圈

重点发展技术密集型、资金密集型产业和都市服务业，化工类企业将迁出都市发达经济圈；渝西经济走廊建立与大工业配套的加工体系，打造"中国西部鞋业加工基地""中国西部重型装备基地""中国西部兽药基地"；三峡库区以资源型工业和临港工业为核心，打造化工产业带和"中国西部建材生产基地"。因此，为重庆市产业集群发展提供相关配套服务、主动承接重庆市产业升级换代过程中形成的产业转移是达州特色农产品加工产业集群发展中的重大机遇。

4. 国家新一轮西部大开发战略带来的重大产业发展导向机遇

当前，西部地区正处在新一轮大开发的关键阶段，中央要求西部地区着力构建现代产业体系，努力形成传统优势产业、战略性新兴产业、现代服务业协调发展新格局；要更加注重基础设施建设，着力提升发展保障能力；更加注重生态环境保护，着力建设美好家园和国家生态安全屏障；更加注重经济结构调整和自主创新，着力推进特色优势产业发展；更加注重社会事业发展，着力促进基本公共服务均等化和民生改善；更加注重优化区域布局，着力培育新的经济增长极；更加注重体制机制创新，着力扩大对内对外开放。可见，大力推进经济发展方式转变和经济结构调整，大力发展特色优势产业，构建现代产业体系，形成传统优势产业、战略性新兴产业、现代服务业协调发展新格局，已经成为国家新一轮西部大开发中重大产业布局规划思路。

二、达州特色农产品加工产业集群发展中存在的突出问题

在调研中发现，达州市农业特色优势资源开发产业化发展过程中也存在一些亟待解决的问题。

1. 集群内企业协作程度差、同业无序竞争

农产品加工属于资源集中型和劳动力密集型行业，相比其他行业而言进入门槛较低，对企业的规模、技术、管理、劳动力素质等要求不高。这一方面促进了中小型农产品加工企业快速、大量涌现；另一方面也造成了农产品加工的档次不高、品质低劣现象的出现。由此，在农产品加工行业，有不少企业存在"一流设备、二流管理、三流产品"的现象。同时，由于大部分中小型农产品加工企业属于民营企业，通常是在家庭小作坊基础上发展而来的，其管理基本沿用家族式管理模式。随着企业规模的不断扩大，现代管理理念并没有随之建立，由此造成产权不清、决策专断且随意等现象的发生。管理上的缺陷，加之

产品质量不高，进一步限制了企业的发展。

缺乏现代科学管理理念的集群内企业，喜欢单兵作战，缺乏联合和协作的精神，加之行业规范不够健全，集群内部缺乏必要的组织度和协调能力，出现了同行业间无序竞争甚至恶性竞争，以及相互压价竞销、仿冒、偷工减料、降低质量标准等现象，造成资源和人力的内耗，从而不仅造成产品质量相对低下，而且企业的营利能力和发展空间也受到了严重限制，最终阻碍了产业链的延伸，更危及产业集群的自我发展和集群竞争力的提升。

2. 集群内企业自主创新能力差

农产品加工产业利润相对薄弱，收入较低，集群内企业特别是中小型企业为了节约成本，通常采用较为落后的加工技术和设备。同时，这些企业也缺少专业化的管理人员和技术服务人才。由此，农产品加工企业缺乏自主创新能力和技术储备能力，难以开展农产品的精深加工和新产品的研究开发，缺乏自主产权，集群内许多农产品加工企业依然停留在作坊式加工阶段，沿袭着传统的加工技术和生产方式。因此，集群内企业所生产的产品，科技含量比较低，档次不高，市场竞争力不强，行业的发展也进一步受到限制。目前，达州的特色农产品还主要是以出售没有经过深加工的原材料为主，或者将产品仅仅经过简单的包装便投放市场，因而科技含量不高，其品质难以得到保证。而一些加工产品，特别是一些传统工艺产品，在现代产业加工技术与传统工艺的融合方面还面临一些问题，导致许多地方标志性产品口味不佳、风味不存，市场的认可度越来越低。而一些以次充好、假冒伪劣产品也削弱了特色产品的市场认可度。

3. 产业集群产业链发育程度低

目前，从整体而言，达州特色农产品加工产业集群还处于初步发展阶段，发展层次还比较低，集群发育程度不高。建立在资源密集和低成本优势基础上的产业集群建设，尽管具有明显的行业特色，但缺乏产业链价值的培植和集中，行业内部合作能力不强，分工不合理，竞争无序而内耗。现有集群建设只注重"扎堆"和同类企业在地域空间上的简单集中，缺乏技术上的提升和品牌的培育，产业链上的相关企业配套机制还未能完善，多数农产品成品及其零部件都只在单一企业内部完成。

4. 基地规模不大、产品数量不多影响品牌发展

达州农业发展相对还比较落后，仍然以自给自足的传统农业为主，现代规

模经营农业发展依然十分缓慢，商品化不足。就农产品基地建设情况来看，达州除了苎麻基地和粮油基地规模较大外，其他农产品生产基地不仅规模较小，而且还比较分散，集中度不高，难以形成集群产业效果，因而也影响了其品牌的建立和品牌竞争力的提升。同时，达州在特色农产品开发方面，因特色产业规模较小，经常出现"有品有市无货"的现象，即市场需求一旦增加，产品的供给就难以保证。如重庆沃尔玛超市在网上向达州开江宝源白鹅公司定购50到100吨板鸭，因产品不足，只能望市兴叹。万源巴山雀舌、渠县黄花、宣汉牛肉、旧院黑鸡等，有一定的品牌知名度，但由于批量较小，没有足够的量来供应一些区域市场。

三、达州特色农产品加工产业集群发展的问题及成因

1. 特色农业产业链短或残缺，加工水平低，附加值不高

总体而言，达州农业资源开发还处于低层次的粗放式经营阶段，主要表现在以下几方面。

第一，农产品加工程度低，相当数量农产品没有经过加工或者只进行了初加工就进入了消费领域；农产品增值空间狭小，如青脆李、柑橘、香椿都以鲜销为主，没有储存保鲜的设施，更没有加工龙头企业的引领；蔬菜、瓜果仅进行了简单的分类、包装，谈不上深加工。

第二，企业研发能力弱，缺少技术支持平台，导致产品科技含量低，市场竞争力不强，苎麻脱胶、黑鸡种源提纯、香椿植株矮化等都面临科技方面的巨大挑战。

第三，产业链条短或者产业链条残缺，制约了农产品深加工产业的发展，如宋氏葛业虽然建立了现代化的生产线，也开发了葛根酒、葛根面、葛根饮料等多个产品，但由于受制于原材料供给不足，每年有一半时间处在停工状态；香椿产品单一且仅限于鲜销，极大地限制了其规模化发展；柑橘产量大，但由于加工不足，难以有效抵御市场风险的考验，一旦鲜销渠道受阻，就只能烂在树上地上，造成资源浪费。

2. 龙头企业融资困难，规模小，产业化经营水平低

达州市龙头企业普遍处在融资不畅的境地，资金的制约成为发展中的最大"瓶颈"。无论是从事种植、养殖的经济组织，还是从事产品加工、销售的企业，规模都比较小、经营分散，难以发挥龙头作用。比如，大竹市级以上龙头

企业仅有 9 家，数量不多，产值过亿的仅有 4 家，规模不大，获得省级品牌的仅有 5 家，名气不大。大竹是全市特色农业发展水平最高的地方，其余各县市区龙头企业的境况也就可想而知。因此，必须高度重视龙头企业由于自身资本积累速度慢、贷款担保手段缺乏、融资渠道不畅带来的资金需求矛盾十分突出的问题，必须解决龙头企业生产经营规模小、带动能力弱、抵御市场风险能力低、生产经营方式落后、产品科技含量低、产业链条衔接不紧密、产品粗加工比重大的问题。

3. 专合组织带动力不强，农民组织化程度有待进一步提高

达州现有农业专业合作经济组织，大多基础条件差，覆盖范围小，服务领域窄，功能不健全，运作不灵活。资金短缺使大多数专业合作组织有名无实，不能正常发挥作用。专业合作组织内会员之间的利益关系松散，运行机制不健全。农民文化水平相对较低，缺少合作发展经验。农产品加工龙头企业与生产基地和农户联结关系松散，"龙头企业 + 生产基地 + 标准化生产 + 种养农户"的产业化运作模式推广普及面太小，没有真正形成区域优势产业和主导产业。以专合组织发展情况最好的大竹县为例，截至 2012 年 6 月，经工商等部门注册的合作社仅有 124 家，其中带动农户 1 000 户以上的仅占 20%。

4. 产业化组织模式亟需进一步完善创新

目前达州特色农业产业化发展模式呈现出多样化特征，如"龙头企业 + 农户""基地 + 农户""龙头企业 + 专合组织 + 农户""龙头企业 + 专合组织 + 基地 + 农户"等，但基本上是在"公司 + 农户"模式基础上发展起来的。这一模式存在三个突出问题：一是利益主体分散带来严重的对接不稳定问题；二是公司监控的局限性和农户素质的差异性带来农产品安全和标准化问题；三是信息不对称带来农户的弱势地位和公司交易成本高昂问题。从发展趋势来看，"公司 + 农户"模式向"公司 + 农场"模式转变应成为基本取向，这种模式能够解决经营规模、产品安全与标准化、市场三方面的问题。可见，达州特色农业产业化组织模式发育还处在初级阶段。

5. 内部利益连接机制不合理，产业发展动力不足

在"龙头企业或专合组织 + 生产基地 + 标准化生产 + 种养农户"的产业化运作模式下，龙头企业或专合组织不仅应担负良种推广、技术指导、信息服务

等方面的工作，而且要处理好与农户之间的利益分配关系。目前达州特色农业产业化系统内部利益分配不合理，龙头企业或专合组织与基地、农户之间并没有形成真正意义的经济共同体。农户难以分享企业在农产品加工和营销环节的利润，致使发展种养殖业的动力不足，农产品（资源）供给不足直接影响到公司的生产经营。如葛根公司开工不足，富硒茶园荒芜，除了种植收获环节生产技术上的难度外，更主要的因素可能在于与种植户之间的利益分配没有理顺。从理论上讲，只要葛根、茶叶种植收益明显高于农户的其他种养殖收益或打工收益，原材料供应不足、茶园荒芜就不会成为问题。目前各县市区都面临农村劳动力缺乏的困境，究其根本原因还是利益分配不合理。只要农民利益有保障，农民工回流是完全可能的。

6. 政府的管理和协调力度不够

政府对农产品加工产业集群的管理和协调力度非常有限，也进一步限制了产业集群的培植和发育。目前，达州市各级政府对农产品加工产业集群的管理体制还不够顺畅，存在多头管理、各行其是的现象，服务少，吃、拿、卡、要的多。一些政府部门对当地的产业集群疏于管理和引导，导致产业集群未能形成明确的功能分区，集中区遍地开花，却存在一定程度的雷同和低效。同时，政府在农产品加工的技术提升、品牌培育、质量监督等方面也未能建立有限的监督保障体系，使得农产品加工业的标准化体系、检测体系、食品安全体系、技术推广服务体系、质量认证体系以及信息网络体系还不健全，从而限制了农产品加工产业集群的进一步发展空间。

第七章　提升达州特色农产品加工产业集群的战略选择

"战略"一词最早是军事术语，通常是指指导战争全局的方略。在中国，"战略"一词的使用历史久远，"战"指"战争"，"略"指"谋略"。在现代，"战略"一词被广泛沿用到政治、经济、文化和社会领域，泛指统领性的、全局性的、根本性的、预见性的谋略、方案和对策。提升达州特色农产品加工产业集群的发展水平需要进行战略性抉择。本章着力分析达州特色农产品加工产业集群发展路径的战略选择、组织模式的战略重塑、决策思维的战略调适等问题。

第一节　优化达州特色农产品加工产业集群的发展路径

"发展路径问题"实质就是"发展道路问题"。"路径"指"道路"和"门路"。"发展路径"对于区域经济社会发展具有极为重要的意义。"路径问题"内含丰富，路径不同，行动效果也会有天壤之别。达州特色农产品加工产业集群的提升必须首先在发展路径上进行战略选择，优化发展路径。本节介绍产业链优化的必要性，阐述产业链优化的内涵，分析达州特色农产品加工产业集群产业链优化的应对措施。

一、优化产业链条的客观必然性

区域经济学研究证明，现代经济竞争已不再局限于单个生产环节和单个产品的竞争，而更多地体现在整个行业、整个产业围绕产业链进行的竞争。产业链是经济活动中若干相关产业部门基于内在经济技术联系，客观形成的环环相扣、首尾衔接的链条式关系。产业链体现产业集群内的主导关系，产业集群是产业链空间分布的载体。产业链和产业集群之间存在密切的关系，客观上要求高度关注二者之间的耦合效应，及时优化产业链。

　　产业链和产业集群的关系体现在：一方面，产业链的演进路线是产业集群发展的总体指向。以农业产业链为例，随着社会分工和社会生产力的发展，农业不仅同手工业、商业相分离，形成当代一、二、三产业划分的基本框架，农业内部又进一步细分为农、林、牧、渔等诸业，诸业内部各个环节又有进一步的专业划分，整个一、二、三产业不断地细分和拓展，便构成了产业链的演进轨迹。某一特定领域内相互联系的企业、机构在地理上的集聚，便形成最初的产业集群，如养殖业产业集群、种植业产业集群以及农产品加工产业集群。集群不仅把一系列相关的产业和其他一些有竞争关系的实体纳入其中，如零部件、机器设备、专业性基础设施的供应商等，还逐步把下游环节的客户、营销和横向上具有互补关系的产品制造商纳入体系之内，进而把产业链延伸到与技术和服务相关的机构，如科研机构、政府机构、中介机构等部门，发展到一定阶段必然催生物流业产业集群、科技产业集群等。可见，产业集群正是沿着产业链的宏观指向演进的，如图7-1所示。另一方面，产业集群是产业链的空间载体。产业集群是基于产业链的企业集聚，是一种在特定地理范围内多个产业相互融合、众多类型机构相互联结的共生体。产业链关注链条中的上下游关系，是组成产业集群最为重要的功能单元；产业集群关注企业的空间分布和集聚程度，是延长产业链的空间载体。

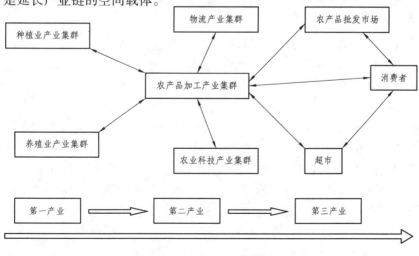

图7-1　产业链演进路线

二、产业链优化的内涵

围绕产业链的优化升级来选择发展路径是培育和提升产业集群的首要和关键课题，产业链优化升级的思想或理论是培育和提升产业集群的思想基础和理论指导。产业链优化的目的是使产业链的结构更加合理有效、产业环节之间联系更加紧密协调，进而使产业链的运行效率和价值实现不断提高的转变过程。[1]产业链优化包含产业链连通、产业链延伸、产业链整合、产业链升级四个方面的内容。

1. 产业链连通

产业链连通是指通过把产业链上各个主要环节和关键节点建立起来，使之成为一个相对完整的产业链条的过程。任何产业都要依托一定的资源投入（包括自然资源和资本、技术、信息、知识等社会资源），通过生产加工转化成产品或服务，最终供消费者使用。因此，产供销是任何一个完整产业链最基本的构成要素。产业链上各个产业部门或同一产业部门的所有关键节点在特定地域空间内的分布具有多样性。在宏观经济视野里，链条基本是环环相扣、完整的；而从区域经济视角看，链条未必就是完整的，特定经济区域可能具有一条完整链条，也可能只具有一条完整链条中的部分产业部门。一定区域内由于受自然、地理、经济等各方面的影响，往往只具有农业产业链中的一个和几个环节，其他环节没有或相对弱小，这就是"断链"。正是由于产业链这种空间分布特点，特定区域内经常或普遍存在产业链的"断链"现象，产业链连通的中心任务就是化解"断链"问题。

需要强调的是，一个区域并非只有一个产业链或产业链上的一个部门，而是有多个产业链或一个产业链的多个产业部门，化解"断链"并非要求把所有产业链上的全部"断链"都一一接通，而要按照一定的标准和要求（如资源禀赋条件优越、产业关联性强、带动辐射作用大、经济发展潜力巨大等），把那些对区域经济有重大影响的关键部门、关键节点上的"断链"接通。产业链连通的方法通常分为"内生培育"和"外生嵌入"两大类。"内生培育"即链内企业或部门机构在市场机制驱动和产业政策引导下自发"占领"或涉猎这些"断链"部门或环节，从而打通"断链"；"外生嵌入"即通过适当措施和手段把区域外的相关企业或机构引入"断链"位置上，让其担负连通产业链的功能。近

---

[1] 赵绪福：《农业产业链优化的内涵、途径和原则》，《中南民族大学学报（人文社会科学版）》，2006，26（6）：119－121。

年来，各地纷纷重视"招商引资"，其实"招商引资"的目的就是化解断链问题。

2．产业链延伸

产业链延伸是指通过对产业部门追加劳动力、资金、技术等投入，使产业链的后续产业环节得以增加，或得以增生扩张以获取追加收益的过程。产业链延伸通常分为两类：一是产业链在区域间延伸，这是由产业链空间布局的"优区位偏好"所致，各地经济发展中培育的"新的经济增长点"和"新的经济增长极"常常就是产业链在区域间延伸的具体表现。二是产业链在区域内的延伸，这是"迂回生产"发展的结果，"迂回生产"的过程越长，产业链的延伸就越长。产业链在区域内的衍生包括三种情形：向前延伸、向后延伸和横向拓展。以农业产业链为例，农业产业链向前延伸与种子供应、农业机器制造、化肥农药等产业部门相连，农业产业链向后延伸与农产品加工、储存、运输、销售等部门衔接，农业产业链的横向拓展与农业科技、信息网络、金融服务、政府部门等部门机构发生关联。

3．产业链整合

产业链整合是产业链环节中的某个主导企业通过调整、重塑相关企业关系使其协同行动，以提高整个产业链的运作效能和竞争优势的过程。产业链整合的本质是对产业链各环节和各组成部分进行调整、协同和重塑，目标是使产业链运行更协同、有序、高效，表现为企业间的兼并重组。按照整合企业在产业链上所处的位置，产业链整合有横向整合、纵向整合以及混合整合三种类型。横向整合是指通过对产业链上相同类型企业的约束来提高企业的集中度，增强对市场价格的控制力。纵向整合是指产业链上的企业通过对上下游企业施加纵向约束，使之接受一体化或准一体化的合约，通过产量或价格控制实现纵向的产业利润最大化。混合整合又称斜向整合，它既包括横向整合，又包括纵向整合，是两者的结合。按照整合是否涉及股权转让，产业链整合可分为并购、拆分以及战略联盟。股权并购是指产业链上的主导企业通过股权并购或控股的方式对产业链上关键环节的企业实施控制，以构筑通畅、稳定和完整的产业链的整合模式。股权拆分是指原来包括多个产业链环节的企业将其中的一个或多个环节从企业中剥离出去，变企业分工为市场分工，以提高企业的核心竞争力和专业化水平。战略联盟是指主导企业与产业链上关键企业结成战略联盟，以达到提高整个产业链及企业自身竞争力的目的。按照产业链的形态要素，产业链整合分为物流整合、信息流整合、价值流整合以及经营主体整合等类型。

4. 产业链升级

产业链升级是指产业链整体素质的提高，表现为产业链的各环节向高技术化、高知识化、高资本化和高附加值化演进。例如，农产品加工产业链向上游的研发设计、技术专利、技术集成、融资投资等延伸，向下游的现代物流、中介服务、产业链管理等延伸，这些上下游环节是现代服务业的重要内容，它的增值率更高，利润也更丰厚。加工业与现代服务业的深度融合将增强企业对产业的控制力。产业链升级既不同于产业链延伸（主要影响环节多少或路线长短），也不同于产业链整合（主要影响产业链各环节之间的合作、协调），而是各个链环的知识含量、技术层次、资本密集程度和附加价值水平不断提高。产业链升级通常分为四类：一是价值链升级，产业链不断从低附加值环节向高附加值环节跃升；二是核心资源要素升级，产业链从主要依托物质资源向主要依托资本资源、技术资源、知识资源跃升；三是产品升级，产业链从生产科技含量低的产品向生产科技含量高的产品跃升；四是功能升级，产业链从主要从事生产加工、销售分配向测试组装、研发设计、关键工序零部件、系统整合等环节跃升。在国际分工中，我国企业长期滞留在价值链的低端环节，处在资源消耗多、环境污染重、价值增值少、利润率低的制造产业链上，技术、品牌、营销渠道和产业链供应被外国公司掌控，这是当前我国产业结构升级中面临的最突出的问题。因此，产业链升级对我国尤其是经济欠发达地区更具有现实紧迫性。

三、达州特色农产品加工产业集群的产业链优化

1. 达州特色农产品加工产业链发展现状

近年来，达州依托特色优势农产品资源，集中打造了畜禽精深加工产业链、酒类饮料产业链、粮油绿色食品产业链、特色果品加工产业链和现代中成药产业链五大产业链，初步培育了优质粮油加工、特色畜产品加工、苎麻加工、茶叶加工、油橄榄加工、黄花加工、中药材加工产业集群。2014 年，农产品加工龙头企业实现销售收入 101.7 亿元，比 2012 年增加 21 亿元，增长 26%。现有各类农产品加工龙头企业 201 家，其中国家重点农产品加工龙头企业 2 家、省级农产品加工龙头企业 19 家、市级龙头企业 83 家、县级龙头企业 97 家。省级以上重点龙头企业分属于大竹县 6 家、通川区 5 家、万源市 4 家、渠县 2 家、

开江县2家、宣汉县1家、达川区1家，初步形成了门类较为齐全、规模不断扩大的农产品加工产业体系。

2. 达州特色农产品加工产业集群在产业链上存在的主要问题

从产业链角度看，达州特色农产品加工产业集群发展还存在一些突出的问题。

（1）加工行业空白点多、产业链"断链"现象普遍，产业链连通的"补链"任务比较艰巨

达州特色农产品资源丰富，现有加工企业只关注了其中部分农产品，除少部分经过家庭作坊式粗加工外，还有比较多的农产品资源（粮食作物如小麦、薯类、玉米，林产品如黑桃、银杏、毛竹、板栗、青脆李等）没有经过任何加工就直接进入终端消费。

（2）产业链条短，增值环节少，产业链延伸问题突出

达州现有农产品加工企业大多属于中小型或小微型企业，规模小，很少涉及产业链纵向前后延伸和横向拓展，良种培育、创意设计、农业科技推广、冷链物流、电子商务、中介服务等环节属于空白或者薄弱环节。据统计，2014年全市各类农产品加工龙头企业平均固定资产规模仅2432万元，平均销售收入仅5087万元。现代经济发展的实践证明，工业化和信息化的深度融合不仅是加快转变发展方式、促进四化同步发展的重大举措，是走中国特色新型工业化道路的必然选择，也是农产品加工产业集群发展的必由之路。在今天这个信息社会，企业网站建设对一个企业的重要性是不言而喻的。建设网站是时代的潮流，网站是企业的门面，也是企业沟通交流的窗口和展示企业形象的平台，更是企业构建新型营销网路、实现转型升级的重要载体和工具。因此，每一个农产品加工企业都应该高度重视企业网站建设。企业网站建设业从一个侧面可以反映出企业的电商物流发展水平和信息化建设程度。我们于2015年1月10日在网上利用"百度"和"搜狗"对2014年达州市21家国家级和省级农产品加工重点龙头企业的网站建设情况进行了搜索，结果令人震撼：有的企业没有开设网站；有的企业建有网站，但不是独立开设而是附着在其他网页上，如附着在"八方资源网"网页上；有的虽然建有独立的网页，但内容只有"企业简介"一条内容，或者网页设置栏目的内容严重缺乏，或者内容更新时间异常缓慢（至2012年），或者受访量极少，只有3000~5000人次；仅有四家企业网站建设规范、内容更新及时、资料齐全、栏目设置合理（见表7-1）。龙头企业皆如此，其他加工企业情况可想而知。企业连网站建设都呈现如此状态，把产业链延伸到更高端的其他环节和领域的状况就更加令人担忧了。

表 7-1 达州市 2014 农产品加工省级以上龙头企业网站建设情况

企业名称	网站现实状态描述	评估状况
四川巴山雀舌名茶实业有限公司	网站建设规范、资料齐全、更新及时	A
四川东柳醪糟有限责任公司	网站建设规范资、料齐全、更新及时	A
四川省大枫树丝业有限公司	网站建设规范、资料齐全、更新及时	A
四川天王牧业有限公司	网站建设规范、资料齐全、更新及时	A
四川省宕府王食品有限公司	独立设置网站，缺部分资料	B
四川省天友西塔乳业有限公司	独立设置网站，缺部分资料	B
大竹县顺鑫农业发展有限公司	独立设置网站，只有极为简单的公司简介	C
达州市润乾实业有限公司	独立设置网站，只有公司简介	C
四川福瑞药业有限公司	独立设置网站，只有公司简介	C
四川天予植物药业有限公司	独立设置网站，只有公司简介	C
四川玉竹麻业有限公司	独立设置网站，只有公司简介	C
四川天源油橄榄有限公司	独立设置网站，只有公司简介	C
达州市中贸粮油总公司	独立设置网站，只有公司简介	C
达州市鑫源食品有限责任公司	独立设置网站，只有公司简介，只有3000多访问者	C
四川发荣林业产业有限公司	独立设置网站，只有公司简介和产品介绍	C
达州市宏隆肉类制品有限公司	独立设置网站，只有公司简介	C
达州市山参葛业有限公司	独立设置网站，只有公司简介，只有5000多访问者	C

企业名称	网站现实状态描述	评估状况
万源市巴山食品有限公司	独立设置网站，只有公司简介	C
大竹县金桥麻业有限责任公司	独立设置网站，只有公司简介	C
四川省立川农业食品有限公司	未见独立网页，附着在八方资源网，且只有公司简介	D
达州市复兴农副产品批发市场	未见独立网页	D

（3）产业集聚规模小，专业化分工协作水平低，运用兼并重组等方式组建大中型企业或企业集团的产业链整合之路还很漫长

据统计，2014 年年底，在全市农产品加工龙头企业中，国家级重点龙头企业只有 2 家，占总数的 1%；省级龙头企业 19 家，占总数的 9.5%。各类龙头企业中没有 1 家销售收入达到 10 亿元以上，销售收入 1 亿元以上的有 28 家，占 13.9%；销售收入 2000 万元以上 1 亿元以下的有 52 家，占 25.8%；销售收入 500 万元以上不足 2000 万元的有 86 家，占 42.8%；销售收入不足 500 万元的有 35 家，占 17.5%。按照《四川省"十二五"农业和农村经济发展规划》确立的目标，2015 年四川省销售收入超亿元的农产品加工龙头企业超过 1000 家。

达州 21 家省级以上农产品加工龙头企业从事粮油食品加工的有 8 家、从事丝麻加工的有 3 家、从事中药材加工的有 2 家、从事畜禽加工的有 2 家、从事饲料加工的有 1 家、从事林木加工的有 1 家、从事茶叶加工的有 1 家、从事黄花加工的有 1 家、从事油橄榄加工的有 1 家、从事乳制品加工的有 1 家。本就为数不多的龙头企业分布在粮食加工、油料加工、猪肉加工、牛肉加工、苎麻加工、茶叶加工、中药材加工、木材加工、乳制品加工、黄花加工等众多加工领域，致使加工行业企业集中度不高，它们在生产经营上各自为政，谈不上专业化分工协作，产业整合缺乏现实基础。

（4）加工水平低、初加工比重大，精深加工、综合利用加工严重不足，产业链拓展尚处在起步阶段

一是作为加工原料的农产品相当丰富，但适应加工需要的优质、专用品种很少，农产品加工仍处在"生产什么、加工什么"的落后状况，致使农产品加工产成品的质量差，成本高。二是分散种养和集中加工的矛盾突出。全市农户数量虽多，但种养规模较小，生产相当分散。农产品原料生产基地没有形成较

大规模，过度分散的小农经营无法生产质量稳定的商品化原料；加之在收购上缺乏专门的品种质量标准，难以体现优质优价，只能混收、混储、混销，使加工企业很难收购到符合加工要求的农产品原料，常处于"吃不饱"的状态。三是加工水平低，不少农产品加工行业仍停留在作坊式、小规模、手工操作、传统经验型的初级加工状态，处在盐渍、烘干、分级、简易包装等低水平阶段，致使大量农产品只能用于鲜销或停留在初级加工水平。2014年全市农产品加工率45%，深加工率不足20%，与《达州市"十二五"现代农业发展规划》确定的2015年农产品加工率达到70%的目标还有很大的距离，与全省、全国差距更大。

（5）设施设备简陋、生产加工技术落后、产学研用分割、产品科技含量低，产业链升级还是遥远的梦想

近年来，达州农产品加工技术研发取得了显著成绩，为农产品加工产业集群提供了一定的技术支持，如2014年达州市推荐4项成果参评四川省科技进步奖项目，其中1项就是《黄花生物保鲜加工技术开发与应用》；2013年度在获得达州市科技进步奖的31项成果中涉及农产品加工的有10项，占32%，分别是《大巴山粉葛新品种培育及产品开发技术研究》《马铃薯脱毒与脱毒薯繁育新技术研究及应用》《夏秋茶原料高效利用及新产品开发》《蜂桶蜂蜜质量控制技术规范研究与应用》《油菜高产高效精简集成栽培技术研究与推广》《黄花菜微波自动化加工技术研究与应用》《玉米有害生物监控集成技术研究与应用》《金波南三元杂交繁育技术研究与应用》《葛根系列产品加工技术》《金针菇越夏栽培技术研究与应用》。2014年全市28项成果获得科技进步奖，其中一、二等奖共10项，涉及农产品加工的有4项，占40%，分别是《水稻高配合力优良恢复系达恢2079的选育与利用》《60nm苎麻/竹粘高档混纺纱的开发及产业化》《真空冷冻干燥黄花的工艺研究及其产品开发与应用》《达州市市售食品中致病菌与化学污染物污染现状研究》等。但从总体来看，达州农产品加工技术还很落后，产品的科技含量低，农产品加工普遍仍处在粗加工状态，相当部分龙头企业生产经营中手工操作所占比重还比较大。这些龙头企业普遍没有独立设置的研发部门，虽然一些龙头企业与一些相关高等院校和科研院所进行了技术协作，但有名无实的多，产学研用分割的现象比较严重。

（6）园区建设、基地建设不配套，品牌建设滞后，农产品加工行业整体竞争力差

近年来，全市农产品基地建设不断扩大，园区建设积极推进，品牌建设取得新的突破。截至2014年，达州农业产业化组织种植面积132万亩，牧畜饲养量2354万头，禽类饲养量3328万头，养殖水面面积145万亩。全市共建设6

个农产品加工集中区，已有 25 家企业入驻；7 个现代农业产业基地、万亩现代农业示范区 15 个、产业基地 50.9 万亩、建成设施农业 1.8 万亩、现代畜牧养殖小区 981 个、规范发展家庭农场 221 家。有无公害农产品认证 97 个、绿色食品 23 个、有机食品 6 个、国家地理标志产品 25 个（国家质监总局地理标志产品保护 10 个、国家工商总局地理标志认证商标 5 个、农业部地理标志登记产品 10 个）、中国驰名商标 3 个（"巴山雀舌"牌茶叶、绿升牌橄榄油和"东汉"牌醪糟）、四川省著名商标和四川名牌 45 个。

从整体上看，基地、园区、品牌建设仍然落后。一是农产品加工基地、农产品加工集中区规模小，建设进展慢，入驻企业少，影响带动能力弱。农业生产仍停留在分户生产、分散经营的传统模式，没有真正形成围绕区域优势产业和主导产品发展、以大市场带动大龙头、大龙头带动大基地、大基地联结大群体的生产经营格局。除粮油和苎麻生产基地相对集中外，其余产业布局较分散。特别是肉牛（奶）、茶叶、黄花、中药材等特色农产品的基地建设在量上还没有取得实质性的突破，生产总量不足，难以满足企业对农产品加工原料的需求。二是基地、园区之间衔接不紧密，功能划分不够清晰，匹配度较低，导致农产品加工行业整体营运效率难以显著提高。基地、园区建设是提高农产品加工企业生产标准化、规模化、集约化的重要载体。市场牵动龙头企业，促进园区发展（龙头企业配置在加工园区），龙头企业带动生产基地（满足专用原材料需求），基地扩散至农户，这样的配置方式有助于建立集研种加、产供销于一体的经济管理体制和运行机制。但在实践中，园区与基地距离较远，园区内企业集聚数量有限，专业化分工程度低，区域物流难以发展，导致运输成本很高；同时，基地普遍缺少储藏、保鲜、烘干等设施，农产品要经过较长距离的运输才能进入加工环节，导致农产品产后损失率居高难下、品质下降。三是高端、高层次品牌数量少，品牌影响力弱，品牌保护意识不强。虽然"渠县黄花""巴山雀舌""川汉子牛肉制品""天源油橄榄""达川区乌梅""大竹醪糟"等有一定知名度，但在全国高知名度的品牌还较少，品牌建设中重创建、轻使用和保护的现象比较突出。

3. 达州特色农产品加工产业集群产业链优化的对策措施

达州必须采取有效措施，在产业链优化上迈出坚实的步伐，才能有效提升农产品加工产业集群的质量和水平。

（1）着力做好"补链"工作，解决"断链"瓶颈问题

立足达州农产品资源禀赋，在资源储量比较丰富、特色比较鲜明、加工增值潜力比较明显，但在现有加工企业布点布局中是"盲点"的方面予以补救，

这是一项"补网"性质的工作。由于多种因素的影响，达州特色优势农产品资源分布比较分散，优势区域不够突出，农业规模化、集约化、标准化水平低，带状块状经济还在孕育之中。因此，农产品加工业布点布局既要突出重点，又要兼顾分布面。在现有布点布局基础上，粮油加工中要重视玉米加工，林果加工中要重视柑橘、青脆李加工，黑桃、板栗等干果加工和竹制品加工，蔬菜加工中要重视食用菌加工，畜禽加工中要注重羊肉加工。这样可以初步构建起达州农产品加工产业链体系：优质粮油加工涵盖精米加工产业链、糯米加工产业链、小麦加工产业链、玉米加工产业链、薯类（红薯、马铃薯）加工产业链、油菜籽加工产业链，畜禽产业涵盖生猪加工产业链、牛肉加工产业链、羊肉加工产业链、黑鸡加工产业链、白鹅加工产业链、牛奶加工产业链；农副产品加工产业涵盖苎麻加工产业链、油橄榄加工产业链、黄花加工产业链、富硒茶加工产业链、中药材加工产业链、香椿加工产业链；林果产业涵盖柑橘加工产业链、青脆李加工产业链、干果加工产业链（黑桃、板栗）、竹木制品加工产业链；蔬菜产业中涵盖蔬菜加工产业链、胡萝卜汁加工产业链、食用菌加工产业链、花菜加工产业链。此外，还有渔业加工产业链和农副产品贸易产业链。

（2）引导农产品加工企业构建种养加、产供销、农工贸、产学研结合的纵向一体化产业链条，着力解决产业链延伸的问题

在微笑曲线两端的技术研发、产品设计、市场营销、品牌经营、现代物流是附加值最高的环节，曲线最低端的原料生产是附加值最低的，加工环节次之。加工企业向上掌握原材料供应，向下掌握市场营销，中间提升加工能力，这样才能实现增值效应最大化，才能最大限度地提高带动能力。达州规划重点发展的优质粮油、畜禽、苎麻、中药材、蔬菜（食用菌）、富硒茶、林果等农产品加工产业都应该走这样的发展道路。具有纵向一体化产业链的产业集群在原材料获取上有成本优势，因为原材料的规模化标准化生产能提高效率、降低成本，还能通过集约化管理提高管理水平、降低营运成本。因此，与同行业竞争者或者单个环节的竞争者相比，它更具有议价能力，更具有竞争优势。

（3）引导农产品加工企业在初（粗）加工、精深加工和副产品综合利用加工环节均衡发展，进行专业化分工协作，按照循环经济的要求构建产业体系，逐步实现产业链的拓展与升级

精深加工和综合利用加工既是达州农产品加工的薄弱环节，又是真正体现农产品加工业发展水平和综合效益的关键环节，它代表了农产品加工业未来发展的方向。开发特色农产品的营养、保健、药用等多种功能，引导农产品加工企业在初（粗）加工、精深（细）加工、副产品综合利用加工方面进行专业化的分工与协作，形成一个相互衔接的产业体系，是今后一个时期农产品加工业

发展的重点。例如，玉米加工产业就不能仅仅停留在把玉米打碎、磨成粉的阶段，这是初（粗）加工，价值增值有限，还要不断向深层次拓展，开发玉米方便粥、玉米纤维食品等早餐、方便、休闲食品，开发专用玉米面粉、营养强化玉米面粉，开发氨基酸、高果糖浆、结晶糖、变性淀粉、乳酸、聚乳酸、酶制剂、优质食用酒精和医用酒精等。发达国家玉米加工可开发出 300 多种产品，我国玉米加工仅开发出 100 多种产品。达州农产品加工每一个行业或每一个领域都存在精深（细）加工的巨大潜力。农产品加工因其加工对象的特殊性，加工过程中必然产生大量的废弃物或副产品，对这些废弃物或副产品的回收利用再加工，不仅能增加价值增值环节，提高对资源的综合利用水平，而且能够有效保护生态环境，实现可持续发展。畜禽加工产业按照循环经济模式打造产业链条更具有现实紧迫性。

（4）依据产业链整合理念，扶持农产品加工企业做大做强，培养壮大龙头企业

大中型农产品加工企业是农产品加工产业集群的核心，在促进农产品加工产业转型升级和推动农业现代化进程中发挥着示范、带动、引领作用。当前达州要鼓励现有龙头企业通过联合、重组、兼并、参股等多种方式，扩大企业规模，壮大企业实力，发展大型龙头企业或企业集团。应着力把四川东柳醪糟有限责任公司、四川巴山雀舌名茶实业有限公司、四川天源油橄榄有限公司、四川玉竹麻业有限公司等特色农产品加工龙头企业培育成为全国行业的"旗舰"。力争尽快在"上市企业"行列中实现零的突破。力争到 2015 年培育出销售收入20 亿元以上的农产品加工龙头企业 3 家，销售收入 10 亿元以上不足 20 亿元的农产品加工龙头企业 5 家。

（5）重视新技术、新工艺和新设备在农产品精深加工中的应用，着力提高农产品加工业的自主创新能力和产品科技含量

政府、企业、科研机构要协同配合，扮演好各自的角色，共同推动农产品加工企业科技进步。政府要建立健全科技创新体系和运行机制，确立企业的科技创新主体地位；要加大对农产品加工科学研究、技术开发的资金投入和政策支持力度；要培育和扶持产学研结合紧密的工程实验室、工程技术（研究）中心，搭建宽阔的科研平台；要建立完善科技推广服务体系。农产品加工企业要独立设置研发机构并赋予相应职能；要坚持运用先进生产技术、现代加工设备、先进工艺流程和科学管理方法对传统农产品加工企业进行改造提升；要重视对关键环节和重大工艺流程的科技研发，培育核心技术，提高自主创新能力；要保障科技研发和成果转化的必要资金投入。科研机构要面向地方经济建设主战场，面向农产品加工企业设立研究项目，增强科研的针对性和应用性；要积极

开展院企、校企合作，促进科技成果转化，提高科研资源共享水平；要加大应用型专业技术人才的培养力度，为农产品加工企业提供人才支持。

（6）提升基地和园区的契合度，加快物流产业集群发展步伐，加强品牌建设，建立健全产品质量追溯体系

基地和园区是农产品加工产业链上的重要节点，因此，推动农产品加工集群建设必须强化园区和基地之间的配合。一是园区吸引企业入驻要考虑产业之间的关联性，便于园区内相关企业集聚到一定程度时开展专业化的分工与协作，提升产业链各环节的协同行动水平；二是引导园区内龙头企业将部分初（粗）加工环节和必要的设施设备配置到相关产业基地，便于产业基地就地、就近对农产品进行分级挑选、储藏保鲜、清洗烘干、包装运输等简单加工；三是促进农产品专业市场建设、信息等公共服务共享平台建设和物流企业集群的发展，降低农产品加工产业集群的交易成本。

推进农产品加工产业集群品牌建设，要抓好四个关键节点：一是要强化品牌意识，高度重视品牌在农产品加工生产经营中的重大意义；二是促进品牌创建，在培育区域品牌过程中推动品牌升级，把品牌要求落实到每个加工环节，切实推进生产的标准化、规模化、集约化进程；三是落实品牌保障，提升品牌价值，在加工产业链的全过程和每一个环节，建立健全农产品质量追溯体系，做到"生产有记录、信息可查询、流向可追踪、责任可追溯"；四是强化对品牌的管理和维护，坚决打击一切损害品牌利益的行为，确保品牌的可持续发展。

第二节　完善达州特色农产品加工产业集群的组织模式

农产品加工产业集群是一个由低级向高级不断发展的动态过程，所依托的组织形式也是发展变化的。根据内部环境和外在条件的变化及时进行组织模式的调适，是其在可持续发展进程中必须解决的关键问题之一。本节侧重探讨农产品加工产业集群的组织模式调适问题。

一、农产品加工产业集群组织模式研究概述

选择合理的组织模式是农产品加工产业集群发展过程中必须解决好的又一个重大问题。学界对此高度关注，近年来涌现了大量的研究成果。学界虽然对农产品加工产业集群组织模式的科学内涵鲜见学理界定，但从总结我国各地农

产品加工产业集群培育实践经验和从区域组织模式的实证研究的角度进行了比较深入的研究，对农产品加工产业集群组织模式的分类研究取得了显著进展。笔者认为，农产品加工产业集群组织模式是指它形成、发展的实现方式，即集群外部的社会经济联系和集群内部的分工协作方式。各地资源禀赋、经济发展水平、产业基础、市场条件等差异很大，因此农产品加工产业集群组织模式呈现出多样性特征，而这正好是对农产品加工产业集群组织模式进行分类研究的现实基础。

关于农产品加工产业集群组织模式的分类，马中东从"分工—市场—制度"分析框架将其分为原生型和嵌入型；[①] 杨瑾从产业生态角度将其划分为资源型、产业型、网络型、生态型；[②] 张明龙从产业集群演化嬗变角度将其分为发展型、停滞型、转移型、衰败型；[③] 张莉从产业链利益联结机制角度将其分为"市场－加工－生产"型和"生产－加工－市场"型；[④] 胡坤等从产业集群成长升级角度将其分为资源型、链条型、循环型；[⑤] 周涛等按集群内各主体之间的联系和协作方式将其分为"公司＋农户"型、"公司＋基地＋农户"型、"公司＋农民专业合作社＋农户"型、"公司＋协会＋农户"型，按集群形成的内在作用机制将其分为龙头企业带动型、特色资源带动型、多种资源带动型，按集群形成的外在作用机制将其分为政府推动型、市场拉动型、综合作用型；[⑥] 李伟铭等从政府扶持对产业集群的影响角度将其分为政府规划扶持型和政府建设扶持型；[⑦] 刘寒等从绿色经济视角将其分为龙头企业带动型、市场依托型、科技支撑型、农民合作组织协调型。[⑧] 这些成果为研究如何完善达州特色农产品加工产业集群组织模式问题提供了重要借鉴和参考。

有几点需要特别说明：第一，就农产品加工产业集群组织模式的适用范围而言，并不存在完全通用、唯一最优的组织形态。各地的实际情况千差万别，

①　马中东：《分工视角下的产业集群形成与演化研究》，北京：人民出版社，2008：180－207。

②　杨瑾：《产业集群发展模式演进及其风险规避》，《现代制造工程》，2009（9）：22－27。

③　张明龙：《产业集群与区域经济发展》，北京：中国经济出版社，2008：51－86。

④　张莉：《我国农产品加工业产业链现状及对策研究》，《中国集体经济》，2011（4）：130－131。

⑤　胡坤、项喜章：《农产品加工产业集群模式分析》，《农产品加工（学刊）》，2011（1）：100－103。

⑥　周涛、刘继生：《吉林省农产品加工产业集群布局和发展模式研究》，《地理科学》，2013（7）：815－823。

⑦　李伟铭、黎春燕：《后发地区产业集群发展的理论模型与案例研究：基于政府扶持视角》，《华东经济管理》，2014（1）：80－84。

⑧　刘寒、余倩瑜：《绿色经济视角下湖南农业产业集群发展模式研究》，《经济研究导刊》，2014（15）：22－23。

不能照搬照套其他区域成功的组织模式，而要与本地实际情况相结合。实践中因"水土不服"而导致组织模式选择失效的实例并不鲜见。因此，"没有最好、只有更好，只要适合、就是最好"应该成为完善农产品加工产业集群组织模式的根本准则。第二，就农产品加工产业集群组织模式的社会经济功能而言，并不存在十全十美、完美无缺的组织形态。事物都是一分为二的，任何一种既有的组织模式优势和劣势都是并存的，组织模式优化也不能追求完美无缺。因此，"让优势发挥到极致，把劣势压缩至最小"应该成为完善农产品加工产业集群组织模式优化的重要理念。第三，就农产品加工产业集群组织模式的存在状态而言，并不存在固定僵化、一成不变的组织形态。产业集群要随着外部环境和内在要素的变化而变化，产业集群自身也有生命周期。变化是常态，不变是特例。追求组织模式优化一劳永逸是错误的、有害的。因此，"求变创新、及时调适"应该成为完善农产品加工产业集群组织模式的行动指南。

二、达州特色农产品加工产业集群组织模式的现状和特点

1. 达州特色农产品加工产业集群组织模式的现状

达州重视培育特色农产品加工产业集群，2006 年制定了《关于特色农产产业发展的意见》，2011 年制定了《现代农业"十二五"规划》，对培育特色农产品加工产业集群进行了规划部署。近年来，重点发展优质粮油、畜禽、苎麻、中药材、蔬菜（食用菌）、富硒茶、林果和休闲观光农业等八大产业，突出发展生猪、黄牛、白鹅、旧院黑鸡四大畜禽产品和苎麻、富硒茶叶、黄花、油橄榄、中药材、马铃薯、醪糟、香椿八大农副产品，培育了一批国家级、省级农产品加工龙头企业，打造了一批特色农产品原料基地，支撑了特色农产品加工产业集群的孕育和成长；基本形成以巴山雀舌为核心的茶叶加工产业集群，以中贸粮油、川虎食品、东柳醪糟、立川农业、梨梨生物、巴山食品、顺鑫农业发展有限公司为骨干的粮油加工产业集群，以润乾实业、鑫源食品和升华食品公司为骨干的猪肉加工产业集群，以金桥麻业、智鹏麻业、大枫树丝业有限公司为主导的丝麻加工产业集群，以地奥天府药业、天予药业和福瑞药业有限公司为主导的中药材加工产业集群，以川珍牛肉、佳肴食品、宏隆肉类制品有限公司为主导的牛肉加工产业集群，以天友西塔乳业为核心的牛乳制品产业集群，以天王牧业、鹏宇饲料、通威饲料为主导的饲料加工产业集群，以天源油橄榄、山参葛业、宕王府食品、馋香椿食品有限公司为代表的农副产品加工产业集群，以康源科技、宏鑫农业发展、堃鑫农业开发有限公司为代表的蔬菜（食用菌）

加工产业集群，以复兴农副产品批发市场、好一新商贸城为代表的农产品贸易产业集群。

2. 达州特色农产品加工产业集群组织模式的特点

（1）从群内企业集聚方式看，资源带动型比重很大，资源型企业在群内企业中占绝对主导地位

上述 11 类产业集群都是以达州特色优势农产品资源为生产加工对象建立起来的。资源型产业是以资源开发利用为基础和依托的，对资源有较强的依赖性。在资源丰富、市场需求旺盛时期，资源型产业发展迅速稳定。伴随着资源的减少、质量下降或枯竭，以及市场的变化，资源型产业发展会受到严重影响。资源型产业集群有利于形成集生产、加工、物流、商贸、综合服务于一体的纵向一体化产业链体系，这在客观上要求把直接从事农产品生产、加工、物流、商贸和对农产品生产、加工、物流、商贸提供社会化专业化服务的相应机构布局到一块，群内企业的"地理邻近性要求"要自觉接受产业链分工的左右。其缺陷在于：资源型集群对资源的严重依赖会演化成发展过程中"路径依赖"，成为转型升级的巨大压力。因为资源型产业集群内各成员间的关系更多地表现为一种直线式关系而不是网状关系，简单的供应链形式是其先天不足，互补性、网络性的集群特征很难在资源型产业集群得到充分体现。

（2）从产业集群的生产组织方式看，劳动密集型色彩浓厚

从理论上讲，劳动密集型产业往往比资本密集型产业和技术密集型产业单位投资吸收的劳动要素要多，同时因其生产工序简单而对低层次的普通劳动者有更大需求，所以劳动密集型产业集群在增加就业、带动本地经济发展方面具有特殊优势。其劣势在于：劳动密集型产业集群生产工序简单这一特性不仅会导致其对追求技术进步的动力不足，从而出现"对技术要求不高→产品科技含量低→产品竞争力弱获利更少→规模萎缩对技术要求更低"的恶性循环，还会导致行业进入门槛较低，从而加剧产品同质化现象，带来竞争加剧甚至出现恶性竞争，集群更容易滞留于附加值低的初（粗）加工领域。

（3）从集群内主体利益联结方式看，"公司＋基地＋农户"和"公司＋合作社＋农户"是占主导地位的利益联结方式

据统计，截至 2014 年，达州有各类农业产业化组织 2595 个，用合同方式建立利益联系的有 1086 个，占 42%；用合作方式（利润返还）建立利益联系的有 624 个，占 25%；用"股份"方式（股份分红）建立利益联系的有 752 个，占 29%；其他方式建立利益联系的有 133 个，占 4%。"合同""合作""股份"是"公司＋基地＋农户"和"公司＋合作社＋农户"型产业集群处理

利益关系最基本的实现形式。其优势在于：通过"合作社"和"基地"将散户农民的利益捆绑在一起，代表农户的利益，在一定程度上能够规避市场带来的不确定性因素，化解农户分散种养的小生产与大市场之间的矛盾；"合同""订单""合作""股份分红"等利益显性化手段，有利于协调农户行为，扩大经营规模，保障公司有较为稳定的原材料供应。劣势在于：基地、合作社与公司的关系以及基地、合作社与农户的关系在遭遇市场风险和信用危机时很脆弱、很不稳定。因为基地、合作社与公司之间的利益博弈会影响到合作社与公司的合作关系，进而影响到农户的切身利益。

（4）从产业集群生成的推进方式看，"外部嵌入"式、"政府主导"型特征鲜明

从达州已具雏形的产业集群可以看出，作为产业集群支撑因素的产业基地和工业园区是政府"规划"出来的，作为产业集群根基的产业链条是政府在对现有农产品资源和产业基础进行筛选后"建构"起来的，作为产业集群依托的骨干企业或龙头企业是政府通过招商引资渠道"引进"的，即便是本地创建的企业能够成为产业集群中重要一员，其背后也有政府主动"认定""培育""帮助"的影子。作为对产业集群发展提供服务的中介组织和服务机构是政府有目的、有计划"导入"的，在产业集群孕育过程中起到重要推动作用的各种政策、优惠、支持更是有政府"关照"的。政府主导的外部嵌入优势：一是与"自发形成"相比，能够缩短产业集群的形成时间，收到"见效快"的实际成果；二是可以加快优势资源的开发利用步伐，可以破解"富饶的贫困"难题；三是可以加快优势资源区和优势主导产业的形成，突破行政区划、优化经济布局。其劣势：一是容易削弱市场的导向功能。政府主导、政府规划、政府推动，更多体现的是政府需求，市场需求容易被忽视，在实践中会导致"剃头挑子一头热"的结果。二是容易因为"水土不服"而削弱产业集群的地方根植性，影响产业集群的可持续发展。三是容易出现强人所难的"拉郎配"现象，导致资源浪费。

三、完善达州特色农产品加工产业集群组织模式的思考与建议

1. 引导资源型产业集群逐步向循环型产业集群演化嬗变

特色农产品加工产业集群具有成长性，要经历一个从无到有、从小到大、从弱到强、层次从低到高的演进历程。尽管由于各自依托的资源、具有的发展条件、内在的产业属性、实现的市场细分目标等存在明显差异，从而决定不同

的产业集群有不同的发展模式，如黄花加工产业集群、茶叶加工产业集群、牛肉加工产业集群、饲料加工产业集群发展模式就有明显的区别，但是由于分工效率、规模经济、集聚效应、交易成本等的客观存在，产业集群从低级形态向高级形态演进转变中存在着共性的客观规律。产业集群的发展升级必将实现与产业组织优化、区域创新体系加强、区域品牌强化、基础设施建设改善、产业政策完善、产业规划布局合理化等良性互动，这是产业集群发展进程的必然趋势。

达州特色农产品加工产业集群是依托本地具有一定优势的农产品资源建立起来的，属于资源型农产品加工产业集群，现已初步构建了优质粮油加工、特色农副产品加工、畜禽加工、林果加工、农产品贸易等产业链条，具有链条型分布的基本特征。从这些产业集群来看，有以下几个具体情况：一是核心企业还没有真正居于核心地位。虽然每一集群都拥有一个或几个处于支配地位的核心企业（龙头企业），但这些核心企业并非都是在集群内企业的竞争合作中脱颖而出的，很多带有政府指定、任命的痕迹，其统帅、支配集群内部企业行为的能力还很有限。二是群内企业结合不够紧密，分工协作还处在粗浅层次。成熟的产业集群，其内部处于上下游的众多中小企业是基于产业链上的分工协作聚合到一起的，是围绕核心企业进行专业化加工的，是为核心企业服务的，它们与核心企业的关系是产业价值链上的合作关系。但达州特色农产品产业集群内部众多小微企业明显缺乏产业链上的专业化分工。三是加工技术水平还很低，精深加工发展不足，副产品综合利用加工还没有真正开始起步。产业链条短，加工环节少，产品品种单一。以油橄榄加工产业集群为例，油橄榄浑身是宝，油橄榄加工可以生产十几种甚至几十种产品，对橄榄果加工可以生产食用油、罐头、蜜饯、软糖、果汁酒，对橄榄叶加工可以生产橄榄叶食品、化妆品、冲剂、复合型橄榄绿染料、橄榄茶叶、橄榄叶利咽含片，对橄榄枝加工可生产耐火砖耐火材料。但四川天缘油橄榄公司至今只有食用油、化妆品、橄榄酒三类产品。这些情况表明，达州特色农产品加工产业集群还是一种处在初级形态的产业集群。

达州特色农产品加工产业集群应该逐步向循环型产业集群演变。一是循环型产业集群是按照循环经济"3R"原则（减量化、再利用、再循环）构建起来的，较好地协调了农产品加工业和其他相关产业的关系，最大限度地融合了当地自然和社会基础条件，充分发掘了集群所有产业的内生资源，是一种良性的产业集群。① 循环型产业集群以中小企业或大企业为主，企业规模更大；集群

---

① 郗永勤、张弟：《循环型产业集群：内涵、构成要素及其运行机制》，《工业技术经济》，2010（3）：114－117。

内价值链分工明确，并开始向横向分工延伸；资源进行非线性的循环利用；采用多种创新模式进行融合，具有很强的创新能力；低成本＋品牌＋技术是其常用的竞争策略，是高级的生态化集群模式。① 二是农产品加工产业集群向循环型产业集群演进是国家引导农产品加工产业集群发展的主导方向。2015 年 1 月 20 日农业部发出的《关于做好 2015 年农产品加工业重点工作的通知》明确提出，从 2015 年起"启动实施农产品及加工副产物综合利用提升工程"，要求"科学选择一批重点地区、品种和环节，主攻农业副产物循环利用、加工副产物全值利用和加工废弃物梯次利用，研究最经济、最有效的阶段性突破路径"。可见，农产品加工产业集群逐步向循环型产业集群发展符合国家导向。三是农产品加工产业集群向循环型产业集群演进是形势所迫、大势所趋，是保护环境、实现可持续发展的有效途径。农产品加工环节会产生很多的副产品和废弃物，这些东西还有再利用的价值。现阶段各产业集群对这些废弃物和副产品几乎是未加任何利用就直接排放，成为环境污染的重要污染源。只有引导它们朝循环型产业集群方向演进，才能从根本上改变"一个加工企业就是一个污染源"的现状。

2. 引导劳动密集型产业集群逐步向科技支撑型产业集群演进

达州特色农产品加工产业集群是典型的劳动密集型产业集群，在短期内还有比较大的发展潜力和发展空间。一方面，达州是农业大市，农产品资源丰富，能够为农产品加工产业集群提供较为稳定的加工原料；二是达州农产品加工业起步较晚，企业集聚有限，市场竞争的激烈程度还不够高，农产品加工企业还有比较大的市场拓展空间；三是达州劳动力资源丰富，且成本低廉，农产品加工企业能够获得低成本优势；四是达州交通便捷、基础设施建设逐步改善、商贸物流得到加强、生产性服务产业发展迅猛，有利于农产品加工产业集群大幅降低交易成本。

达州特色农产品加工产业集群仍然面临劳动密集型产业集群普遍存在的重大障碍和制约：一是容易形成"低端锁定"的路径依赖。仅仅依靠农产品资源的地域特色、凭借简单粗放的低端加工技术、依托低层次的市场细分目标（温饱型）就能赚钱度日。随着时间的推移，当企业遭遇转型升级压力的时候，管理人员没这个素质、生产工人没这个能力、企业没这个设备和技术，产业集群就只能被锁定在特定的低端领域。二是容易陷于恶性竞争的困难处境。劳动密集型产业进入门槛低、生产工艺简单、产品单一、同质性倾向严重，大量同质

---

① 胡坤、项喜章：《农产品加工产业集群模式分析》，《农产品加工学刊》，2011（1）：100－103。

性产品要进入市场，同行只好互相压价，进行恶性竞争，最终导致各方利益受损。

化解"低端锁定"的路径依赖、避免恶性竞争的艰难处境，现实的出路是逐步向科技支撑型产业集群靠拢。农产品加工产业集群在发展的不同阶段主要依靠的动力是有区别的，如果说在形成阶段主要依靠自然资源优势来推动、在扩展阶段主要依靠产业规模化来推动、在整合阶段主要依靠产业链延伸和产业集聚来推动，那么在提升阶段则主要应该依靠科技进步和科技创新来推动。科技支撑型产业集群依靠龙头企业通过确立和落实科技创新主体地位、整合各种科技资源、对产业链上重大节点或加工工艺流程上关键环节进行科技创新，在推广运用科技成果的基础上对群内企业进行引领和指导，确立起基于产业链要求的竞争合作关系，从而组建起产业集群。达州农产品加工产业集群向科技支撑型产业集群演进必须抓好以下工作：一是积极参与农产品加工技术研发体系建设，积极履行科技创新主体职责；二是积极创建技术研发中心和推广运用平台；三是积极推动以瓶颈问题为导向的重大关键技术、设施、装备的研发；四是按照技术规范要求，加快推进标准化体系建设；五是抓紧培养人才队伍。

3. 引导利益连接方式朝"公司＋基地＋合作社＋农户"模式调整

在运用利益联结方式创建农产品加工产业集群的过程中，各地涌现了很多富有创造性的做法，"公司＋农户""公司＋基地＋农户""公司＋合作社＋农户""公司＋行业协会＋农户"是具有代表性的做法。这些做法既有优势也有不足。推进农产品加工产业集群向更高层次迈进，必须在利益联结机制上进行再创新。

"公司＋农户"最大的优势在于公司与农户直接见面，没有任何中介环节，通过"订单"模式把农户引入公司的生产体系之中。这种联结方式适合公司规模小、原料需求量小且无质量方面的特殊要求，公司面对的农户数量也不多的情况。劣势在于：抗风险能力弱。一旦遭遇市场风险，双方的诚信就会面临严峻考验，双方的利益都难以保障。而且，随着公司规模的扩大，需要直接面对的农户数量就会激增，交易成本就会上升，公司在"利润最大化原则"面前必定选择"退出"。"公司＋基地＋农户"的优势：比"公司＋农户"更能保障公司稳定的原料供给，而且基地能够在引导农户进行标准化生产方面给予更多指导，有助于确保农产品质量。劣势：基地是由公司直接建立的，直接为公司服务，在利益博弈面前更多地会站在公司一边，农户利益难以保障。"公司＋合作社＋农户"与"公司＋行业协会＋农户"的优势：合作社和行业协会是农户自己的组织，在利益博弈中不会偏袒公司，因此更能代表农户利益，且能够满足公司大规模的原料需求。劣势：合作社和行业协会在生产技术上难以达到公司对现代农业规范化、标准化、集约化的要求，难以对农户进行及时有效的技术指导。合作社、行业协会处在初创时期，难以充分体现肩负的职责和功能。

"公司＋基地＋合作社＋农户"模式较好地把各方面兼顾起来，农户有他们信任的利益代表，公司也有信任的利益代表，基地可以对农户进行更好的技术引领，合作社能够为公司动员更多的农户，有利于节约交易费用。当然，在这种模式中，基地和合作社的功能与职责划分需要重新审视，这需要在实践中不断总结与完善。

4. 推动政府主导型产业集群逐步向市场主导型产业集群过渡

坦率地讲，欠发达地区在产业集群发展的初期阶段采用"政府主导型"是具有必然性的。一是达州属于欠发达地区，是秦巴山区的重要组成部分，是革命老区川陕苏区的核心区域，地处川渝鄂陕结合部，区位劣势明显，经济条件、基础设施、产业发展、文化教育等与发达地区比都有较大差距，单纯依靠市场经济的资源配置功能来发展产业集群，不仅效率低、发展慢，而且缺乏产业竞争力。二是进入21世纪以来，达州面临加快发展的重大历史机遇，秦巴山区被纳入国家扶贫攻坚重点区域，国家级经济区——成渝经济区规划中被整体纳入环渝腹地经济区块，四川省把达州所在的川东北经济区列为加快发展的三大重点区域之一，单纯依靠市场经济的资源配置功能发展产业集群，就会错失重大发展机遇。三是面对东部沿海发达地区经济结构调整中，部分产业向中西部地区转移的趋势，单纯依靠市场经济的资源配置功能难以快速有效承接东部产业转移。在这样的背景下，政府主导便成为落后地区加快培育产业集群的重要推动力量。

党的十八届三中全会强调"着力推进国家治理体系和治理能力的现代化"，提出要"使市场在资源配置中起决定性作用和更好发挥政府作用"。在特色农产品加工产业集群发展过程中，政府逐步从"主导"角色中淡出，转变成"引导"和"扶持"，而把"主导"角色交还给市场，已经成为必然取向。这是正确处理政府与市场关系的必然要求，是转变政府职能、提高政府经济治理能力的重大举措。政府逐步从"主导"角色中淡出，并不是要政府对特色农产品加工产业集群培育撒手不管，而是要政府不越俎代庖，不搞包办代替，应把不该管的事交还给市场，把该管的事管住、管活、管好，不越位、不错位、不缺位。对于特色农产品加工产业集群的发展培育，政府的职责：一是通过产业政策

（包括产业政策、人才政策、企业政策）对发展方向进行引领；二是通过科学合理的产业规划和产业布局进行引导；三是通过基地建设、园区建设、基础设施建设、公共平台建设进行扶持；四是通过建全市场体系和市场机制、培育服务机构和中介组织进行帮助。

市场主导型产业集群的基本特征：产业集群的形成演化基本上依赖市场机制完成，企业出于自身发展需要，为获取专业化经济优势、人力资本优势、特定地域社会文化优势和可持续创新的氛围而聚集在一起，利益的博弈引起同类企业或关联企业或外围组织机构发生竞争合作关系，逐步形成产业集群。市场主导型产业集群因具有很强的本地根植性而具有强大的生命力。政府主导型产业集群绝大多数是以"筑巢引鸟"方式建立起来的，最终都要经历"市场关"。将企业引入园区并留住企业，光有优惠政策还不够，重要的是在入园企业之间建立专业化分工协作和密切的经济联系，形成一个建立在合作竞争基础上的互动机制和完善的社会化市场组织网络，使企业融入当地的文化环境当中。只有企业集群在当地具有根植性时，集群中的企业才能获得外部经济和创新优势，从而使产业集群具有持续的生命力。因此，政府主导型产业集群向市场主导型产业集群过渡是达州特色农产品加工产业集群发展的大趋势之一。

第三节　调适达州特色农产品加工产业集群的决策思维

"一着好棋，全局皆活。"决策是牵一发而动全身的大问题，科学决策是全局工作成功的关键。推动达州特色农产品加工产业集群发展上台阶、开创新局面，必须在决策思维方面进行必要的调适。本节分析决策思维调适中几个重要的方面。

一、提升达州特色农产品加工产业集群产业规划布局的科学性

1. 产业规划布局是促进达州特色农产品加工产业集群发展的先导和基础

产业规划是指综合运用各种理论分析工具，从当地实际状况出发，充分考

虑国际国内及区域经济发展态势，对当地产业发展的定位、产业体系、产业结构、产业链、空间布局、经济社会环境影响、实施方案等做出的整体科学设计与谋划。产业布局是指产业在一国或一地区范围内呈现出的空间分布和组合结构，在静态上形成产业的各部门、各要素、各链环在空间上的分布态势和地域上的组合，在动态上表现为各种资源、各生产要素甚至各产业和各企业为选择最佳区位而重新组合的配置与再配置过程。一般而言，产业规划属"因"，在先；产业布局属"果"，垫后。但产业布局作为产业规划在地域空间上的投影，二者本质上是一致的。因此，我们主张把"产业规划布局"当作一个整体来看待，其是指一定区域内产业的空间分布和组合结构。

必须重视对达州特色农产品加工产业集群发展的规划布局。一方面，产业规划布局是调整区域产业分布、加快区域产业空间演变的有效手段。在单纯市场机制作用下，区域产业空间演变比较缓慢，产业分布不合理的问题也难以得到有效根治。产业规划布局由政府统一协调部署，统筹区域内各种资源予以实施推动，即可大大加快区域产业空间演变过程。另一方面，产业规划布局是政府的基本经济职能，是政府对不合理的产业分布予以干预的常用手段。区域经济发展既要求市场机制在资源配置中起决定性作用，又要求充分发挥政府的作用。达州是农业大市、经济欠发达地区，农产品加工业发展不足，培育农产品加工产业集群更加需要政府的规划引领。

达州特色农产品加工产业集群产业规划布局应坚持六大原则：一是产业集聚原则。以优势企业和龙头企业为"点"，以特色农产品加工产业为"线"，通过基地建设和工业园区互动，"点""线"连片，逐步形成优势"片"区，发展特色农产品加工产业园区，加快产业集聚壮大。二是市场导向原则。根据国内外市场需求和发展趋势，把握市场供求信息，准确定位特色农产品加工发展方向和重点，努力提高市场占有率。三是优质安全原则。建立和完善农产品从原料到成品的产品标准体系和质量安全检测检验体系、市场监督准入制度，鼓励实施品牌战略，推进重点特色农产品地理标志保护工作，积极发展名优产品、绿色食品、有机食品，维护消费者利益。四是比较优势原则。认准目标市场及主攻方向，调整产业和产品结构，依托优势农产品主要生产区域，建设标准化生产基地，实行产业化经营，着力培育优势、特色农产品深加工产业，将资源优势转变为经济优势。五是统筹协调原则。着眼于开发整个产业，从种养加、产加销和贸工农等各个环节上延伸产业链条，搞好产业衔接，提高产业的整体素质和效益，走产前、产中、产后一条龙服务和一、二、三产业协调发展的路子。六是可持续的循环经济原则。将发展特色农产品加工业同生态环境保护结合起来，在原料基地建设上服从生态环境建设的目标，在追求生态效益的基础上建设有地方特色的原料基地，在农产品加工的同时，重视清洁生产和循环利用，减少环境污染，走可持续发展之路。

2. 达州特色农产品加工产业集群发展产业规划布局的现状和存在的突出问题

当前，达州农产品加工产业集群规划布局的现实状况：一是作为"三大总体战略工程"之一的"工业园区121工程"纵深推进，把工业园区建设成为全市经济发展的核心区、优势产业的集中区、创新发展的先导区、吸引投资的集聚区、循环经济的示范区、城市发展的拓展区，充分发挥工业园区在推进工业化、信息化、城镇化和农业现代化同步发展中的重要纽带和载体作用；到2017年，把达州经开区建成主营业务收入超1000亿元工业园区，大竹县、宣汉县、渠县、达川区、通川区工业园区建成超200亿元工业园区，万源市、开江县工业园区建成超100亿元工业园区；全市工业园区集中度达到70%。二是农产品加工原料基地建设以推进"六带三区两基地"建设为抓手，建成渠江流域30万亩柑橘，万源、宣汉25万亩富硒茶，渠县10万亩优质黄花，开江10万亩银杏，达川、大竹20万亩蔬菜，宣汉、通川5万亩食用菌六大种植业产业带；建成万源1000万只旧院黑鸡、开江800万只白鹅、宣汉50万头牛三大养殖业示范区；建成60万亩"千斤粮万元钱"粮经复合高产高效现代农业示范基地和800万头优质生猪基地，"块状经济带"基本形成。三是依托农业"4+8"工程拓展比较优势农产品资源，即突出发展生猪、黄牛、白鹅、旧院黑鸡四大畜禽产品和苎麻、富硒茶叶、黄花、油橄榄、中药材、马铃薯、醪糟、香椿八大农副产品。四是进一步壮大特色农产品加工产业集群，重点发展优质粮油、畜禽、苎麻、中药材、蔬菜（食用菌）、富硒茶、林果和休闲观光农业八大产业。优质粮油产业：油脂加工基地布局在通川区和宣汉县，玉米加工基地布局在开江县、大竹县、宣汉，薯类加工基地布局在万源、渠县，大米加工基地布局在达川区、通川区、大竹、渠县、宣汉和开江。畜禽产业：生猪加工基地布局在达川区、渠县、大竹，奶牛加工基地布局在宣汉，肉牛加工基地布局在宣汉、通川区，禽肉加工基地布局在开江、万源市。苎麻产业：加工基地布局在大竹和达川区。中药材产业：重点在达州市农产品加工集中区建立现代中药工业园区，开发中药有效成分提取、中药新药、中药保健品系列工业。蔬菜产业：加工基地重点布局在通川区、达川区、开江、渠县。富硒茶叶产业：加工基地重点布局在万源市、宣汉县。林果产业：柑橘加工、贮藏基地重点布局在渠县、达川区，油橄榄加工基地布局在开江县。休闲观光农业产业：通川区着力打造莲花湖、犀牛山休闲旅游观光农业、体验农业区和蒲莲路花卉苗木观光农业区，达县着力打造双庙—木子蔬菜观光、体验农业区和赵家柑橘观光、体验农业区，万源着力打造邱家坪生态农业观光园区和河西茶文化公园，宣汉着力打造君塘洋烈乡村旅游区和杨家河清水走廊休闲旅游区，开江着力打造金山寺特色旅游观光区，渠县着力打造中滩柑橘休闲观光、体验农业区和賨人谷特色旅游区，大竹着力打造五峰山竹海旅游观光农业区和寨峰水果观光、体验农业区。五是高标准建设农产品加工集中区：达州市农产品加工集中区位于通川区魏兴镇，总体规划 13.88 平方公里，重点以农产品精深加工、食品加工、医药制剂、饮片生产和仓储物流为主，目前已完成一、二期建设，已入住企业近 30 家，预计到 2017 年产值规模将达到 200 亿元。

达州农产品加工产业集群规划布局存在的突出问题：一是对规划布局的重视程度没有达到应有的高度。迄今为止，达州只有一个综合性的《现代农业"十二五"发展规划》，农产品加工产业集群是作为发展现代农业的一个内容提出来的，没有《达州市特色农产品加工产业集群培育规划》这样的专项规划，培育特色农产品加工产业集群在达州实施"工业强市"战略中的地位没有得到更高程度的彰显。二是培育特色农产品加工产业集群规划布局的战略目标不够清晰。达州现有规划中除了确定有一般意义上的基地分布、龙头企业培育、产值规模、招商引资项目、利税增长预测等总量指标外，没有提出明确的总体战略目标、加工转化目标和技术创新目标，更缺少各个加工产业集群的专项发展规划，没有形成系统的战略目标体系。三是产业规划之间衔接不够紧密，对产业集群内部分工协作没有给予足够的关注。现有产业规划相互之间，产业规划与土地利用规划、城镇建设规划、基础设施建设规划之间缺乏衔接与统一，有的还存在一些矛盾。在工业园区和农产品加工集中区建设中更加关注企业入驻率，而对入驻企业产业关联性、对龙头企业的相关关联产业和后续辅助产业的入驻关注不够，导致园区内企业类型混杂、主导产业不明显、专业化程度低、产业集中度也相对离散。

3. 提升达州农产品加工产业集群规划布局科学性的建议

一是提高对农产品加工产业集群规划布局重要性的认识，完善农产品加工产业集群发展规划体系。在社会主义市场经济体制下发展区域经济，既要发挥市场对产业发展的决定性作用，也要充分发挥政府的作用，这是由单纯市场机制的弱点和缺陷所决定的。制定农产品加工产业集群发展规划是政府的基本职能，也是政府各项经济行为的前提和依据。当前正处在"十二五"规划的收官和"十三五"规划编制开局的关键时期，达州在编制"十三五"产业发展规划时，必须强化把农产品加工产业集群作为达州区域主导产业的产业地位，必须尽快编制《达州特色农产品加工产业集群发展总体框架规划》和各产业集群发展专项规划，形成系统的农产品加工产业集群发展规划体系。

二是强化农产品加工产业集群规划布局的科学论证和规划实施保障。制定出科学的农产品加工产业集群发展规划，必须立足于对达州市情的深刻把握和对比较优势资源以及比较优势产业的合理选择，要健全规划咨询制度，规范规划程序，加强科学研究和论证。各产业规划要与相关的规划衔接，下一级规划要与上一级规划衔接。规划衔接要遵循下级规划服从上级规划、专项规划服从总体规划、同级规划相互协调的原则。目前规划工作中普遍存在重规划、轻实施的现象，一些规划制定时轰轰烈烈，制定出台后便无声无息，必须消除这种不良倾向。产业发展必须严格按照规划实施，产业发展规划必须具有可操作性和严格的约束力。在制定产业规划或确定有关指导意见时，必须认真研究投资趋向对产业布局的影响。比如，目前外商投资呈现从分散投资转向组团式投资、从一般加工组装转向设立产业基地、从直接投资办厂转向更多地采用企业并购、从集中制造业领域转向关注服务业领域等特点。面对这些转变，必须顺应大趋势，积极引导。

三是在工业园区建设和农产品加工集中区建设中，必须坚持按照产业链和产业集群的内在机理选择入驻企业，注重集群之间的产业关联性和集群内部的分工协作关系。"园区经济"是我国区域经济发展中的一种创新的组织形式，是指在划定的区域内，通过合理的规划、完善的设施、优惠的政策和配套的服务等筑巢引凤吸引外来企业，或通过周边企业的迁移、整合，实现企业、项目、资金、人才、技术等要素的聚集，从而构筑一个在地理空间上相对集中的企业群体。园区经济已逐渐成为拉动地方经济发展的引擎和增长点。在实践中，园区经济既有成功的范例，也有失败的典型。各地的实践经验表明，在工业园区、农产品加工集中区建设中，如果只重视工业园区空间规模和入驻企业数量，而忽视产业关联性、忽视企业间的分工与协作，集群内企业就难以形成协同效应，这样的园区是注定要萎缩和失败的。因此，达州在进行工业园区规划建设和农产品加工集中区规划建设时，必须遵循产业链和产业集群发展的内在机理。除此之外，还要避免使工业园区出现"城市化"或者"行政化"倾向，要重视"生态工业园区"的发展趋势，要研究如何克服园区企业"过度竞争"，要重视对园区发展方向和策略的适时调整。

四是在进行农产品加工产业集群规划布局时，必须尊重区域经济发展规律，按规律办事。产业规划布局是有规律可循的，一般来说，区域发展总是先从某一两个开发条件较好的节点上开始，随着区域经济的进一步发展，点与点之间的经济联系构成轴线，轴线经纬交织而形成网络（域面）。由此，产业布局演变大致遵循由一个或者多个增长极（点）向轴线和经济网络（域面）演变的规律。当前，达州应着力抓好在有条件的工业集中发展区内设立相对集中的农产品精深加工园区，通过调整亩平投资强度、亩平税收、亩平增加值等入园条件，积极吸引农产品精深加工企业入驻；在区位优势明显、产业特色突出的二三圈层区（市）县高标准新建5~7个农产品精深加工园区，大力引进一批投资规模大、综合实力强的农产品精深加工企业（集团）；支持现有农产品加工园区提档升级，引导园区内的农产品加工企业完善业态，并快速向精深高端化方向转型。

二、提升达州农产品加工产业集群产业政策支持的完善性

1. 产业政策在达州农产品加工产业集群发展中的地位和作用

产业政策是政府依据产业发展规律，综合运用经济手段、法律手段和必要的行政手段，调整产业关系，维护产业运行，促进产业发展，实现资源优化配置，对产业经济活动进行干预调节的措施和手段。产业政策是一个复杂的系统，包括多层次、多方面的内容。按照制定主体可分为国家产业政策和地区产业政策；按照政策目标可分为产业组织政策、产业结构政策、产业布局政策、产业发展政策；按照生产要素可分为财政政策、税收政策、金融政策、外贸政策、投资政策、科技支持政策、资源开发政策；按照作用范围可分为专项产业政策、通用产业政策；按照作用方向可分为产业扶持政策、产业倾斜政策、产业竞争政策、产业抑制政策、产业保护政策。

产业政策是区域经济发展的重要资源，也是推动区域经济发展的重要条件。产业政策在弥补市场失灵、优化产业结构、提升产业竞争力、转变经济发展方式方面具有独特的功能。充分挖掘产业政策的最大效能，实现产业政策叠加效应最大化，对于落后地区培育特色农产品加工产业集群而言更具重要性和紧迫性。达州地处川渝鄂陕结合部，是革命老区川陕苏区的核心区域，又是经济欠发达地区，区位劣势突出，经济基础薄弱。达州是传统的农业大市，是国家扶贫攻坚重点区域秦巴山区的重要组成部分，农产品加工业规模小、水平低、发育迟缓。在这样的条件下，培育农产品加工产业集群具有特殊的困难，完全依靠市场调节将难以在短期内形成具有竞争力的生产规模和技术体系，难以形成经济"起飞"所要求的基本条件。依靠产业政策的推动，有效弥补市场机制的缺陷，优化资源配置，有利于加快把农产品加工产业培育成支撑达州经济发展的支柱产业的发展步伐，也有利于实现"跨越式发展"的赶超目标。

2. 我国促进农产品加工产业集群发展的现行政策梳理

近年来，党中央、国务院和国家有关部门出台了一系列扶持农产品加工产业集群发展的重大政策，为农产品加工产业集群发展提供了强大动力。

（1）财政政策

一是设立现代农业发展资金项目。2008年中央财政拨款设立此项目，用于支持农产品加工，推动建立一批集优势产业生产和加工于一体的现代农业企业群体，至2012年累计拨付资金381亿元。二是设立国家扶贫开发资金扶持项目。从2004年开始，国家扶贫办设立此项目，重点扶持国家认定的国家级扶贫龙头企业（80%是农产品加工企业）。三是设立农业综合开发项目（包括农业产业化开发项目）。从1994年起，中央财政拨款设立此项目，重点支持农产品生产基地建设和农副产品初加工。四是设立农产品产地初加工补助政策。从2012年起，中央财政拨款设立此项目，2012年和2013年每年安排5亿元，2014年安排6亿元，重点支持建设贮藏窖、冷藏库和烘干房等初加工设施。

（2）税收政策

一是实行增值税优惠。1995年，财政部、国家税务总局把部分初加工产品列入农产品范围，通过外购农产品进行加工和销售的企业增值税税率由17%下调到13%；2012年，将农产品进项税额扣除率由现行的13%修改为纳税人再销售货物时的适用税率。二是实行所得税减免。2008年1月实施的《中华人民共和国企业所得税法》规定，企业从事农林牧渔业项目所得可以免征、减征企业所得税。《中华人民共和国企业所得税法实施条例》把农产品初加工列为所得税免征范围。2011年，财政部、国家税务总局进一步规范了农产品初加工企业所得税优惠政策（财税〔2011〕26号）。三是对部分进口农产品加工设备免征关税和增值税。对符合国家高新技术目录和国家有关部门批准引进项目的农产品加工设备，在《国内投资项目不予免税的进口商品目录》碎裂商品以外的，继续免征进口关税和进口环节增值税；对龙头企业从事国家鼓励类的产业项目，引进国内不能生产的先进加工生产设备，按有关规定免征进口关税和进口环节增值税。四是实行农产品出口退税。从2009年6月1日起实施（财税〔2009〕88号），罐头、果汁、桑丝等农业深加工产品的出口退税率提高到15%，部分水产品的出口退税率提高到13%，玉米淀粉、酒精的出口退税率提高到5%。

（3）金融政策

一是对农产品加工业提供信贷资金支持。银监办发〔2010〕350号提出，金融机构调整和优化信贷结构，压缩非农贷款，增加支持农产品生产、加工和流通的信贷资金；在农村基层网点开设涉农贷款专柜，建立贷款审批绿色通道，优化授信流程，简化审批环节，缩短审批时间；对从事农产品生产、加工和销售的农户和企业，根据资金需求状况确定信贷投放的时机和额度，科学把控投放进度；按市场原则确定利率水平，合理、灵活利用贷款利率浮动政策，严禁"一浮到顶"。银监办发〔2014〕42号提出，银行业金融机构要认真贯彻落实中央一号文件精神，着力满足粮食和其他主要农产品在生产、加工和流通各环节上的有效信贷需求。国办发〔2013〕67号提出，加大对"三农"领域的信贷支持力度，力争全年"三农"贷款的增速不低于当年各项贷款的平均增速，贷款增量不低于上年同期水平，支持符合条件的银行发行"三农"专项金融债。二是对农产品加工业实行金融支持产品创新。银发〔2013〕78号和银发〔2014〕42号提出，着力引导银行等金融机构将更多的资金用于满足农产品加工企业、农业产业化龙头企业等新型生产经营主体的多元化资金需求；综合运用支农再贷款、差别化存款准备金率、涉农企业票据优先贴现等政策手段，引导金融机构加大对农产品加工企业的信贷投入；对资信好的出口型农产品加工企业核定一定的授信额度，用于对外出具投标、履约和预付金保函。农业发展银行开办了粮棉油购销储相关贷款、农业产业化龙头企业贷款、农业小企业贷款、农业科技贷款、农村基础设施建设和农业综合开发贷款等业务，大多数贷款均实行人民银行公布的贷款基准利率；国办发〔2014〕17号提出，对符合"三农"金融服务要求的县域农村商业银行和农村合作银行，适当降低存款准备金率；支持符合监管要求的县域银行业金融机构扩大信贷投放，持续提高存贷比；深入开展涉农信贷政策导向效果评估，对金融机构执行涉农信贷情况进行通报、督导，并加强评估结果与货币政策工具等的综合运用，强化对农产品加工信贷支持的政策导向效果。三是支持中小企业融资和骨干企业上市。2014年8月1日，《商业银行服务价格管理办法》正式实施，农业银行免收"三农"客户小额账户服务费、工本费。

（4）投资政策

国家发改委会同工信部编制的《食品工业"十二五"发展规划》提出，在东北、长江中下游稻谷生产区，长三角、珠三角、京津等大米主销区以及重要物流节点，大力发展稻谷加工产业园区；支持东北大豆产区建设大豆食品加工基地；提高饲料工业发展水平，积极开发玉米主食、休闲和方便食品。国办发〔2011〕6号要求"外国投资者并购境内关系国家安全的重要农产品企业"时，提交"安全审查部际联席会议"进行审查。国家发改委制定的《外商投资产业指导目录》（2011年修订）将大米、面粉加工和玉米深加工纳入限制类。

（5）科技政策

支持农产品加工企业申请使用国家有关农业科技专项资金，实施现代农业高技术产业化项目，安排农业科技成果转化资金和国外先进农业技术引进资金，允许各类农业企业和民营农业科技组织申请使用国家有关农业科技的研发、引进和推广等资金，加大农业科技投入，建立农业科技创新基金，重点支持关键领域、重要产品、核心技术的科学研究，强化农业知识产权保护，支持农产品加工企业承担国家科技计划项目。

（6）保险政策

国办发〔2013〕67 号提出，扩大农业保险覆盖范围，推广新型险种；建立完善财政支持的农业保险大灾风险分散机制；大力发展出口信用保险，鼓励为企业开展对外贸易和"走出去"提供投资、运营、劳动用工等方面的一揽子保险服务；深入推进科技保险工作，试点推广小额信贷保证保险。

（7）用地优惠政策

《全国土地利用总体规划纲要（2006—2020）》在东北、中部土地利用方向中提出，要保障农副产品深加工等产业用地。

（8）用电优惠政策

发改价格〔2013〕973 号提出，扩大农业生产用电范围，对单个农户及规模化生产的种植业、养殖业及农产品加工用电均执行农业生产电价。2014 中央一号文件规定，规模化生猪、蔬菜等生产的用水、用电与农业同价。电力部门对粮食烘干机械用电按农业生产用电价格从低执行的政策。

（9）小微企业扶持政策

国发〔2012〕14 号提出，提高小型微型企业增值税和营业税起征点，将小型微利企业减半征收企业所得税政策，延长到 2015 年年底并扩大范围，将符合条件的国家中小企业公共服务示范平台中的技术类服务平台纳入现行科技开发用品进口税优惠政策范围，将符合条件的农村金融机构金融保险收入按 3% 的税率征收营业税的政策延长到 2015 年年底；设立国家中小企业发展基金，中央财政安排资金 150 亿元，分 5 年到位，2012 年安排 30 亿元。2014 年 4 月 8 日，经国务院批准，财政部和国家税务总局出台小微企业所得税优惠政策，明确应纳税所得额低于 10 万元企业将减半计征。

（10）产业化发展政策

2012 年，《国务院关于支持农业产业化龙头企业发展的意见》提出，对龙头企业从事国家鼓励发展的农产品加工项目，且进口具有国际先进水平的自用设备，在现行规定范围内免征进口关税，对龙头企业购置符合条件的环境保护、节能节水等专用设备，依法享受相关税收优惠政策，保障龙头企业开展农产品加工的合理土地需求，中小企业发展专项资金要将中小型龙头企业纳入重点支持范围，国家农业综合开发产业化经营项目要向龙头企业倾斜，鼓励融资性担保机构积极为龙头企业提供担保服务，缓解龙头企业融资难问题，中小企业信用担保资金要将中小型龙头企业纳入重点支持范围，全面清理并取消涉及龙头企业的不合理收费项目，切实减轻企业负担，优化发展环境。

3. 完善达州特色农产品加工产业集群发展政策支持体系的几点建议

在我国，产业政策的制定权限是有严格层级划分的，一般来说，产业政策的制定权集中于国务院、国家相关职能部门和省市一级人民政府，市县一级政府没有产业政策制定权，更多地涉及产业政策的贯彻、实施、执行。尽管如此，市县一级政府在为农产品加工产业集群发展提供政策支持方面并非完全无能为力或并非完全不能有所作为。达州如何完善政策环境、如何健全政策支持体系、如何使政策整合效应达到最大化是亟待认真研究的问题。

第一，贯彻落实国家和省一级政府已经出台的关于促进农产品加工产业集群发展的各项扶持政策，最大限度地实现产业政策"红利"。尤其是落实好财政专项支持农产品加工业发展、加大支持规模总量、扩大支持范围，支持农产品加工业从原料基地建设到龙头企业发展，到农产品加工、储藏、保鲜、包装、运输、销售等链条式发展，对农产品加工业的税收优惠减免，如用地、用电、用水优惠，对农产品加工业的相关金融保险支持，对农产品加工业园区建设的各项优惠政策等。要在宣传教育、监督检查、帮助服务、总结推广、奖励惩处等环节着力，把产业政策的潜在影响力发挥到最高水平。

第二，创造良好的农产品加工产业发展环境。政府确立引导、帮扶、鼓励、加速发展的总体政策取向，坚持以市场为导向、以政府为引导、以企业为主体、以农民为依托、以科技为支撑的发展方针，放宽市场准入，规范执法行为，创造良好的执法环境，保护好、发展好农产品加工企业的利益，对新建的农产品加工企业进行规范的环境评估、审核和必要的环境跟踪检查，搞好"三废"处理系统建设，对农产品加工园区实行专业化生产、区域化布局，通过农产品加工园区建设带动原料生产基地建设、带动农产品加工企业群集聚，引导农产品加工业向规模化、一体化和园区化发展。

第三，加大对促进农产品加工产业集群产业联系的基础设施、有技能劳动力群体和信息服务三大公共要素的投入。基础设施对农产品原料基地、农产品加工园区和农产品加工产业集群的空间布局具有显著的导向作用，地方政府应该承担起区域层次骨干网络的规划建设工作。高技能的劳动力群体是推动农产品加工产业集群发展的关键要素，培育高技能劳动力群体不仅需要加强对专业性教育培训活动和机构的指导，而且需要增加对专业性教育培训活动和机构的投入。公共投入是政府的基本职能，将公共投入转化为人力资本，对地方经济持续发展具有深远的意义。建立高效准确的农产品加工经济信息系统，为农产品加工企业提供完善的信息技术服务，是农产品加工产业集群发展壮大的重要条件，也是衡量政府公共服务能力的一个重要标准。

第四，理顺管理体制，强化对农产品加工产业的规划、指导、协调和服务职能。在今后相当长的时间内，农产品加工将是农村经济的支柱产业。但在调研中发现，达州农产品加工业存在政出多门、多头管理的问题，农产品原料基地归农业局管、农产品加工企业归农委管、农产品加工集中区归发改委管，这种状况导致政府缺乏对农产品加工业提供统一、有效的宏观协调和微观服务，以至于至今没有做出统一的"达州农产品加工业发展规划"，因此，在深化改革中进一步理顺农产品加工业的管理体制已经势在必行，设立一个专门的机构承担对农产品加工产业的规划、指导、协调和服务职能具有客观必然性。

第五，培育专业化的中介服务组织，健全社会服务体系。中介服务业发展程度是衡量一个地区市场经济成熟度和经济竞争能力的重要标志。培育中介服务组织是政府的重要职责，也是推动农产品加工产业集群发展的重要辅助条件。中介服务组织包括各类市场交易中介组织、信息咨询服务机构、法律财务服务机构、市场监督鉴证机构、自律性行业组织。加快建立社会化、专业化现代物流服务网络体系，支持研发中心、检测中心等公共服务机构建设，构筑第三方信息服务平台，加快发展金融、信息和商务等生产性服务业等，是达州健全社会化服务体系、促进农产品加工产业集群发展的当务之急。

三、提升达州农产品加工产业集群产业分工协作的协调性

1. 产业分工协作对产业集群发展的重要性

我国学界普遍认为，作为一种新型产业组织形式的产业集群是高度的产业集聚、紧密的产业关联（产业链的本地化）、社会化的分工（包括部门内分工和产业链分工的新型分工）、发达的网络组织（中间组织）、适宜的创新环境、成熟的合作竞争和互动机制等多方面因素相互作用的结果。产业集群意味着集群内集聚着大量的相关企业以及中间组织和支撑机构；这些企业、组织和机构之间形成了紧密的有机经济联系；这些企业、组织和机构集中在特定的地域范围内，一般多为市域内某个区、县，甚至乡镇；这些企业、组织和机构通过有机联系、合作互动和社会化网络，形成了一个有机联系的产业群落。

由此可见，专业化分工和社会化协作不仅是产业集群的显著特征（地域化

集聚、网络化组织、地域文化根植也是产业集群的重要特征），而且是推动产业集群向更高层次发展的重要条件。一方面，专业化分工形成的社会化分工网络，有利于促进人员培训、销售网络、原材料供应的专业化。这种专业化和社会化的高度发展，有可能形成地区性的新产品、新技术孵化器和区域品牌，各地最新的技术就会向该地区聚集，从而形成产业集群发展壮大的良性循环机制。由于较高程度的专业化分工，大量的劳动力得以就业，不仅能够缓解当地就业压力，还能成倍提高生产效率。另一方面，随着产业集群的发展，生产服务社会化程度不断提高，可以推动服务性工种逐步从企业内部转移到企业外部，一批专司服务的机构就会出现，专业提供产前、产中、产后服务。同时，产业集群发展所集聚的人流、物流、资金流以及信息流，还会带动运输、仓储、电信、餐饮、旅馆、娱乐、教育、卫生、中介服务、金融保险、房地产等行业的发展。

实践证明，在专业化分工和社会化协作基础上发展起来的产业集群是落后地区推动区域经济发展的有效途径。落后地区只要通过产业集群的发展建立起完整的现代产业体系，重塑地域分工，促进产业结构调整和区域创新，创造"区域品牌"，形成规模化、地域化、专业化的竞争优势，就能最终从贫困中摆脱出来，缩短与发达地区的经济差距。

2. 达州特色农产品加工产业集群分工协作现状

达州农产品加工产业集群集中分布在粮油、畜禽、苎麻、中药材、蔬菜（食用菌）、富硒茶、林果加工等领域。从发展水平来看，达州尚处在产业集群发展的孕育初创阶段，产业集群规模较小，数量偏少，发育程度不高，缺乏中介服务机构，自主创新能力弱，专业化生产、社会化分工发育程度低，存在亟待解决的突出问题。

一是大多数企业仍停留在自循环的封闭式发展阶段，基于产业链视角的专业化分工尚处在起步阶段。"大而全""小而全"特征明显，企业的原料基地要自己搭建，生产过程的每一道工序要自己独立完成，营销体系和营销网络要自己创建，甚至企业还建有自己的运输车队，大多数企业还未充分享受到产业集群发展带来的"资金分散、风险共担、成本降低、效益共享、共同发展"等专业化分工的好处。集群内专业化分工还有很长的路要走。

二是现有农产品加工企业聚集时间短、聚集规模小，"地理扎堆"集中度不高，至多只能算作一种"准集群"。达川区、万源、宣汉的农产品加工集中区还未真正建立起来。开江、渠县、大竹、通川区等部分农产品加工集中区由于资金投入不足，在企业土地流转、用水、用电等方面政策落实难，园区道路、水电、通信等基础设施配套建设滞后，带动效应有限。全市规划建设开江、渠县、大竹、通川区、宣汉等农产品加工集中区 5 个，截至 2014 年年底，共吸纳华西希望集团、川虎酒业、华橙酒业、天源油橄榄、顺鑫农业、宏隆肉类制品（川汉子）、玉竹麻业、永发粮油、天泰药业、蜀食坊、富东时装、麦香村、协力金属等 50 家重点龙头企业入驻，但至目前已建成投产的企业并不多。例如，达州市本级农产品加工集中区远景规划 13.88 平方公里，近期实施 3 平方公里，已基本建成仅仅 1 平方公里，建成率不足 10%；截至 2014 年年底，吸纳成都地奥天府药业、川虎食品、宏隆肉类制品、旺门生物科技、川维纤维素、老磨坊、金瓯食品、七星椒等 25 家企业入驻，却只有 14 家企业建成投产，建成投产率仅为 56%。

三是产业集群边界清晰，彼此之间关联性不明显，产业配套程度不高，基于合作、协作基础上的协同关系不密切。表现在：关联产业、辅助产业发展缓慢，相互支援、相互依从的专业化分工协作的产业网络尚未形成；配套产业发展严重滞后，大多数产业集群内的零配件特别是关键性的配件都是从外地购进的；集群内有业务关联的企业数量不多，中小企业在产业链条上为龙头企业提供专业化供应配套的情况也不普遍；产业集群之间更缺少专业化分工与协作的机制、环境与条件；专业化、社会化服务机构与产业集群还没有整合成地域生产经营综合体；产业分割、行业分割的现象还很普遍，产业融合发展尚未开始真正起步。

3. 促进达州特色农产品加工产业集群分工协作水平的建议

（1）建立产业协作机制，塑造产业配套条件

以"资源共享、协作提升"为宗旨，建立"政府引导、市场主导、企业主体、协会参与"的多方合作机制，逐步形成稳定的供加销和技术开发等协作关系。一是通过召开座谈会、产业集群配套对接会，定期发布龙头企业需求信息等途径，为企业牵线搭桥，使龙头企业和配套企业了解市场供需情况，促成一批中小企业与大企业协作配套。同时，强化政策激励引导作用，调动大企业和中小企业协作的积极性，鼓励企业间的协作配套。二是充分发挥市场机制和企业主体的作用，支持产业集群龙头企业通过资本、技术参股、签订战略合作协议等方式，与相关配套企业结成产业联盟和战略伙伴，建立大中小企业协作配套长效机制。三是加快产业集群信息服务平台建设，加强产业链上下游企业信息互动。通过信息化和工业化的深度融合，促进农产品加工产业集群专业化、社会化分工协作水平。四是重视和发挥行业协会的积极作用，促使企业间由非理性竞争转变为理性竞争，由完全竞争关系转向竞争合作关系。

（2）发展产业链经济，健全地方产业配套体系

产业集群是一种新生的产业组织形式，它的核心是建立在社会化（外部化）和网络化基础上的竞争合作机制和新型专业化分工体系。为此，应该加强企业间的前向和后向联系，鼓励企业采取多种形式，按照产业链的不同环节进行专业化分工协作，并围绕主导产业链培育和完善地方产业配套体系；要加强快速交通网络建设，并根据各地的条件，建设半小时、1小时或2小时产业协作配套圈。这样，通过培育产业链经济和完善地方产业配套体系，降低地区综合商务成本，提高整个产业的抗外部干扰能力，由此促进外资企业在集群内落地生根，推动区域经济走向融合发展。

（3）培育发展关联配套企业，提升产业配套能力

一是支持配套企业加大技改力度，运用先进适用技术及生产工艺、设备、新材料，改造提升技术装备水平，使企业技术装备水平达到国内先进水平。二是鼓励企业实施"质量提升工程"和"品牌发展战略"，全面推行质量、环境、安全等管理体系认证，建立健全产品质量追溯体系。三是鼓励配套企业建立现代企业管理制度，完善企业法人治理结构，采用现代管理方法和管理模式，不断提高企业管理水平。四是引导配套企业围绕龙头企业的主导产品，加强分工协作，实现主要配套产品的专业化、精细化、特色化发展。五是进一步拓展中小配套企业融资渠道，加强中小配套企业信用担保服务体系建设，破解中小配套企业融资瓶颈。

（4）以产业集群思想指导农产品加工集中区和工业园区建设，打造产业配套载体

如前所述，产业门类混杂、缺乏专业化分工协作和密切的经济联系，没有形成一个建立在合作竞争基础上的互动机制和完善的社会化市场组织网络，是达州农产品加工集中区和工业园区建设中存在的突出问题之一。因此，今后一个时期，达州要坚持以产业集群思想为指导，按照"以关联项目形成产业链、以产业链优化提升产业园区、以产业园区构建产业集群、以产业集群催生特色产业带"的行动路线图，以"运行方式集聚化、布局方式集群化、发展方式集约化"为战略引领，不断推进农产品加工集中区和工业园区建设。一是按照产业集聚模式搞好布局规划，整合、优化、提升我市现有的各类工业园区，将资源和材料使用上具有共性的企业集中布局，突出区域功能分工，使工业园区成为产业集群的核心区域和带动极。二是加大产业集群和产业链上的关键节点的招商力度，不断完善产业链。针对我市农产品加工产业集群上下游产业链的空白和薄弱环节，围绕产业链延伸、龙头企业建设配套，采取以商招商、以项目招商、以资源招商、以产业链招商和委托招商等多种方式，吸引行业知名企业、

核心配套企业入园发展，壮大产业集群总体规模。

（5）加强社会网络和中介组织建设，培育产业配套平台

一是要支持和鼓励产业集群内的信息服务组织和网络的建设，为企业提供各种信息服务，降低企业的信息成本。二是要鼓励企业与大学、科研院所的合作，支持建立为生产者提供技术培训、技术支持和市场信息服务的公共服务机构建设，建立多层次的公共信息服务平台；三是要充分发挥行业协会的引导作用，积极培育各种社会化的中介组织，特别是那些具有监督职能的公证机构、仲裁机构、会计师事务所、审计师事务所等社会中介组织。

总之，只要我们能够充分发挥市场机制在资源配置中的决定性作业，更好地发挥政府的作用，持续实施农产品加工集群化发展战略，搞好规划布局，完善政策引导，促进分工协作，强化围绕产业链招商引资，就一定能够促进达州农产品加工产业集群加快发展步伐，不断迈上新台阶。

附录一

《农业部关于做好 2015 年农产品加工业重点工作的通知》摘录（2015 年 1 月 20 日）

一、积极推动促进农产品加工业发展有关政策的落实

积极推动税收政策落实，包括增值税进项税额优惠、免征初加工所得税、进口设备免征关税和增值税、农产品出口退税优惠等；积极推动信贷政策的落实，包括扩大农产品加工业信贷投放总量、建立审批绿色通道、严禁利率"一浮到顶"、减免贷款手续费用等；积极推动保险政策的落实，包括扩大农业保险覆盖范围、推广新型险种、鼓励对外贸易和"走出去"企业保险服务等；积极推动科技创新政策的落实，包括企业技术开发费用所得税前扣除、技术改造国产设备投资抵免所得税、技术创新资助等；积极推动强农惠农富农政策的落实，包括农业综合开发、扶贫开发、现代农业、农业产业化等政策向农产品加工业倾斜，农产品初加工用电执行农业生产用电的价格政策等；积极推动扶持小型微型企业发展政策的落实，包括小型微型企业减半计征所得税、减免中小企业涉企收费、中小企业发展专项资金、小额担保贷款等政策在农产品加工业的有效落实。

二、加快发展农产品产地初加工

认真组织实施初加工补助政策。积极争取扩大实施区域、品种和资金规模，整体推进初加工设施建设，通过产后减损实现增产增收增供增效。……改造升级贮藏、保鲜、烘干、分类分级、包装和运销等设施装备，并与园艺作物标准化基地建设同步规划、建设和实施，择项列入初加工补助和农机补贴范围，同时积极向物流配送和电商拓展。

三、深入开展主食加工业提升行动

培育主食加工知名企业和"老字号"。……加强主食加工公共服务。……组建主食加工技术集成联合体。着力促进引进装备国产化，增强主食加工技术自主创新能力，满足城乡居民对主食营养、安全、美味、健康、方便、实惠的多样化市场需求。

四、启动实施农产品及加工副产物综合利用提升工程

明确一部分农产品及加工副产物综合利用的主攻方向。科学选择一批重点地区、品种和环节，主攻农业副产物循环利用、加工副产物全值利用和加工废弃物梯次利用，研究最经济、最有效的阶段性突破路径。筛选一批综合利用成熟技术设备装备。集成、示范和推广一批综合利用新技术，通过工程、设备和工艺的组装物化……制修订一批综合利用标准。完善产品标准、方法标准、管理标准及相关技术操作规程等。积极探索以政府购买服务的方式开展综合利用服务的做法和经验。

五、着力提升农产品加工技术装备水平

加快推进国家农产品加工技术研发体系建设。……建设一批农产品加工技术集成基地。有效整合科技资源……孵化形成一批集成度高、系统化强、能应用、可复制的农产品加工先进技术装备。加强成熟技术筛选推广。深入开展科企对接活动……加快推进标准化体系建设。培养造就人才队伍。

六、积极培育农产品加工龙头企业

以资产为纽带积极培育一批农产品加工的产业集团。鼓励龙头企业通过兼并、重组、参股、联合等方式，促进要素流动和资源整合，与上下游中小微企业建立产业联盟，与农民合作社、家庭农场、种养大户和农户结成利益共同体，创建一批农产品加工示范企业和示范单位。……实施质量立企、品牌强企战略……

七、稳步推进农产品加工业园区建设

积极培育农产品加工产业集群。以县为单元整建制创建一批原料基地、加工园区、营销体系等有机衔接、相互配套、功能互补、联系紧密的国家农产品加工业示范区、示范县，推动构建现代农业产业体系。建设一批专业化、规模化、标准化的原料生产基地……构建物流配送和市场营销体系。支持有条件的园区打造农产品加工品集散中心、物流配送中心、展销中心和价格形成中心……

八、鼓励支持主产区农产品加工业发展

加强主产区产加销整体构建和区域合理分工。与优势农产品和特色农产品区域布局衔接，将加工流通与生产消费同步规划和实施，促进一二三产业融合发展；科学确定粮食主产区、经济作物主产区、养殖主产区、沿海发达地区、大中城市郊区、垦区、草原生态区等区域发展重点，对主产区加工业进行重点布局。促进粮食主产区发展粮食加工转化。……

九、努力提高农产品加工业管理服务水平

……各级农业部门要从战略和全局的高度深化认识，把农产品加工业摆上重要位置，列入重要议事议程。要完善管理体制，进一步调整充实人员队伍，

理顺职责关系，推动建立和完善符合现代农业发展要求的管理体制和机制；加强协调配合，落实责任分工，在人才队伍、原料基地、技术装备、营销网络、基本建设、财政预算、外经外贸、质量标准体系等方面给予支持……

附录二

农业部《农产品加工业"十二五"发展规划》
摘录（2011 年 4 月 30 日）

一、主要目标

"十二五"期间，农产品加工业要加速转变发展方式，加快自主创新，加大产业结构调整力度，提高质量安全水平，降低资源能源消耗，力争规模以上农产品加工业产值实现年均 11% 的增长率，2015 年突破 18 万亿元；力争加工业产值与农业产值比年均增加 0.1 个点，2015 年达到 2.2∶1。

——产业集中度有较大提高。发展一批产业链条长、科技含量高、品牌影响力强、年销售收入超过百亿元的大型企业集团，力争 2015 年规模以上企业比重达到 30% 左右。

——产业集聚集群有较大突破。根据《全国优势农产品区域布局规划 2008—2015》，在优势区域培育一批产值过百亿元的产业集群，到 2015 年，优势区域的粮油加工、果蔬加工、畜禽屠宰与肉品加工、乳及乳制品加工、水产品加工业产值分别占全国的 85%、70%、50%、80% 和 80% 以上。

——农产品加工水平有较大提升。到 2015 年，我国主要农产品加工率达到 65% 以上，其中粮食达到 80%，水果超过 20%，蔬菜达到 10%，肉类达到 20%，水产品超过 40%；主要农产品精深加工比例达到 45% 以上，农产品加工副产物综合利用率明显提高。

——产品质量安全水平实现质的突破。规模以上企业基本建立全程质量管理体系，质量安全与溯源体系基本形成。到 2015 年，通过 ISO 等体系认证的规模以上农产品加工企业超过 65%，农产品质量安全得到有效保障。

——节能减排取得明显成效。到 2015 年，农产品加工业单位生产总值综合能耗比"十一五"期末下降 10% 左右；规模以上企业能耗、物耗低于国际平均水平，工业废水排放达标率达到 100%。

附录三

《达州市"十二五"现代农业发展规划》摘录

发展目标:

"十二五"期间,全市重点发展优质粮油、畜禽、苎麻、中药材、蔬菜(食用菌)、富硒茶、林果和休闲观光农业等八大产业。着力实施农业"4+8"工程,即突出发展生猪、黄牛、白鹅、旧院黑鸡四大畜禽产品和苎麻、富硒茶叶、黄花、油橄榄、中药材、马铃薯、醪糟、香椿八大农副产品。到2015年,农业增加值达到214亿元,年均增长2.6%;粮食产量稳定在300万吨以上;肉类总产量达到90万吨,年均增长5%;农民人均纯收入达到10 678元,年均增长16%。科技对农业的贡献率达到60%,主要农作物耕种收综合机械化水平达到38%,农产品加工率达到70%,农产品商品率达到75%。

建成一批特色鲜明的现代农业示范园区。苎麻、富硒茶叶、黄花、油橄榄、中药材、马铃薯、糯稻(醪糟)、香椿八大特色农产品各建一个核心面积2万亩、连片面积10万亩以上的现代农业示范园区。每个园区要做到集中连片、设施装备优良、技术模式先进、产品优质安全、经营机制创新、管理服务到位、风险防御能力较强、增效增收显著。

建成一批现代畜牧业适度规模养殖小区。按照畜禽规模化、集约化、标准化要求,建成现代畜牧业适度规模养殖小区2500个。全市生猪等主要畜禽规模养殖比重达到55%,科技对畜牧业的贡献率达到70%以上,建成畜牧业农民专业合作社300个。

建成一批龙头企业行业"旗舰"。依托"4+8"工程,加快培育一批精深加工骨干龙头企业,使每个主导产业都有骨干龙头企业带动,每个骨干龙头企业都有稳定的原料基地。着力把四川东柳醪糟有限责任公司、四川巴山雀舌名茶实业有限公司、四川天源油橄榄有限公司、四川玉竹麻业有限公司等特色农产品加工龙头企业培育成为全国行业的"旗舰"。到2015年,全市培育市级及以上农业产业化重点龙头企业200家,其中国家级5家、省级30家;年销售收入上亿元的企业30家,其中上20亿元的龙头企业3家,上10亿元的企业5家。农业产业化经营主体带动农户面达到70%以上。

建成一批休闲观光农业带。积极拓展农业的多功能,大力开发休闲观光农业、体验农业等旅游产品。与优势特色农业结合,打造各具特色的休闲观光农业景观带；改造和提升传统"农家乐"；积极创建乡村旅游示范区。到2015年，全市创建1个全国休闲农业与乡村旅游示范县、20个乡村旅游示范乡镇和村，26家三星级以上乡村酒店和农家乐。全市休闲观光农业年收入达到10亿元以上，从业人员达到5万人以上。

建成一批农业知名品牌。全市农产品中国名牌、中国驰名商标达到6个，国家地理标志产品保护、地理标志证明商标和农产品地理标志产品达到25个，四川名牌、四川省著名商标达到50个。省以上农业名优品牌数量在全省各市（州）排名前5名，建成全省农业品牌强市。

附录四

荷兰法国美国农业产业集群的特点①

一、荷兰农业集群生发的特点：以花卉产业为例

荷兰是欧盟的第六大经济体，是世界上第三大农产品出口国，在世界农产品市场上占有十分重要的地位。荷兰农业有多项"世界第一"：农业的出口率高居世界第一；土地生产率名列世界第一，大大高于世界各国（1991 年荷兰的土地生产率为 2 468 美元/公顷）；设施农业也是世界一流的，如国内玻璃温室面积超过 1.1 万公顷，占世界温室总面积的 1/4 以上，堪称世界第一。这些与荷兰农业实施集群发展战略是分不开的。

荷兰的园艺业是农业生产中唯一未享有欧盟补贴的行业，却依靠自身技术和能力在农业生产中异军突起。园艺业之所以成为荷兰农业的朝阳产业，连续走强二十年，是因为荷兰实行了花卉集群生产与管理。在该国西部的威斯兰地区有驰名于世的"玻璃城"，大量与花卉产业相关的企业、产品和服务彼此间通过合作与竞争性配套关系，在这个地域范围内形成共生互补的"花卉群落"。

荷兰花卉产业分工细化，拥有高度发达的配套服务体系。这些配套服务主体为花卉种植企业提供了便捷的个性化服务，如繁育选种、栽培用土、温室设备、物流运输等均有专门的公司和合作社机构来提供，使一些花卉种植企业有精力也可能细化到专业种植某一种花卉，甚至某一个品种，从而使生产规模和生产效率达到最大优化，使个性品种、核心技术得到不断发展。

二、法国农业集群发展特点：以葡萄酒产业为例

第一，独特的葡萄种植与加工模式。勃艮第降雨量偏多，为便于排水，葡萄多数种植在倾斜地带。勃艮第葡萄种植者注重天然栽培方式，不施用肥料，亩产限定在 800～1 000 斤。勃艮第葡萄酒产业发展的形式有以下三种：一是葡萄种植规模较大户，一般拥有几十公顷甚至上百公顷的葡萄园，此类种植者拥有整套葡萄酒酿造设备，自己对原料进行分选破碎压榨发酵，最后贴标罐装出

---

① 摘自高升、洪艳：《国外农业产业集群发展的特点与启示——以荷兰、法国和美国为例》，中国农经信息网，2011 年 1 月 27 日。

售。二是葡萄种植规模较小户，一般拥有葡萄园 8 公顷以上，他们没有葡萄破碎压榨设备，一般是在一些专门提供葡萄破碎压榨的地方榨汁后，自己发酵存储罐装，贴上自己的酒标。三是一些无葡萄基地的酒商，采用固定收购模式获取葡萄原料，生产自己品牌的葡萄酒。以上三种不同的模式下酿造的葡萄酒都具有自己独特的风格。

第二，酿造技术是传统工艺与现代科学技术的融合。葡萄酒的差别主要来源于原料的不同，勃艮第传统的葡萄酒酿造工艺首先会针对不同消费层次的需求，按照检测到的原料内含物指标，精选原料，其后以现代配方工艺形成产地酒特色。这种传统加现代科技的酿造工艺，使法国葡萄酒口感柔和圆润、味香浓郁、细菌稳定性好，酒质更优。

第三，品牌培育与平台式销售。为了推动葡萄酒品牌的发展和葡萄酒质量的提高，法国每年举办葡萄酒品尝评比活动。在评比活动期间，举办一些民间活动以及会员品酒活动，培育与推广葡萄酒品牌。通过葡萄酒协会这一平台，或以超市、专卖店、饭店及直销等几个方式销售，或以订单的形式直接销售，勃艮第葡萄酒总量的 48% 销往世界各地，主要销售到英国、前苏联、比利时、瑞士、德国等，其中销往欧盟的占其中的 2/3，52% 在法国本土销售。

第四，科技推动。法国众多的葡萄酒研发机构与葡萄生产部门联合密切，大学里许多教授也都是酒庄的庄主，或者是酒庄的主要负责人。这种方式保证了葡萄酒产业的长久生命力。此外，政府对葡萄酒科研和相关技术培训补贴力度非常大，技术人员培训的补贴力度达 90%。

第五，实施严格的标准化管理。法国建立了一整套严格和完善的葡萄酒分级与品质管理体系，并以法律形式加以保护。法国葡萄酒的分级是终身制的，不同级别对土地、产量、品种、酿造工艺都有严格的限制，并且每年抽样检查，不合格者降级，其中"土地"是产区分级的决定因素。根据法国法律规定，其葡萄酒划分为 4 个质量等级。在法国葡萄酒 4 个等级中，质量最好的是法定产区的葡萄酒（AOC）。和法国其他葡萄酒产业区一样，勃艮第产业区从生产到销售的所有环节都受到州 AO（国家法定原产地协会）、NOIVINS（国家酒局）、GDCC（消费、竞争与走私处罚委员会）和 DGI（法国税务总局）四个机构的监督和严格管理。

三、美国农业产业区域集群发展：以玉米和葡萄酒产业为例

1. 玉米产业集群与葡萄酒业集群

美国的中西部，从明尼苏达到德克萨斯，从科罗拉多到北卡罗来纳，大约 15 个玉米生产州是世界上最大的玉米生产区。从 20 世纪 40 年代起，这里就成了美国玉米的主要产区，玉米种植面积和总产量都占全国的80%左右。这一带以玉米种植为基础，同时小麦、大豆和其他饲料作物种植面积也较大。玉米产业带动了畜牧业的发展，全国的2/3生猪饲养量在集群内，肉用牛的头数占全国的1/4，大大促进和加强了玉米产业区的经济地位和农业在全球的竞争力。

同样，美国的大豆、葡萄、棉花产业也呈集群式发展，其中以加利福尼亚葡萄酒业集群较为典型。这个产业集群包括680家商业酿酒商和几千个葡萄种植者，集群中还有广泛的补充性产业支持着酿酒制造和葡萄种植，其中包括葡萄贮存、灌溉和收割设备、木桶及标签的供应商，专业化的公共关系公司和广告公司，以及众多的提供消费者和贸易商的酒类出版物。许多当地机构团体，如加利福尼亚大学、葡萄酒酿制计划、酒业协会，以及加利福尼亚参议院和立法会议的特别委员会为酒业产业集群提供服务。不仅如此，这个产业集群还与加利福尼亚的农业、食品和餐饮，以及酒乡旅游业等其他产业集群保持联系。

2. 美国农业产业集群模式的特点

经过数十载的发展，美国农业产业集群已比较成熟。农业产业集群式发展不仅使美国农业避免了式微，而且还使其农业走在世界前列。

第一，农业产业集群经营组织一体化。在集生产、加工、销售为一体的经营组织体系下，组成了集群的农工综合企业、工商企业和农业合作社各种主体。美国农产品加工企业是农业产业集群经营中的"龙头"，以之为核心形成了诸如加利福尼亚葡萄酒业集群的各具特色的集群。

第二，完备的农业产业政策支撑体系。20世纪30年代，为了提高农民收入，美国出台了一系列的农业政策，包括支持生产环节政策、支持农业对外贸易政策和农业政策性保险等农业产业政策。采取稳定农产品价格、扩大财政对农业的支出、增加对农民补贴等多种措施。这些政策的出台和措施的落实在确保美国农民收入稳定增长的同时，在一定程度上确立了美国在全球农业的竞争力地位。

第三，构建农业产业集群平台。美国农业部推进与催生了农业产业集群。它的主要职责体现在三个方面：一是制定农产品市场交易标准。制定农产品市场交易标准的目的是打击各种假冒伪劣商品，并将其排除在市场交易之外，从而减少交易成本，确保农产品运销加工企业能够更好地经营，为农业生产部门提供准确的市场信息。二是规范市场交易行为。为了避免农产品价格的大幅度波动，给农产品运销加工企业一个公正合理的市场交易环境，美国国会先后通过若干法律，明确规定了各种垄断行为，还将非股份制、非盈利性的合作社从反托拉斯法中豁免出来。三是提供各种服务。美国农业部是美国政府第一大管理机构，它既是农业社会化服务体系的参加者，又是各方的协调者，旨在保障服务体系的正常运行。

附录五

山东寿光蔬菜产业发展的特点和经验①

一、寿光蔬菜产业概况

山东寿光是我国最大的蔬菜生产基地、蔬菜贸易集散中心、价格形成中心和信息交流中心，是国家唯一命名的"中国蔬菜之乡"，拥有一流的蔬菜种植栽培技术、先进的蔬菜产业化经营模式和最大的蔬菜批发市场。寿光蔬菜产业经过 20 多年的蓬勃发展，形成了集蔬菜育种栽培，生产资料研发、生产、销售，专业市场，加工，储运，蔬菜示范基地，蔬菜产业旅游观光为一体的组织化水平高、科技含量高、信息化水平高、流通效率高和经济效益高的蔬菜产业集群特色。寿光蔬菜产业发展带动和促进了寿光经济的全面发展，2013 年寿光市位列全国百强县第 29 位，GDP 突破 700 亿元，财政收入位列山东省县域第二，税收收入位列县域第一。农民人均纯收入 14 408 元，超过全国农民人均纯 8 896 元的近一倍，其中的 70% 以上来自蔬菜。蔬菜产业成为促进当地农业增效、农民增收和推动寿光经济社会发展最具影响力和竞争力的支柱产业，"寿光蔬菜"成为寿光的金字招牌。

二、寿光蔬菜产业发展的成功经验

寿光蔬菜产业发展的成功经验可概括为：一批技术促成规模化产量，规模化产量催生一套标准和一个大市场，大市场汇聚一群大企业，大企业配合一个大平台带动一条产业链，最终形成专业化产业集群，见图 1、图 2。

（1）强化科学技术应用，夯实蔬菜产业基础。农业科技现代化是寿光蔬菜产业形成发展的根本。从 20 世纪 80 年代末，引入反季节种植技术、实行冬暖式大棚种植获得高额经济效益开始，寿光一直坚持开展蔬菜育种、栽培、化肥、农机、植保、检测等新品种、新技术的引进、实验和推广，与中国农科院、中国农大等数十家科研单位建立常态化合作。蔬菜先进技术和良种覆盖面分别达到 95% 和 98%，科技进步对农业增长的贡献率达 70%。通过农业科技创新、示范和普及，品质结构持续改善、经济效益稳步提高，科技创造出高品质大产量的蔬菜，催生寿光蔬菜产业集群的兴起。

---

① 摘自谢子颖：《山东寿光蔬菜产业发展模式对促进广西优势农产品产业化发展的启示》，国研网〔2014 年 10 月 17 日〕，http://www.nmg.cei.gov.cn/tszs/201410/t20141017_ 85182. html。

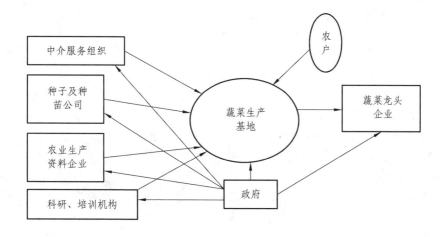

附图 1 寿光蔬菜产业集群结构解析图

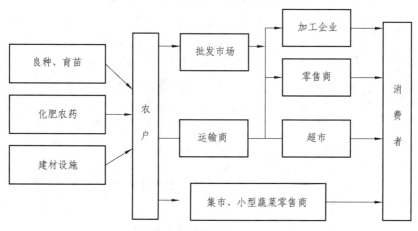

附图 2 寿光蔬菜产业链图

（2）强化标准化规模化生产，打造寿光蔬菜品牌。标准化、规模化生产是寿光蔬菜产业发展壮大的有力支撑。为扩大蔬菜销售渠道，拓展国际国内市场，满足不断提质升级的消费需求，增加蔬菜产品附加值，延伸蔬菜产业优势，寿光实施"两大举措"：一是整合重组生产经营模式。鼓励中介组织和工商企业采取土地租赁、合同订购、价格保护、利润分成、股份合作等多种方式与基地农民形成利益共同体，实行产业化经营。健全公司带基地、基地连农户的经营机制，由公司对农户进行技术指导，产品由公司统一检测、统一收购、统一包装、统一销售，带领千家万户的小农生产走上标准化生产，实现了规模化一体化经营。二是制定高水准产业标准化体系。把发展无公害蔬菜、绿色食品蔬菜作为蔬菜生产首抓方向，通过制定标准、健全监管、引导生产、全程追溯、强制检测、品牌保护五个体系建设，加强蔬菜质量安全监管，提高蔬菜的品质，寿光蔬菜标准化体系得到了国际国内市场的认可，大力推进了产品品牌化发展。

（3）强化市场体系建设，搞活蔬菜市场流通。完善的蔬菜流通体系是寿光蔬菜产业迅猛发展的核心要素。寿光蔬菜市场流通呈现"一个核心，四条通道、多重主体"的模式。"一个核心"，即中国寿光农产品物流园。该物流园是全国最大的蔬菜批发市场、蔬菜集散中心、价格形成中心和信息交流中心，果蔬年交易量可达1千万吨；80%来自全国各省市，仅20%是山东本地的。真正的"买全国，卖全国"。物流园设果蔬交易区、电子结算中心、农资交易区、农产品加工区、物流配送区及配套服务区六大功能区，采取交易、存储、配送、商业、居住、办公、休闲多功能混合互动模式，实现了多业态积聚效应。物流园的运营，大大提升寿光蔬菜国际市场竞争力，带动寿光相关产业的发展，在寿光形成一个完整的蔬菜产业链效应，加速了寿光蔬菜产业集群的形成。围绕中国寿光农产品物流园这一核心，寿光建设发展起强大的市场销售网络，专业市场、集贸市场遍及寿光市区和乡镇。形成了以社区蔬菜市场为重点、乡镇批发市场为骨干、村镇集贸市场为基础的市场体系。"四条通道"，即为构筑复合型大流通格局，寿光建立完善了"绿色通道、蓝色通道、银色通道、网上通道"的立体销售网络。开通了寿光至北京、哈尔滨的陆路绿色通道，实现了寿光蔬菜在北京市场的直供直销。又开通至广州的绿色专列，到日本、韩国的蓝色通道，到美国、委内瑞拉有银色空中走廊，使寿光蔬菜"海陆空"齐发，并设立寿光蔬菜网，汇集蔬菜产供销资讯、蔬菜上下游产业、出口贸易、蔬菜配送、技术培训等一条龙服务，为寿光蔬菜搭建起了网上全业务信息平台。"多重主体"，即支持各种主体参与流通，多渠道、多形式搞活蔬菜流通。形成以专业批发市场为依托，国营商业、供销社为骨干，乡镇村经营公司、各种协会为主体，个体、联合体为补充，城乡相通、内外相连的流通格局。

（4）搭建权威交流窗口，提升寿光蔬菜产业影响力。构建权威交流平台是扩大寿光蔬菜产业影响力的重要手段。为提升寿光蔬菜产业的知名度和影响力，促进蔬菜产业引进海内外资金与技术，寿光设立了年度例会——中国（寿光）国际蔬菜科技博览会。经过14年的发展，"菜博会"已成为集蔬菜品种展览展示、农业科技创新成果和发展趋势展示、高层学术论坛、项目招商、合作交流于一体的国内最大规模、最具影响力的国际性蔬菜产业品牌展会，为农民与农业高新技术、农产品与国际国内市场对接架起了桥梁，为推动寿光蔬菜产业国际化发展提供交流平台和宣传窗口。

参考文献

［1］郭静利. 农业产业链稳定机制研究［M］. 北京：中国农业出版社，2011.

［2］王凯. 中国农业产业链管理的理论与实践研究［M］. 北京：中国农业出版社，2004.

［3］张明林. 农业产业化进程中的产业链成长机制［M］. 北京：科学出版社，2010.

［4］舒尔茨. 改造传统农业［M］. 北京：商务印书馆，1987.

［5］经济学原理［M］. 朱志泰，译. 北京：商务印书馆，1996.

［6］迈克尔·波特. 竞争论［M］. 北京：中信出版社，2003.

［7］迈克尔·迪屈奇. 交易成本经济学［M］. 北京：经济科学出版社，1999.

［8］张辉，等. 全球价值链下北京产业升级研究［M］. 北京：北京大学出版社，2007.

［9］Marshall A. Principles of economics［M］. London：Cam－bridge University Press，1961（Fist published in 1890）.

［10］阿尔弗雷德·韦伯. 工业区位论（中译本）［M］. 北京：商务印书馆，1997.

［11］仇保兴. 小企业集群研究［M］. 上海：复旦大学出版社，1999.

［12］丘海雄，等. 珠江三角洲产业集群发展模式与竞争力研究［M］. 北京：经济科学出版社，2008.11.

［13］李悦，李平. 产业经济学［M］. 大连：东北财经大学出版社，2002.

［14］刘吉发. 产业政策学［M］. 北京：经济管理出版社，2004.

［15］陈文宽，谭静. 农业产业化［M］. 成都：四川科学技术出版社，2003.

[16] 中共四川省委组织部. "两化"互动城乡统筹发展战略 [M]. 成都: 四川人民出版社, 2014.

[17] 四川省县域经济学会. 四川当代县域经济 (达州卷) [M]. 成都: 四川科学技术出版社, 2009.

[18] 杜受祜. 环境经济学 [M]. 北京: 中国大百科全书出版社, 2008.

[19] 陈秀山, 张可云. 区域经济理论 [M]. 北京: 商务印书馆, 2004.

[20] 张平华. 中国企业管理创新 [M]. 北京: 中国发展出版社, 2004.

[21] 马中东. 分工视角下的产业集群形成与演化研究 [M]. 北京: 人民出版社, 2008.

[22] 陶怀颖. 我国农业产业区域集群形成机制与发展战略研究 [M]. 北京: 中国经济出版社, 2010.

[23] 马建会. 产业集群成长机理研究 [M]. 北京: 中国社会科学出版社, 2007.

[24] 朱英明. 中国产业集群分析 [M]. 北京: 科学出版社, 2006.

[25] 李杰义. 农业产业链视角下以工促农的机制研究 [M]. 北京: 中国经济出版社, 2011.

[26] 张明龙. 产业集群与区域发展研究 [M]. 北京: 中国经济出版社, 2008.

[27] 蔡莉, 朱秀梅, 等. 科技型新创企业集群形成与发展机理研究 [M]. 北京: 科学出版社, 2008.

[28] 孙祈祥, 李昕愉, 等. 中国市场经济风险管理研究 [M]. 北京: 中国金融出版社, 2008.

[29] 杨瑞龙. 企业和企业集群的创新机制: 理论、经验与政策 [M]. 北京: 中国人民大学出版社, 2009.

[30] 凌耀初. 中国县域经济发展战略 [M]. 上海: 学林出版社, 2005.

[31] 彼得·罗西. 项目评估——方法与技术 (第6版) [M]. 邱泽奇, 等, 译. 北京: 华夏出版社, 2002.

[32] 艾尔·巴比. 社会研究方法 (第10版) [M]. 邱泽奇, 译. 北京: 华夏出版社, 2005.

[33] 金斯伯格. 社会工作评估: 原理与方法 [M]. 黄晨熹, 译. 上海: 华东理工大学出版社, 2005.

[34] 王缉慈. 超越集群——中国产业集群的理论探索 [M]. 北京: 科学出版社, 2010.

[35] 郑健壮. 产业集群转型升级及其路径选择 [M]. 杭州: 浙江大学出

版社，2013.

[36] 赵广华，任登魁. 产业集群品牌提升的机理与路径 [M]. 北京：科学出版社，2009.

[37] 何雄浪，李国平. 产业集群演进机理与区域发展研究 [M]. 北京：中国经济出版社，2009.

后 记

发展农产品加工业对农业提质增效和农民就业增收、对转变农业发展方式和调整结构、对加快农业现代化建设等都具有十分重要的意义。中共中央、国务院 2015 年 2 月 1 日印发的《关于加大改革创新力度加快农业现代化建设的若干意见》（2015 年中央一号文件）提出，要"继续实施农产品产地初加工补助政策，发展农产品精深加工""大力发展特色种养业、农产品加工业、农村服务业""推进农村一二三产业融合发展"。2005 年 1 月 20 日农业部发布的《关于做好 2015 年农产品加工业重点工作的通知》要求"各级农业部门要从战略和全局的高度深化认识，把农产品加工业摆上重要位置，列入重要议事议程"，农产品加工业要"在初加工、主食加工、综合利用、原料基地、收购资金、设施装备、加工园区、主产区布局等方面实现突破"。《区域特色农产品加工产业集群的培育与提升——产业链视域下对达州的审视》就是在这样的大背景下产生的。四川文理学院党委、行政高度重视本课题研究工作，为课题研究创设了宽松的研究环境并提供了充分的保障。

《区域特色农产品加工产业集群的培育与提升——产业链视域下对达州的审视》是达州市科技局 2012 年批准立项的应用技术研究与开发项目"产业链视域下达州农产品加工产业集群培育研究"的最终研究成果（项目编号：达州市科〔2012〕98 号），是四川文理学院川渝鄂陕结合部经济社会发展研究创新团队重点支持项目（项目编号：15CXTD004），也是四川省哲学社会科学重点研究基地——四川革命老区发展研究中心 2015 年度重点项目"革命老区（川陕苏区）区域特性和发展环境研究"的阶段性研究成果（项目编号：SLQ2015A－05）。课题负责人傅忠贤教授是四川文理学院学术带头人、校级教学名师、经济管理学院党总支书记，达州市有突出贡献的中青年科技拔尖人才，达州市社科联副主席（兼）。课题组成员有：经济管理学院办公室主任、硕士研究生陈熙隆副教授，经济管理学院骨干教师、硕士研究生张红芳讲师，经济管理学院骨干教师、硕士研究生王情香讲师，政法与公共管理学院骨干教师、硕士研究生罗大蒙讲师。课题研究分工如下：傅忠贤担任课题负责人，负责课题研究的组织实施，包括课题设计、课题申报、组织课题调研、搭建结构体系、统改稿、课题结题及成果出版等工作，收集整理全部附录资料。具体各章撰写分工如下：第一章，傅忠贤；第二章，陈熙隆；第三章，张红芳；第四章，傅忠贤、王情香；第五章，王情香；第六章，罗大蒙；第七章，傅忠贤。

　　本课题研究共形成《区域特色农产品加工产业集群的培育与提升——产业链视域下对达州的审视》书稿1部、《达州市特色优势农产品资源开发利用重点、难点和对策研究》综合研究报告1份（2013年获达州市人民政府重大调研项目二等奖），在省级以上公开刊物发表学术论文3篇，其中《区域特色优势资源开发产业化培育的现状、问题和对策研究——以达州市农业特色优势资源开发产业化发展为视角》刊发在《今日中国论坛》2013年第五期，《经济—空间—人口视角的四川城镇化水平研究》刊发在《西华师范大学学报》2014年第六期，《川东北经济区实施创新驱动发展战略实践研究——以四川省达州市为例》刊发在《四川文理学院学报》2015年第5期。

　　本课题研究得到了四川大学蒋永模教授和达州市科技局李继开书记（原局长）的关注和指导；达州市社科联杨会国书记，达州市农委李俊副主任、鲜文科长，达州市农业局刘远福副局长、杨斌科长，以及达州各县市区农业局、农委负责同志对课题调研、资料收集提供了大量的帮助和支持，西南交通大学出版社对本书的出版创造了条件，在此一并表示感谢。在研究中我们参阅了大量的文献资料，由于多种原因，列举的文献可能不全面，对文献精神的把握也可能存在偏差，在此特别对文献作者表达谢意和歉意。由于课题组研究人员水平和能力有限，书中难免有不少疏漏和缺点，敬请读者谅解并提出宝贵意见。

　　"产业链视域下达州农产品加工产业集群培育"是达州今后相当长的时期内要持续深入研究的重大课题，本书只是做了一些粗浅的梳理和比较浅层的观察，但愿能起到抛砖引玉的作用，能为达州农产品加工产业集群的培育和提升、对达州现代农业的发展和壮大起到促进作用，能为达州的科学决策提供一定的参考。果若此，那将是对本书作者莫大的鼓励和鞭策。

著者

2015. 12. 15